한자 나무 1

漢字樹 1

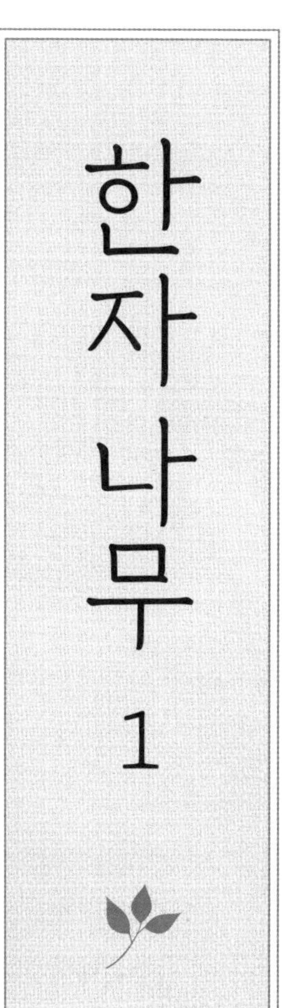

한자나무 1

그림 문자로 풀어내는 사람의 오묘한 비밀

랴오원하오 지음
김락준 옮김

교유서가

【 추천의 글 】

2005년과 2006년 여름 두 차례에 걸쳐 국립 타이베이 상업기술대학에 문제를 출제하러 갔다가 이 대학의 전산센터 주임인 랴오원하오(廖文豪) 교수를 알게 되었다. 둘 다 하카(客家, 중국 한족의 일파)의 피가 흐르고 인문학에 깊은 관심이 있어서인지 일찍 알고 지내지 못한 것을 아쉬워하며 금세 친해졌다. 그러다 2011년 여름 한국외국어대학교에 객좌 교수로 떠나기 전날 저녁에 랴오 교수가 10여 년 동안 공을 들여 연구한 역작 《한자의 비밀 지도를 풀다》(최종 제목은 《한자나무》)의 전체 원고를 이메일로 받았다. 그리고 통독을 한 뒤에 만나서 토론하기로 약속했다. 랴오 교수가 정말 놀랍도록 존경스러웠다. 전기기계학을 전공한 랴오 교수가 오랫동안 꾸준히 한자를 연구해서 이 책을 집필한 것은 본받을 만한 학자의 태도였다.

2012년 9월 초에 필자는 한국에서의 객좌 교수 생활을 마치고 다시 복직해서 중문과 2학년의 문자학 과정을 잠시 맡게 되었다. 그땐 이미 이메일을 통해서 랴오 교수가 지난봄에 이 책을 출간했다는 소식을 접하고 책도 받은 상태였다. 당시에 난 축전을 보냈고, 이후 문자학 전공 수업 시간에 참고하면 배울 것이 많을 거라며 이 책을 학생들에게 진지하게 소개하기도 했다.

이 책을 읽은 중문과 2학년 갑(甲)반의 바이 학생은 《한자나무: 그림 문자로 풀어내는 사람의 오묘한 비밀》을 문자학에 대한 자기주도학습의 보고서라고 평가했는데 다음은 그녀가 제출한 리포트에서 발췌한 내용이다.

> 이 책《한자나무: 그림 문자로 풀어내는 사람의 오묘한 비밀》은 문자학에 싱그러운 생명력을 새롭게 불어넣었고, 두껍고 어려운《설문해자(說文解字)》에서 벗어나 숨을 쉴 수 있게 해줬다. 이 책을 읽으면서 문자학 수업 시간에 배운 지식을 활용하면 다양한 각도에서 문자의 기원과 의미를 이해할 수 있었는데, 특히 문자 사이의 관계를 새롭게 발견하게 될 때에는 감탄이 절로 터져 나왔다. 또한 옛사람들의 문자를 만드는 기발한 방법에 놀라고 한자의 오묘한 뜻을 더 잘 이해할 수 있었다.
> 비록 문자학의 바다는 넓고 깊고, 끊임없이 새로운 문자가 출현하지만 문자를 만드는 원칙과 방식을 이해한 뒤부터는 문자학 연구에 대한 자신감이 커졌다. 완벽함을 추구하는 태도를 단단히 뿌리내리고 여러 서적을 꾸준히 공부하면 자신의 지식에 갇히는 것을 피할 수 있고, 눈을 크게 뜨고 새로운 것을 발견하는 시야를 가질 수 있다. 이 책을 읽으며 난 저자가 한자를 배열한 순서에서 보여준 기지와 문자를 해석하는 내

공에 매우 감탄했다. 저자는 재미있는 그림 문자로 한자의 유래와 특징을 알기 쉽게 표현했다. 이 책은 내게 좋은 학습 참고서이지만 일반 독자들에게도 재미있는 작품이 될 것 같다. 이 책을 읽으면 한자의 오묘함에 눈을 떠 손으로 쓰고 눈으로 읽는 모든 한자에 옛사람들의 이야기가 담긴 것을 발견하고 한자의 유래를 떠올리며 자신도 모르게 감탄하게 될 것이다.

이번 학기에 공부하면서 문자학에 대해서 어렴풋이나마 이해하게 되었고, 교수님의 열렬한 가르침 덕에 문자학의 맥락을 하나하나 짚을 수 있었다. 앞으로도 계속해서 한자의 깊은 뜻을 더 많이 알았으면 좋겠다. 그리고 이 책《한자나무: 그림 문자로 풀어내는 사람의 오묘한 비밀》을 접할 수 있게 추천해주신 라이 교수님께 감사드린다. 이 책을 읽고 문자학을 연구하는 싶은 마음이 더 커졌다.

바이 학생이 정직한 감상평을 통해서 밝힌 것처럼 랴오 교수의《한자나무》는 한자 공부에 갓 입문한 학생들에게 중국의 풍부한 문화를 알려줄 수 있는 보물 같은 책이다. 이 책이 출간된 뒤에 뜨거운 반응을 얻은 것은 우연이 아니다. 랴오 교수가 계속해서 책을 출간하고 정성껏 연구해서 학계와 학생들에게 공헌해주길 기대한다.

랴오 교수는 스스로 자신을 낮추며 성장하는 겸손한 군자이다. 이 책을 출간하기 전에는 전공학자들에게 가르침을 구하며 부족한 부분을 보완하더니, 출간한 뒤에도 또 다시 가르침을 구하러 바삐 다니며 정성을 다하는 모습에 큰 감동을 받았다. 필자는 같은 하카 출신이자 같은 문화에 심취한 사람으로서 이미 여러 차례 이 책을 추천했다. 랴오 교수의 《한자나무》가 문자학에 새로운 해석과 근거가 되길 기대한다.

임진년 끝자락에

라이꾸산(賴貴三, 국립 타이완 사범대학교 중문학과 교수)

차례

제2장 사람의 자세 변화 64

文에서 파생된 한자 248

黃에서 파생된 한자 253

去에서 파생된 한자 260

大에서 파생된 나머지 한자 266

【일러두기】

❶ 해당 한자의 갑골문은 ㉮, 금문은 ㉯, 전서는 ㉰으로 표시했다. 이 부분은 원서에서 소개하고 있는 내용이다.

❷ 옮긴이 혹은 편집자가 본문에 대한 부연 설명을 측주 형식으로 처리한 부분이다.

❸ 저자가 옛 문자를 토대로 새롭게 만들어낸 해당 한자에 대한 그림 문자이다.

❹ '企' 부분은 지금 본문에서 설명하고 있는 한자를, '꾀할·바랄 기' 부분은 해당 한자의 한국식 뜻과 독음을, 'qǐ' 부분은 해당 한자의 중국어 발음기호를 각각 나타낸다.

❺ 저자가 본문에서 소개하는 해당 한자 관련 단어는 기본적으로 중국어이지만, 그 단어(혹은 문구)가 현재 한국어에 있거나, 혹은 옛 중국어일 경우에는 한국식 한자 독음으로 처리하고 필요한 경우 뜻도 함께 병기했다(예: 기망(企望, 어떤 일이 이루어지기를 바라다)). 하지만 소개되는 관련 단어가 한국식 한자어에 없고 현대 중국어일 경우에는 중국어 단어

❶

蜀 나라 이름 · 나비 애벌레 촉

shǔ

몸을 구부리고 눈(, 目눈 목)이 큰 털벌레(, 虫벌레 충)

촉(蜀)은 뱀처럼 몸을 꿈틀거리며 이동하는 나비의 유충이다. 사람들은 촉을 보면 머리털이 쭈뼛 서고 온몸에 닭살이 돋는다. 그래서 《한비자(韓非子)》는 "사람은 뱀을 보면 놀라고, 촉을 보면 털이 곤두선다"라고 했고, 《시경》 〈동산(東山)〉은 "구불구불 기는 것은 촉이다"라고 했다.

주목할 점은 '勹'가 항상 사람을 상징하는 것은 아니라는 것이다. 勻(, 고를 균), 旬(, 열흘 순), 芻(, 꼴 추)의 '勹'는 손을 나타내고, 勺(, 구기* 작)은 음식물을 퍼내는 국자를 가리킨다.

❷

* 구기: 술 등을 푸는 자루가 달린 용기

人에서 파생된 다른 한자

❸

❹ 企 꾀할 · 바랄 기

qǐ

까치발을 하고(, , 止그칠 지) 목을 길게 뺀 채 기대하고 있는 사람()

인기 스타가 무대에 등장하면 현장에 모인 팬들은 까치발을 들고 스타의 모습을 눈에 담는다. '企'는 '바라다'의 의미가 있고, 기도(企圖, 어떤 일을 이루려고 꾀하다), 기망(企望, 어떤 일이 이루어지기를 바라다), 기반(企盼qǐpàn, '바라다'를 의미하는 중국어) 등에 쓰인다. 《설문》은 "企는 발끝을 드는 것이다"라고 풀이했다.

❺

及 미칠 급

jí

사람( )이 손( )에 잡히다. 따라잡히다

'及'은 원래 '따라잡다'의 뜻이고, '도달하다' '추월하다'의 뜻을 파생시켰으며, 급격(及格jígé, '합격하다'를 의미하는 중국어), 급시(及時jíshí, '즉시'를 의미하는 중국어) 등에 쓰인다.

- 급제하다(及第—): 과거(科擧)에 합격하다. 시험 혹은 검사에 합격하다
- 급기야(及其也): 마침내, 필경에는, 마지막에는

❻

急 급할 급

jí

따라잡힌(, 及미칠 급) 마음( )

옛날에 원수나 짐승에게 쫓기는 사람은 분명히 마음이 조급했을 것이다. 따라서 '急'은 '매우 위험하다' '초조하다'의 의미를 낳았고, 긴급(緊急), 급절(急切, 어떤 시기가 눈앞에 닥쳐 사태나 상황 따위가 몹시 다급하다) 등에 쓰인다. 쫓기는 사람의 심정은 어떨까?

전해지는 말에 따르면 대우(大禹)는 치수를 할 때 집 앞을 세 번이나 지나가면서도 집에 들르지 않을 정도로 열심히 일했다. 어느 날 대우는 헌원산을 뚫고 큰물을 흘려보내기 위해서 흑곰으로 변신해 열심히 굴을 팠다. 대우가 한창 힘들게 굴을 팔 때 마침 부인인 도산씨가 점심을 싸서 남편을 보러 왔다가 시커먼 곰을 보고 기겁해서 부리나케 도망쳤다. 대우는 부인을 보고 기뻐서 다시 인간의 모습으로 변신하는 것도 잊은 채 부인을 쫓아갔지만 흑곰에게 따라잡힌 부인은 너무 놀란 나머지 돌덩이로 변하고 말았다.

로 처리했다. 단 본서가 중국어가 아닌 한자에 대한 책이라는 점을 고려해 먼저 한국식 한자 독음으로 표기하고, 이후 중국어 발음기호를 해당 한자 옆에 병기하는 방식으로 편집했다(예: 기반(企盼qǐpàn, '바라다'를 의미하는 중국어)). 또 원서가 타이완(대만) 도서이기 때문에 간체자가 아닌 번체자로 표기했다.

❻ 저자가 소개하는 해당 한자 관련 단어에 한국식 한자어가 없거나, 혹 있더라도 독자들께 추가로 소개해도 좋을 법한 한자어나 사자성어가 있을 경우 편집자가 별도로 추가한 내용이다.

* 본서 16~17쪽에 나오는 '책을 읽기 전에 알아두면 좋은 배경지식'은 갑골문이나 상나라 등 옛 한자 생성 시기와 관련 있는 정보를 편집자가 짧게 정리해 수록한 부분이다.

책을 읽기 전에 알아두면 좋은 배경지식

갑골문(甲骨文)

고대 중국에서, 거북 배딱지(甲)나 소의 어깻죽지 뼈(骨)에 새긴 상형 문자.

중국 상고시대에 탕(湯)임금이 하(夏)나라를 멸망시키고 상(商)나라를 세운 이후 기원전 14세기경 상나라 왕 반경(盤庚)은 수도를 은(殷)으로 옮긴다. 주(周)나라 무왕(武王)이 상나라를 멸망시키자 은은 폐허로 변하게 되고, 사서(史書)에서는 이를 은허(殷墟)라고 했다. 갑골문은 은허에서 발견된 갑골편에 새겨져 있는 문자이다. 상나라 당시에는 거북 껍데기나 짐승 뼈로 길흉을 점쳤다. 그리고 점과 관련한 내용을 점치는 데 사용한 거북 껍데기나 짐승 뼈 위에 칼로 새겼는데, 그것이 현재 갑골문으로 남게 됐다. 그래서 이를 갑골문(사용된 재료), 은허문자(발견 장소), 복사(卜辭, 기록된 내용) 등으로 부른다.

금문(金文)

상(商), 주(周) 시대의 청동기에 주조되거나 새겨진 문자로 '종정문(鐘鼎文)' '길금문(吉金文, 당시에는 청동을 '길금'이라고 했다)'이라고도 한다. 금문은 제사(祭祀), 정벌(征伐), 사전(祀典), 계약(契約) 등 당시의 역사와 문화에 대한 내용을 담고 있다.

전국시대(戰國時代) 말기에 이르면 글자체는 점차 소전(小篆)에 근접하고 글을 새기는 방법도 주조(鑄造)에서 조각(彫刻)으로 변하게 된다. 이때는 글씨가 매우 작아져서 책과 맞먹는 분량의 내용을 새길 수도 있었다.

전서(篆書)

전자(篆字, 한자 서체의 하나)체로 쓴 글씨로 한자의 고대 서체 중 하나이다.

주나라 의왕(宜王) 때 태사(太史)였던 사주(史籀)는 창힐이 지었다고 하는 고문을 정비하고 필획을 늘려 대전(大篆, 혹은 주문籀文이라고도 한다)을 만들었다. 이후 진(秦)나라 시황제 때 재상 이사(李斯)가 대전을 간략하게 한 문자를 만들어 그때까지 쓰이던 각종 자체(字體)를 정리하고 통일하였는데 이것을 소전(小篆)이라고 한다.

이들 전서는 당시 일반적으로 쓰이던 서체이지만 전서를 간략하게 해서 사무용으로 쓰기 위해 예서(隸書)가 만들어졌으며 빨리 쓰기 위한 필기체로서 초서(草書)가 생겼다.

예서(隸書)

예서는 일반적으로 진례(秦隸)와 한례(漢隸)로 나뉜다. 진나라 관리들이 업무의 편의를 위해 소전 대신 사용한 자체가 진례이고, 한나라에서 본격적으로 사용되고 지금 우리가 사용하고 있는 해서(楷書)의 직접적인 모체가 되는 자체가 한례이다. 진나라 때 보조적인 역할을 담당하던 진예는 한나라에 와서 국가의 공식적인 표준 자체가 되었다.

하(夏)나라

기록상의 중국 고대 왕조. 요순(堯舜)시대 이후 우(禹)가 세운 왕조이다.
요순시대 천자였던 순이 우에게 천하를 물려주었고 우가 하나라를 세웠다. 하나라 이후 이어지는 상(商, 혹은 은殷)·주(周)를 옛 중국에서는 이상적 성대(聖代)로 여겨왔으나, 유물이나 유적에 의해 고고학적으로 연대를 확인할 수 있는 것은 상나라 이후이다. 전승에 따르면 하나라는 우에서 걸(桀)까지(총 17명의 왕) 약 500년 동안(기원전 2070년~기원전 1600년 무렵) 존속하였다.
《사기(史記)》〈하본기(夏本記)〉에 의하면, 하나라의 시조 우왕(禹王)은 황하(黃河)의 홍수를 다스리는 데 헌신적으로 노력하여 그 공으로 순(舜)이 죽은 뒤, 제후의 추대를 받아 천자가 되었다. 하의 마지막 왕 걸(桀)은 즉위 후 음란하고 사치스런 생활을 계속하였고 애첩 매희(妹喜)와 주색에 빠져서 백성의 질고를 돌보지 않았다. 결국 제후국 중 하나인 상(商)이 걸(桀)을 정벌함으로써 하나라는 멸망하였다고 전해진다.

상(商)나라

탕왕(湯王)이 하나라의 걸왕을 물리치고 기원전 1600년경에 세운 중국 고대 왕조로, 은(殷)이라고도 불린다. 황하 중류 지역을 중심으로 갑골문자와 청동기 문화가 발달하였으며 점복(占卜)에 따르는 제정을 행하였는데, 기원전 11세기 무렵 무희 달기(妲己)와 함께 백성을 잔혹하게 다룬 제30대 주왕(紂王) 때 주나라 무왕(武王)에게 망하였다.

주(周)나라

기원전 11세기경부터 기원전 256년까지 상(商)을 이어 존재했던 왕조로 기원전 11세기 무왕(武王)이 상나라를 멸망시키고 수도를 호경(鎬京)에 정하여 주나라를 건국하였다. 주나라는 왕족과 공신을 요지에 두어 다스리도록 하는 봉건제도로 유명하다.
주나라는 전성기를 거친 후 유왕(幽王)에 이르러 혼란에 빠진다. 그는 미녀 포사(褒姒)에게 빠져 태자를 폐하고 포사의 아들을 태자로 삼았다. 유왕은 잘 웃지 않는 포사를 웃게 하려고 자주 거짓 봉화를 올려 제후와 병사들을 힘들게 하였는데 정작 반란군이 쳐들어왔을 때는 구하러 오는 이가 아무도 없었다. 결국 유왕은 반란에 의해 살해되고 원래 태자였던 의구가 왕위를 이어 평왕(平王)이 된다. 그러나 견융족이 계속 위협하자 평왕은 기원전 771년 도읍을 성주(成周)로 옮겼다. 이때부터 진나라가 중국을 통일할 때까지의 시대를 동주(東周)시대라 하고 그 이전을 서주(西周)시대라 한다.

【 한자나무에 대한 간단한 소개 】

이 책은 '성장하는 사람 나무'라고 할 수 있다. '人(사람 인)'은 대략 35개의 기본 부수를 파생시켰고, 이 부수들은 다시 500여 개의 한자를 파생시켰다. 여기에는 아기, 어린이, 성인, 노인에 관한 한자도 있고, 여자에 관한 한자도 있으며, 각종 자세를 취한 사람에 관한 한자도 있다. 다음은 '人'에서 파생된 기본 부수의 관계도이다(금색 원 안에 있는 것이 부수이다).

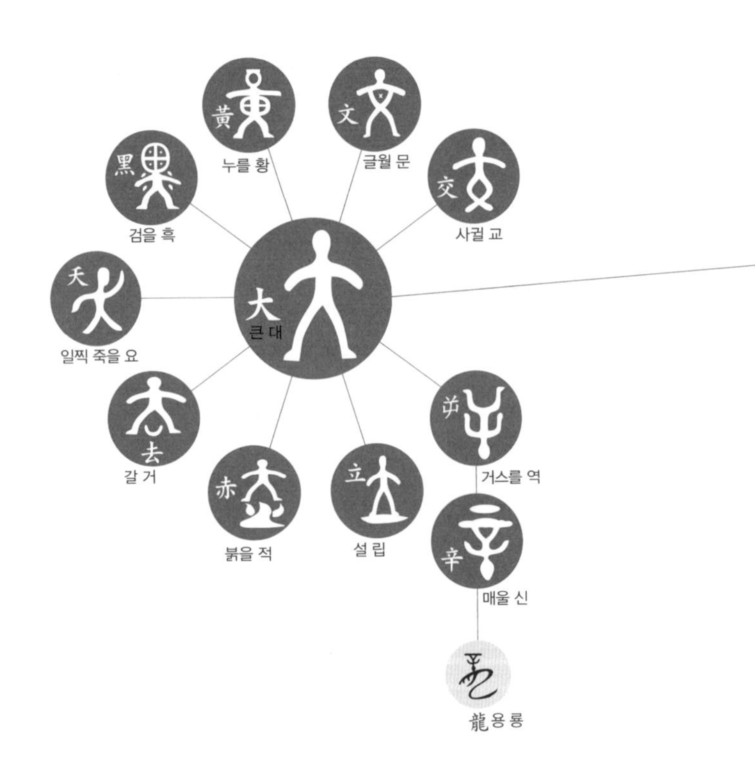

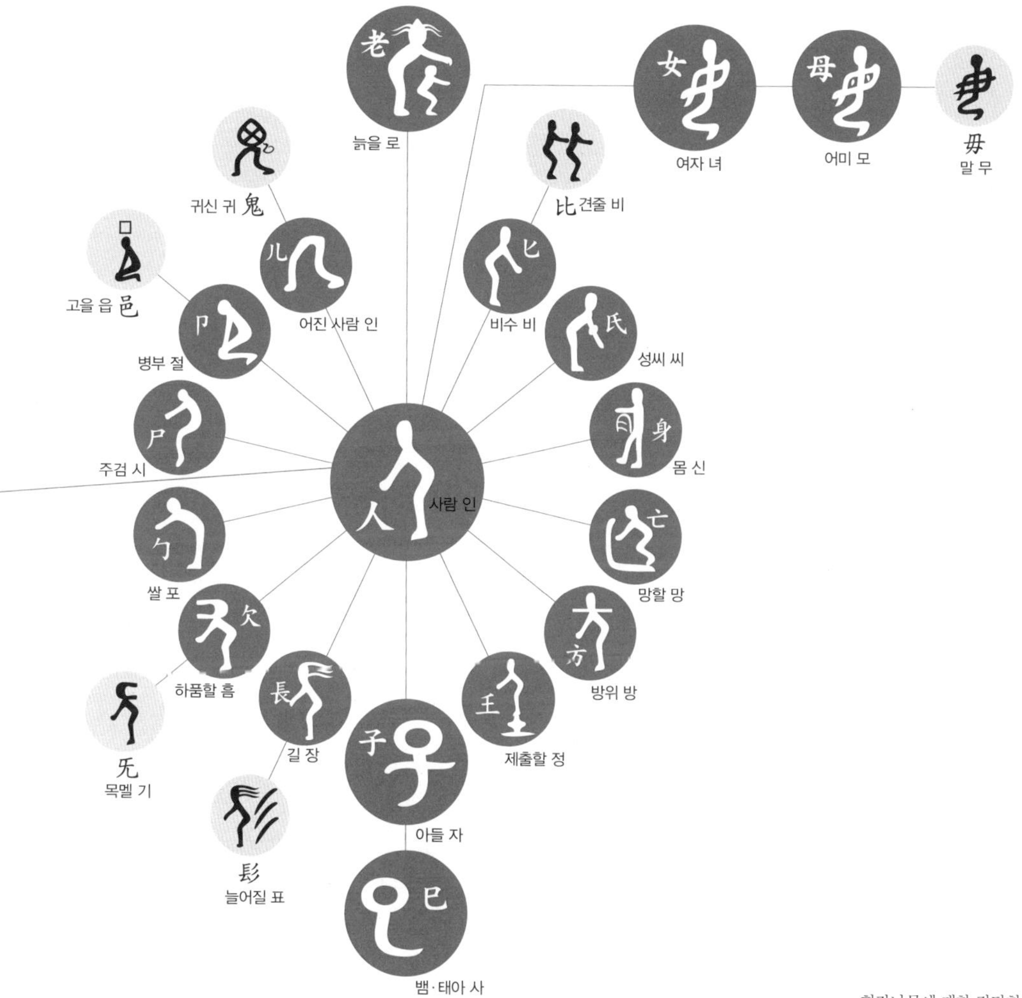

老
늙을 로
女
여자 녀
母
어미 모
毋
말 무
귀신 귀 鬼
比 견줄 비
고을 읍 邑
儿
어진 사람 인
匕
비수 비
卩
병부 절
氏
성씨 씨
尸
주검 시
身
몸 신
人
사람 인
勹
쌀 포
亡
망할 망
欠
하품할 흠
方
방위 방
长
길 장
壬
제출할 정
旡
목멜 기
子
아들 자
彡
늘어질 표
巳
뱀·태아 사

'한자나무'는 나무 모양의 그림으로 한자의 파생 관계를 알려준다. 이 관계도를 이용하면 외국인이나 아이에게 한자가 파생되어 만들어지는 재미있는 이야기를 소개할 수 있다. 한자나무는 가장 간단한 방식으로 한자의 발전 맥락은 물론 부수까지 배울 수 있는 도구이고, 더불어 중국 문화의 정수까지 맛보게 해준다. 독자들은 한자나무를 통해서 모든 한자의 부수가 가지는 뜻을 알 수 있고, 또한 한자에 숨어 있는 고대 문명을 이해할 수 있다.

한나라 때 옛 서체 대신에 예서(隸書)를 본격적으로 쓰게 된 이후에 갑골문(甲骨文), 금문(金文)에 있는 그림의 뜻이 많이 사라졌다. 때문에 갑골문과 금문을 본 적 없는 동한(東漢)의 문자학 권위자 허신(許愼)은 《설문해자(說文解字)》(이하 《설문》)를 쓸 때 적잖은 실수를 저질렀다. 2000여 년 동안 중국인들은 날마다 한자를 읽어왔지만 대부분 하나의 큰 한자를 구성하는 여러 개의 작은 한자들의 뜻을 모른다. 그래서 이 책은 중국인들이 오랫동안 가져왔던 한자에 대한 궁금증을 체계적으로 풀이했다.

2000여 년 동안 지속된 한자의 수수께끼를 풀기 위해서 필자는 과학기술과 열정으로 10여 년 동안 옛 한자들을 광범위하게 비교 분석해 마침내 옛 한자들이 가졌던 뜻을 확인하고 일련의 한자나무를 만들어냈다. 이 밖에 독자들이 한자만 봐도 뜻을 알 수 있게 그림으로 된 한자를 개발했다. 책 속의 '그림 문자'는 독자들이 한자의 뜻을 더 쉽게 이해할 수 있도록 갑골문 및 금문에 있는 부호로 만든 것이다. 그림 문자는 옛 한자들에 있던 부호의 뜻을 그대로 살렸고, 옛 한자들 사이에서 일치하지 않는 것은 사용하지 않았으며, 현대 한자와 자형이 비슷해 옛 한자와 현대 한자를 동시에 알 수 있는 이점이 있다.

이 책의 순서는 먼저 전체적인 한자나무를 보여준 뒤에 개별 그림 문자에 대한 설명이 이어진다. 다음은 이 책을 읽을 때 참고할 사항이다.

한자나무가 사용한 부호 설명

사실 한자나무는 파생 관계에 있는 많은 한자를 체계적으로 연결한, 나무 모양을 한 한자의 파생 관계도이다. 예컨대 '繁(번잡할 번)'의 파생 경로는 다음 그림과 같다.

한자를 만든 사람은 먼저 옆으로 서 있는 사람( )을 만들었다. 이

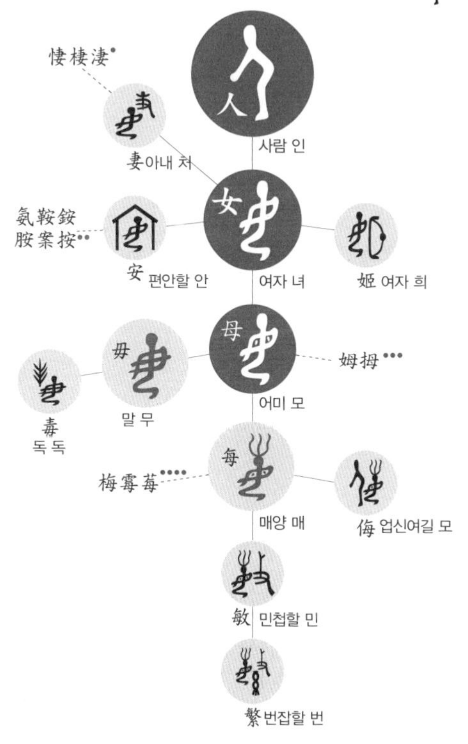

• 悽(슬퍼할 처), 棲(깃들일 서), 淒(쓸쓸할 처)

•• 氨(암모니아 안), 鞍(안장 안), 銨(암모늄 안), 胺(고기 썩을 알), 案(책상 안), 按(누를 안)

••• 姆(유모 모), 拇(엄지손가락 무)

•••• 梅(매화 매), 霉(곰팡이 매), 莓(나무딸기 매)

후 이 사람이 무릎을 꿇고 앉은 채 두 손을 가지런히 모은 모습에서 단정하고 현숙한 여인을 나타내는 '女'(여자 녀, [illegible])가 파생되었다. 만약에 '女'의 가슴 앞부분에 두 개의 점을 더한다면? 그렇다. 젖 먹이는 능력이 있는 어머니(母어미 모, [illegible])가 된다. 어머니의 머리에 세 가닥 머리카락을 더하면 '每'(매양 매, [illegible])가 되어 '어머니의 머리카락'을 뜻하고, 여기에서 '모든'이라는 의미가 생겼다. '每' 옆에 한 손과 빗이 더해지면 '敏'(민첩할 민, [illegible])이 되고, 빠른 속도로 머리카락을 정리하는 손, 민첩함을 나타낸다. 마지막으로 '敏' 밑에 땋은 머리([illegible], 糸실 사, 가는 실 멱, 이후 '실 사')를 더하면 '繁'(번잡할 번, [illegible])이 되고, 교차시켜 땋은 머리가 된다.

파생 지도의 개념은 매우 간단하다. 그림 문자 외에 사용한 부호는 실선과 점선 두 개이다. 이른바 '파생'은 [illegible](女) → [illegible](母) ⇢ 拇처럼 이미 아는 한자가 또 다른 새로운 한자로 변하는 것을 가리킨다. 실선(→)은 뜻까지 전해진 강하게 파생된 한자이다. 예를 들어 [illegible]의 뜻은 주로 [illegible]에서 왔고, '母'([illegible])는 젖을 먹이는 능력이 있는 여자([illegible])를 나타낸다. 점선(⇢)은 독음이 같거나 비슷하게 전해진 약하게 파생된 한자이다. 예를 들어 '拇(엄지손가락 무)'의 독음은 '母(어미 모)'와 비슷하지만 뜻은 서로 무관하다.

동한 이후에 많은 사람들은 육서(六書)•를 이용해서 한자를 해석했다. 하지만 중문과를 졸업한 학생들도 전주(轉注), 가차(假借)에 대해서 분명하게 모른다는 점을 생각해볼 때 육서로 공부하는 것은 매우 복잡하고 어렵다는 것을 알 수 있다. 하지만 모든 한자가 모양, 음, 뜻으

• 육서(六書): 한자의 구조 및 사용에 관한 여섯 가지의 구별 명칭으로, 상형(象形)·지사(指事)·회의(會意)·형성(形聲)·전주(轉注)·가차(假借)를 뜻한다

로 이루어졌다는 점을 고려해서 만든 한자나무는 전통적이고 어려운 육서를 쉽게 배울 수 있는 개념으로 만들어 한자의 뜻을 더 쉽게 알 수 있도록 도와준다.

그림 문자의 해설 형식

그림 문자는 문자를 보고 쉽게 그 뜻을 알 수 있다는 장점이 있다. 그림 문자의 설명에는 대체로 그림 문자의 뜻, 갑골문 등의 옛 문자(古字), 본뜻, 파생된 뜻, 선진(先秦) 시기의 고전 및 관련 단어 등의 내용을 포함한다. '柳(버들 류)'로 예를 들어보자.

柳버들 류

liǔ

곧 헤어질 두 사람(, 卯토끼 묘)이 나무 아래(, 木나무 목)에서 헤어지는 것을 아쉬워하다

'柳'의 갑골문 , 금문 및 전서(篆書) 는 '木(나무 목)'과 '卯(토끼 묘)'로 이뤄졌다. 원래 두 사람이 나무 아래에서 애틋하게 헤어지는 것을 뜻하고, '애틋하게 이별하는 나무'라는 뜻을 낳았다. 버드나무는 주나라 사람들의 눈에 '이별하는 나무'로 비쳐졌다. 버드나무의 가늘고 긴 나뭇가지는 미풍에 흔들릴 때 헤어지는 것이 아쉬워 떠나는 사람을 붙잡는 손짓처럼 보인다. 《시경(詩經)》 〈소아(小雅)〉에 "昔我往矣, 楊柳依依. 今我來思, 雨雪霏霏(석아왕의, 양류의의. 금아래사, 우설비비)"라는 글이 나온다. "예전에 내가 출정할 땐 버드나무가 나와 헤어지는 것을 아쉬워했는데, 지금 내가 돌아왔을 땐 눈꽃이 분분히 온 천지에 날리는구나"

라는 뜻이다. 이 시는 서주(西周)의 전사들이 멀리 전쟁 길에 오를 때와 고향에 돌아왔을 때의 심정을 표현했다.

한자의 비밀을 검증하는 원칙

한자의 비밀을 푸는 것은 어떤 사건을 추리해 해결해가는 과정처럼 흥미진진하다. 하지만 비밀을 풀 때 어느 한 단계라도 잘못되면 마지막에 가서 잘못 해석하게 되거나 자기모순에 빠지게 된다. 책에 나오는 한자들의 비밀을 풀 때 어떤 사람들은 이런 의혹을 가질 수도 있다. 궁금해 하던 것들을 풀었으니, 저자는 속이 시원할까? 사실 시원하지 않다. 한자의 비밀을 풀려면 반드시 검증 원칙을 지켜야 하는데, 그렇지 않으면 자기주장만 하는 꼴이 되어 공신력이 떨어진다.

이 책에 나오는 한자들은 적어도 다섯 가지의 검증 원칙을 통과했다. 먼저 반드시 갑골문, 금문의 자형에 부합하고, 둘째 반드시 역사적인 사실이나 선진시대의 서적 기록에 부합해야 하며, 셋째 모든 한자 부호에 대한 해석은 반드시 일치해서 그 한자 부호를 포함한 다른 한자에서도 똑같이 쓰여야 한다. 넷째 파생된 뜻을 반드시 합리적으로 설명할 수 있어야 하고, 마지막으로 자형과 뜻이 일관성 있게 변화해야 한다. 예컨대 '갑'이라는 부호와 이 부호와 관계있는 '을'이라는 부호 사이에는 합리적인 연관성이 있어야 한다. 간단하게 말해서 논리적으로 정확하고, 고대 문물이나 서적에 증거가 있어야 한다. 이 다섯 가지 검증 원칙은 한자 시스템을 지탱하는 다섯 개의 기둥으로서 한자 시스템을 체계적, 일관적, 합리적으로 만들어 쉬운 이해를 돕는다.

예를 들어 '方(방위 방)'은 자주 쓰이는 한자이지만 기원에 관한 설은 분분하다. 동한의 허신은《설문》에서 '方'을 두 대의 배가 나란히 놓인 것이라고 해석했지만 갑골문, 금문 등의 자형은 전혀 다르게 생겼다. 근대에 일부 학자들은 '方'을 흙을 파는 삽이라고 해석했지만 뒷받침하는 근거가 없다. 어떤 학자는 멜대를 멘 것이라고 해석하는가 하면 또 다른 사람은 사각형을 그리는 도구라고 해석하는데, 조작 방법을 설명하지 못한다. 허신 이후에 '方'은 이렇게 많은 학자들을 곤란한 상황에 빠트렸다.

'方'은 무엇일까? 선진시대의 사서(史書)를 보고 다시 갑골문, 금문, 전서를 대조하면 '方'이 '국경 밖의 사람들'을 가리킨다는 것을 알 수 있다. 이 해석은 '方'이 포함된 한자 및 사서의 기록을 합리적으로 만들어준다. 주나라 고전의 기록에 따르면 상나라 사람들은 변경 밖에 사는 민족을 '方'이라고 불렀다. 예를 들어 당시에 북방 민족은 귀방(鬼方), 토방(土方), 서방 민족은 강방(姜方), 동방 민족은 인방(人方)이라고 불렀다. 따라서 '方'은 이웃 국가의 사람들을 가리킨다. '方'의 갑골문 , 은 '人(사람 인)' 위에 가로획을 하나 더해 변경에 사는 사람임을 나타냈다.

심층 검증을 위해서 필자는 旁(곁 방), 邊(가 변), 防(막을 방), 放(놓을 방), 敖(오만할·놀 오) 등 '方'이 포함된 옛 한자들을 모아 정리한 결과 이 한자들이 모두 이웃 국가와 관계있다는 것을 발견했다. '旁'은 중국을 사방에서 둘러싼 이웃 국가 사람들을 나타내고, '邊'은 이웃 국가 사람이 변경을 통해서 중국에 진입하는 것을 나타내며, '防'은 이웃 국가 사람들을 막는 성벽을 나타낸다. '放'은 이웃 국가에 귀양가는 것을 나타내고, '敖'는 이웃 국가에 놀러 나가는 것을 나타낸다.

이 밖에 파생된 뜻을 검증한 결과 상주(商周)시대 때 각국은 성을 지을 때 사각형 모양을 중시했고, 그래야 완전한 국토라고 생각했다. 《주례(周禮)》에 "사방의 천리 땅을 왕기(王畿)라고 부른다"라고 나온다. 국토 중앙의 1000제곱킬로미터 사각형 토지는 군왕이 거주하는 왕성(王城)이고, 왕성을 중심으로 계급에 따라 층층이 확장되는 토지들도 모두 사각형이었다. '方'의 본뜻은 국경 밖에 있는 한 무리의 사람들이고, 여기에서 파생된 몇 가지 뜻들도 모두 본뜻과 들어맞는다.

1. 방향이나 방위

이른바 '동방(東方)'은 동쪽 변경에 있는 이웃 국가를 가리키고, '서방(西方)'은 서쪽 변경에 있는 이웃 국가를 가리킨다. 따라서 후대 사람들은 동방, 서방 등으로 방향이나 방위를 나타냈다.

2. 어느 한쪽

이웃 국가도 많고 국명도 자주 바뀌자 국가 사이에 발생한 사건을 기술할 때 간단하게 표현하기 위해서 적방(敵方), 우방(友方), 갑방(甲方), 을방(乙方) 등과 같은 약호를 이용했다.

3. 네 변이 대칭하는 모양

상(商)나라, 주(周)나라 사람들은 성을 지을 때 사각형 모양으로 짓는 것을 중시했고, 사위의 변경을 '사방(四方)'이라고 불렀다. 관련 단어는 정방(正方, 정사각형), 장방(長方, 직사각형) 등이 있다.

'方'이 이웃 국가 사람들을 가리킨다는 이 책의 관점은 위에서 설명한 검증 원칙에 모두 부합하지만 두 대의 배가 나란히 있는 것이라는 설, 삽이라는 설, 멜대라는 설, 사각형을 그리는 도구라는 설은 모두 검증 원칙의 시험을 통과하지 못했다.

갑골문으로 한자 시스템을 충분히 만들 수 있을까?

필자가 타이완 대학교에서 강의할 때 어떤 논리적인 학생이 질문했다.

"갑골문은 그 수효가 얼마 안 되는데, 어떻게 그것으로 그 많은 한자를 다 정리하셨어요?"

그 질문의 뜻인즉, 갑골문처럼 그 수가 충분하지 않은 옛 한자들로 한자나무를 만들면 완벽함이 떨어지지 않느냐이다. 난 대답했다.

"맞아요. 옛 한자들은 그리 많지 않아요. 갑골문의 경우 약 4000자 정도밖에 없으니까요. 하지만 모든 부수나 기본 부호도 모두 옛 한자들이죠. 그리고 이 한자들의 조합으로 이후에 수많은 한자들이 만들어졌어요."

한자나무의 주요 목적은 기본 부호를 익히고, 이 부호들에서 파생되거나 이 부호들의 조합으로 만들어진 한자를 이해하는 것이다. 이 관점에서 생각해본다면 옛 한자와 부호는 충분히 많다.

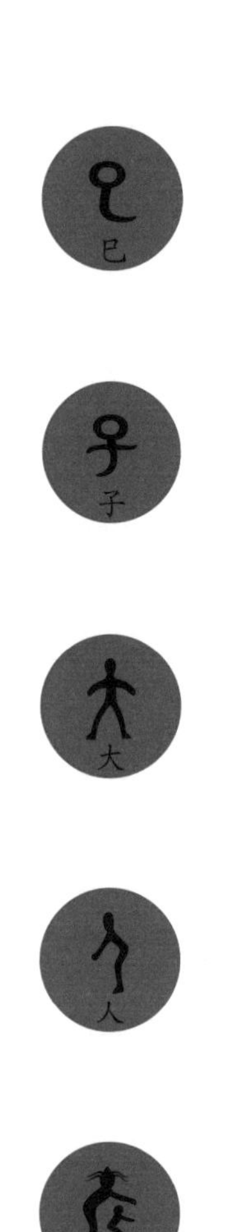
巳
子
大
人
老

제1장

人

사람의 생명주기는 다음 네 단계로 나뉜다.

태아기 때는 머리 부분의 발육이 시작된 뒤에도 손발은 여전히 연약하고 힘이 없다. 신체를 길고 둥근 곡선으로 표현했다.

유아 때도 여전히 두 발로 걷지 못하고 엎드려 기기만 한다. 그래서 유아·아동기를 독립적이지 못하고 자주적이지 못한 사람으로 상징했다.

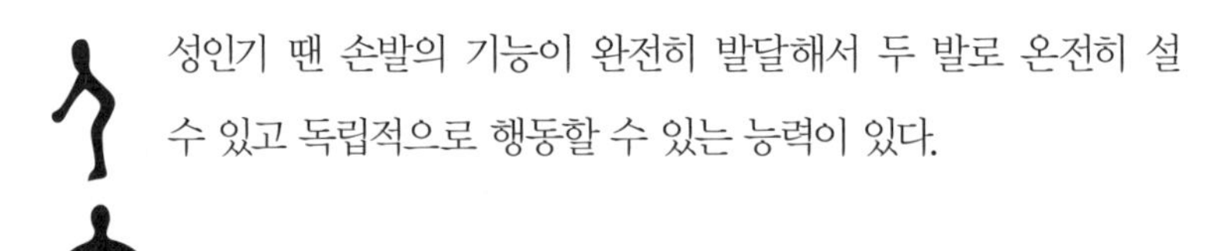

성인기 땐 손발의 기능이 완전히 발달해서 두 발로 온전히 설 수 있고 독립적으로 행동할 수 있는 능력이 있다.

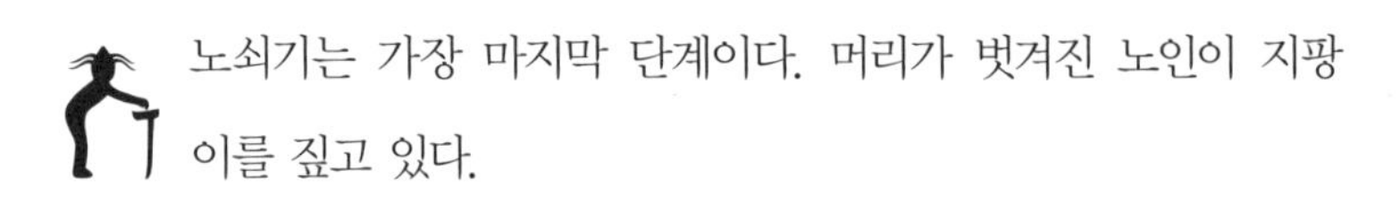

노쇠기는 가장 마지막 단계이다. 머리가 벗겨진 노인이 지팡이를 짚고 있다.

이 그림들은 왠지 개구리의 일생과 비슷하지 않은가? 는 다리가 없는 올챙이이고, 는 두 발이 난 올챙이라면 는 꼬리가 사라지고 네 발의 발육이 완전히 끝난 개구리같지 않은가?

태아기

巳 뱀·태아 사

sì

태아 또는 신생아

갑골문부터 전서까지 모두 머리만 있고 사지가 없는 생물을 묘사했는데, 손발이 포대기에 싸여서 머리만 있고 손발이 없는 신체로 표시했다.

'巳'의 뜻에서 包(쌀 포), 妃(왕비 비), 巸(아름다울 이), 祀(제사 사), 起(일어날 기)가 파생되었고, 이 다섯 개의 한자는 모두 아기와 관계있다. '巳'는 단독으로 쓰일 때 시진(時辰, 옛날의 시간 단위) 중의 하나인 사시(巳時)를 나타낸다. 오전 9시에서 11시까지를 가리키는 사시는 아기에게 젖을 먹이기에 가장 적합한 시간대이다.

갑 금 전

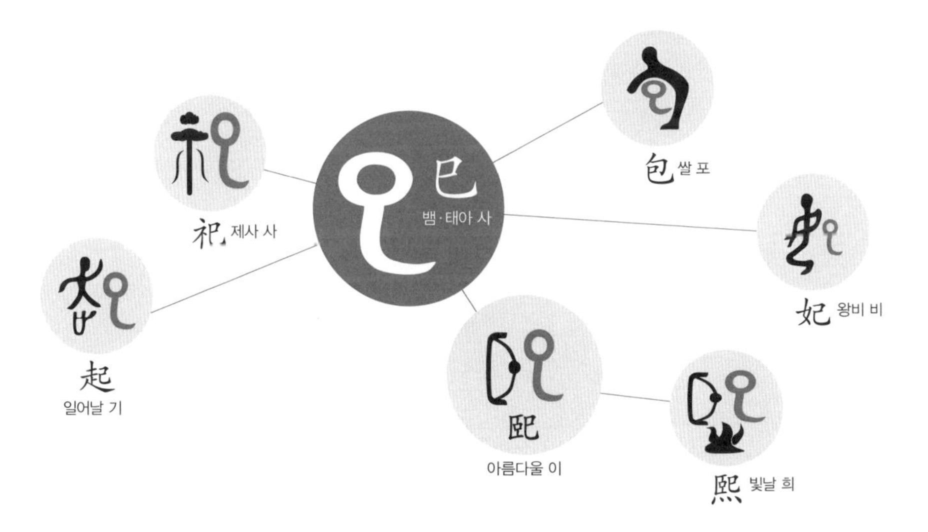

갑
금
전

妃 왕비 비

fēi

아기( )를 키울 수 있는 여인( )

갑골문 및 금문의 , 는 모두 아기를 키울 수 있는 여인을 묘사했다. 《사기(史記)》에 따르면 요임금은 한 명의 후와 세 명의 비를 뒀고, 순임금은 천자가 된 뒤에 아황을 후로 세우고 여영을 비로 삼았다. 선조인 황제(黃帝) 헌원씨는 네 명의 비와 열 명의 빈 사이에서 스물다섯 명의 왕자를 낳고 각지에 파견해 백성을 보살피고, 왕권을 안정시키고, 국가를 강성하게 했다. 하(夏)나라와 상나라의 군왕은 부인을 여럿 맞이하고 왕자를 많이 낳아 씨족공동체를 강건하게 만들려고 했다. 그도 그럴 것이 자손이 없으면 권력 다툼이 일어나 나라가 망할 수도 있기 때문이다. 서한(西漢)의 한성제와 한애제가 대표적인 예이다. 한성제가 왕자를 낳지 못하자 정도왕 유흔이 태자가 되어 왕위를 이었다. 역사는 유흔을 한애제라고 부른다. 한애제는 가무와 여색을 가까이 하고 남자 심복을 좋아하다가 자식 없이 스물여섯 살에 붕어했다. 그러자 외척인 왕망이 황위를 찬탈했고, 결국에 서한은 멸망했다. 고대 제왕들은 역사에서 교훈을 얻어 정비 외에 비와 빈을 많이 뒀다. 비는 아들을 낳으면 위세가 당당했지만 아들을 낳지 못하면 심한 경우 제왕이 죽은 뒤에 같이 순장(殉葬)되기도 했다.

진시황 때 문자는 큰 변화를 겪고 소전(小篆)으로 통일되었다. 이때 는 로 바뀌었고, 군왕이 비(妃)를 마치 '자기'의 여인이라고 선포하는 것처럼 '巳'도 '己(자기 기)'로 바뀌었다. 왜 이런 변화가 생겼을까? 상나라, 주나라 이후에 제왕이 비와 빈을 '떼'로 맞이했기 때문이다.

진시황은 6국을 멸망시킨 뒤에 6국의 미녀 후궁들을 자신의 후궁으로 삼았고, 당나라 땐 후궁에 많은 미녀들이 있었다. 이즈음엔 후궁을 맞이한 목적도 더 이상 대를 잇기 위해서가 아니라 군왕의 색욕을 만족시키기 위해서였다.

包 쌀 포

bāo

어머니가 몸을 굽혀 아기( )를 감싸다( )

'包'에서는 '물건을 싸다'라는 뜻이 파생되었다. 관련 단어는 포낭(包囊, 몸의 표면에 견고한 막을 분비하고 일시적으로 휴지 상태에 있는 원생동물), 포위(包圍), 포장(包裝) 등이 있다. '包'에서 음이 파생된 한자는 苞(꾸러미 포), 胞(태보• 포), 飽(배부를 포), 抱(안을 포), 袍(두루마기 포), 跑(달릴 포), 刨(깎을 포), 泡(물거품 포), 砲(큰 대포 포), 炮(통째로 구울 포) 등이 있다.

• 태보(胎褓): 태아를 싸고 있는 막과 태반(같은 말: 삼)

祀 제사 사

sì

신생아( )를 신(, 示보일 시)에게 바치고 가호를 빌다

《사기》와 《공자가어(孔子家語)》에 공자의 출생에 관한 고사가 나온다. 공자의 아버지인 공흘(孔紇)은 노년에도 자식이 없자 대가 끊길 것을 걱정해 두 번째 부인을 맞이하고 다리를 저는 맹피(孟皮)를 낳았다. 그러자 아쉬움이 남은 공흘은 일흔두 살에 열여덟 살의 안징재를 다시 부인으로 맞고 아들을 낳기 위해 니구산(尼丘山)에 가서 하늘에 정성껏 기도를 올렸다. 훗

날 안징재가 건강한 아들을 낳자 부부는 니구산에서 드린 기도가 이루어진 것에 감사하는 마음에서 아들에게 자는 중니(仲尼), 이름은 구(丘)라고 지어주었다.

'祀'의 갑골문 는 부모가 아기를 신( )에게 바치는 것을 나타내는 상형문자이고, 또 다른 갑골문 및 전서 , 는 두 손( )으로 아기(,)를 안고 신(,)에게 바치는 것을 나타냈다. 두 손으로 아기를 안고 있는 한자의 이미지는 '呆(어리석을 매)', '保(지킬 보)'와 비슷하다.• 금문 및 전서 에선 아기를 안고 있는 두 손이 생략되었다.

• 제1장 '呆'편 참고

'祀'는 '신에게 제물을 바치고 가호를 빌다'라는 뜻이고, 여기에서 제사와 같이 제를 올리는 모든 의식을 가리키는 뜻이 파생되었다. 타이완 민간에서 행하는 의식인 '삼조(三朝)'는 어머니가 출산하고 사흘째 되는 날에 할머니가 아기를 안고 신에게 제사를 지내며 가호를 빌었던 풍속이 지금까지 남아 있는 것이다. 이 밖에도 부농(布農)족은 7, 8월마다 보름달이 뜰 때 아기를 제사장에게 데리고 와서 신에게 강한 용사로 자라게 해달라고 비는 전통적인 제를 올린다.

매우 높은 곳( )에 사는 천상( )의 신

제3장 '天(하늘 천)', '上(위 상)', '帝(임금 제)'편 참고.

起 일어날 기

qǐ

아기( )가 걸음마( )•를 배우기 시작하다

아기가 기기 시작하면 다음 단계는 걸음마를 떼는 것이다. 걸음마를 떼는 첫걸음은 먼저 설 줄 알아야 한다. 그래서 '起'에서 '서다' '시작하다' '상황이 서서히 좋아지다'라는 의미가 파생되었다. 관련 단어는 기립(起立), 기색(起色, 어떤 일이 일어날 징조), 기래(起來qǐlai, '일어나다'를 의미하는 중국어), 기시(起始qǐshǐ, '(어떤 시간·지점으로부터) 시작하다' 혹은 '처음, 최초' 등을 의미하는 중국어) 등이 있다.

전

• 제3장 '走(달릴 주)' 편 참고

巸 아름다울 이, 즐거워할 희

yí

아기( )가 젖(,)을 먹다

금문 , 는 '여인의 두 개의 큰 가슴' 및 '아기'를 묘사해 아기에게 젖을 먹이는 것을 나타냈다. '巸'에서는 '건강하게 자라다'라는 뜻이 파생되었다. '巸'와 의미가 비슷한 한자는 '姬(여자 희)'가 있는데, '가슴이 큰 여인'을 나타내는 '姬'( )는 양육 능력이 강한 여자를 상징한다.•

• 제4장 '姬'편 참고

熙 빛날·화락할 희

xī

불더미( ) 옆에서 아기에게 젖을 먹이다( )

어머니가 십밖이나 늦은 밤에 옷섶을 풀고 아기에게 젖을 먹이면 춥게 마련이다. 하지만 불더미 옆에서 젖을 먹이면 어머니와 아기 모두 따뜻하고, 나아가 가정 전체가 행복하다. 그래서 '熙'에서는 '따뜻하고 화목하다'라는 뜻이 파생되었다. 관련 단어는 희희양양(熙熙攘攘

전

xīxīrǎngrǎng, '왕래가 빈번하고 왁자지껄한 모양'을 의미하는 중국어), 희양(熙陽xīyáng, '따뜻한 햇살'을 의미하는 중국어) 등이 있다.

- 희희호호(熙熙皞皞): 백성의 생활이 매우 즐겁고 평화로움

유아·아동기

황제(黃帝)는 열네 명의 비와 빈을 맞이하고 총 스물다섯 명의 아들을 낳았다. 이중 재간이 뛰어난 열넷은 전국 각지를 관리하고 정사를 처리하는 자리에 봉해져 황제의 정권을 공고히 했다. 요(堯), 순(舜), 우(禹) 같은 군왕 및 하(夏), 상(商), 주(周) 같은 각 왕조의 시조도 모두 황제의 자손이다. 사마천은 "황제에서 순, 우에 이르기까지 모두 성은 같으나 나라 이름은 달리해 각자의 덕을 분명히 밝혔다"라고 말했다. 지금까지 많은 중국인들이 스스로를 황제의 자손이라고 자처해왔다. 그럼 '子(아들 자)'와 '孫(손자 손)' 이 두 한자에는 어떤 뜻이 있을까?

갑

금

전

子 아들 자

zǐ

갑골문 , 금문 및 전서 는 아이를 나타낸 상형문자이다. 두 발을 묘사하지 않은 것은 아직 독립적이고 자주적이지 못한 사람인 것을 상징한다

한자에서 '子'는 대부분 아동이나 대를 잇는 아들을 대표한다. '子'에서 파생된 한자는 크게 다섯 종류이다. 이중에 아동 교육과 관계있는 한자는 字(글자 자), 教(가르칠 교), 學

(배울 학), 覺(깨달을 각), 孜(힘쓸 자) 등이고, 생육과 관계있는 한자는 疏(성길 소), 流(흐를 류), 育(기를 육), 棄(버릴 기) 등이다. 아동 부양과 관계있는 한자는 孔(구멍 공)과 乳(젖 유)이고, 아동 보호와 관계있는 한자는 呆(어리석을 매), 保(지킬 보), 仔(자세할·어릴 자) 등이다. 대를 잇는 아들과 관계있는 한자는 孫(손자 손), 孟(맏 맹), 季(끝·계절 계), 孕(아이 밸 잉), 好(좋을 호) 등이다.

젖을 먹는 아기

'孔'(구멍 공,)은 아기가 먹을 것을 찾고, 乳(젖 유,)는 어머니가 먹을 것을 주는 것을 의미한다. 이 두 한자는 재미있고 따뜻한 모자의 상호 작용을 나타낸다.

孔 구멍 공

kǒng

아기( )가 입을 벌리고 어머니의 젖( )을 빨다

금문 은 젖을 빠는 아기( ) 및 어머니의 유방이고, 전서 은 어머니 유방 밑에 출산을 마친 큰 배( )를 더한 것이다. '孔'은 아기가 입을 벌린 것을 나타내고, 작은 구멍을 뜻한다(어떤 학자들은 '孔'이 어머니의 가슴에서 젖이 나오는 구멍을 가리킨다고 말한다). 관련 단어는 공혈(孔穴, 구멍), 공도(孔道kǒngdào, '중요한 길'을 의미하는 중국어), 동공(洞孔dòngkǒng, '구멍'을 의미하는 중국어), 개공(開孔kāikǒng., '메조포러스 물질(구멍이 많은 물질)에서 외부와 연결된 열린 기공(open pore)'을 의미하는 중국어) 등이 있다. '孔'은 아기가 배고플 때 젖을 달라고 떼를 쓰는 것에서

금

전

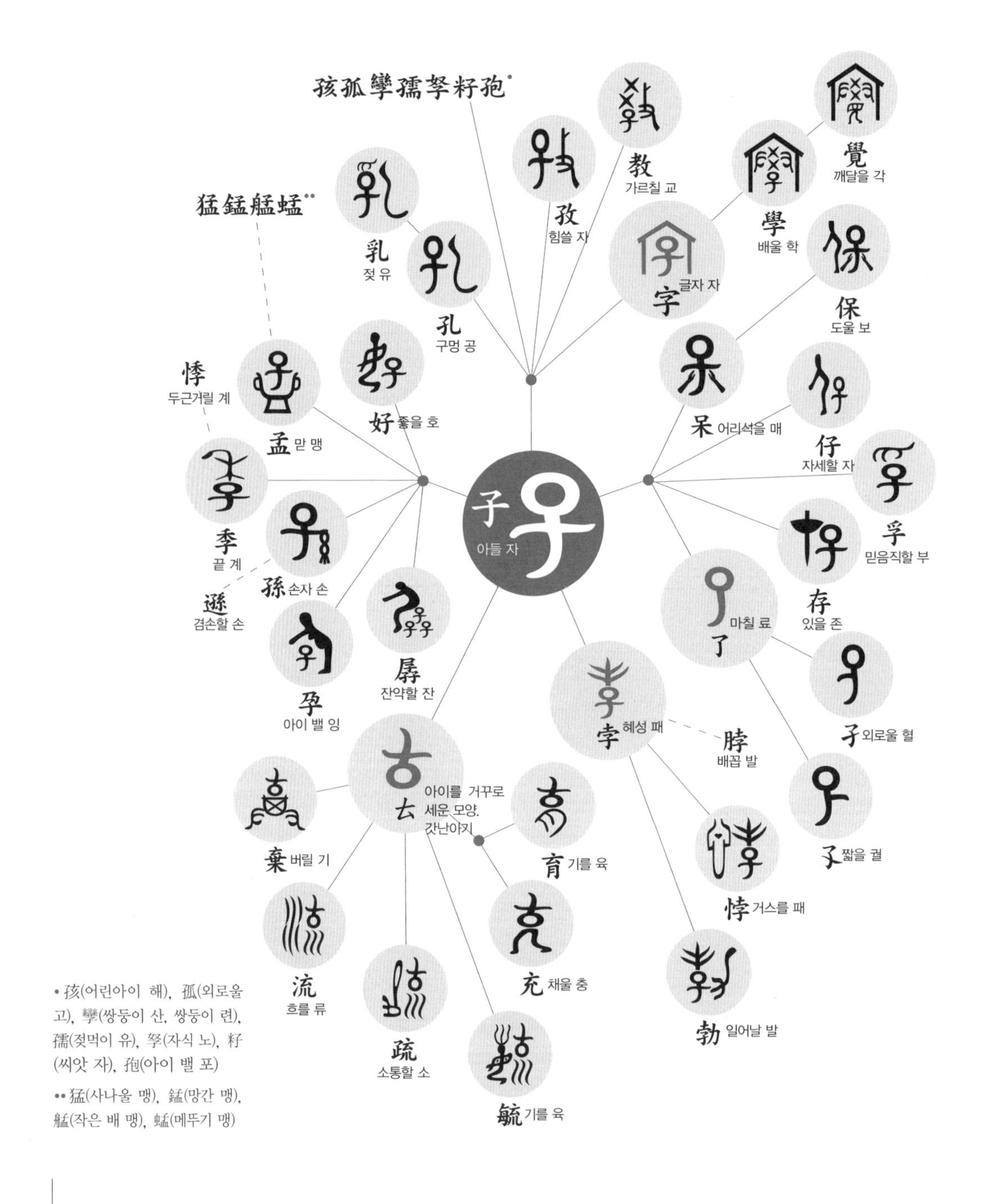

• 孩(어린아이 해), 孤(외로울 고), 孿(쌍둥이 산, 쌍둥이 련), 孺(젖먹이 유), 孥(자식 노), 籽(씨앗 자), 孢(아이 밸 포)

•• 猛(사나울 맹), 錳(망간 맹), 艋(작은 배 맹), 蜢(메뚜기 맹)

'긴급하다'라는 뜻이 파생되었고, 이때의 관련 단어는 수전공급(需錢孔急xūqiánkǒngjí, '돈이 급하게 필요하다'를 의미하는 중국어)가 있다. 청나라의 문인 방포(方苞)는 《서여상진전후(書廬象晉傳後)》에서 "당시에 변경의 일이 긴박해서 무릇 군대가 스스로 구하려고 노력했으나 바로 응하지 못했다"라고 말하며 '공급(孔急)'이라는 단어를 썼다.

• 천공하다(穿孔--): 구멍을 뚫다

乳 젖 유

rǔ

어머니가 젖을 먹이기 위해서 유방과 큰 배( )를 내민 뒤에 손으로 아기( )를 잡고(, 爪손톱 조) 자기 가슴 쪽으로 가까이 데리고 가다

갑골문 는 어머니가 두 손으로 아기를 끌어안고 젖을 먹이는 모습을 표현한 상형문자이다. '乳'의 본뜻은 젖을 먹이는 것이고, '젖'의 의미가 있는 관련 단어는 포유(哺乳, 어미가 제 젖으로 새끼를 먹여 기르다), 유즙(乳汁, 젖), 유방(乳房) 등이 있다.

• 구상유취(口尙乳臭): 입에서 아직 젖내가 난다는 뜻으로, 말이나 행동이 유치함을 이른다

갑

전

아이는 보호가 필요하다

仔 자세할 · 어릴 자

zǎi

성인( ) 옆에 서 있는 미성년 아이( )

'仔'는 어린 동물이나 사람에 대한 애칭이다.

• 자축(仔畜): 새끼 가축. 새끼 집짐승

• 자세히(仔細-): 아주 작고 하찮은 부분까지 구체적이고 분명하게

갑

전

전

다른 사람이 두 손( )으로 부축해줘야 하는 아이( ). 수시로 어른에게 의존하는 아이

呆 어리석을 매

dāi

- 치매(癡呆): 대뇌 신경 세포의 손상 따위로 인해 지능, 의지, 기억 등이 지속적·본질적으로 상실되는 병

갑

금

전

保 지킬 보

bǎo

어른( )이 두 손으로 아이의 겨드랑이를 받친 모습( )을 표현한 것으로, 어른이 아이를 보살피는 것을 나타낸다

부축이 필요한 아이인 '呆(어리석을 매)'는 어른의 보살핌이 필요하므로 '呆'에서 '保'가 파생되었다. '保'의 갑골문 , 금문 , 전서 는 어른이 아이를 업은 모습을 표현한 상형문자이고, 또 다른 전서는 편리성을 위해서 어른이 두 손으로 아이의 겨드랑이를 받친 모습을 표현한 로 바뀌었다. '保'는 원래 어른이 아이를 업고 안으며 보살피는 것을 뜻하고, 연약한 사람을 보살핀다는 뜻도 있다. 관련 단어는 보수(保守), 보증(保證) 등이 있다.

금

전

孚 믿음직할 부

fú

한 손으로 아이( )를 잡다(, 爪손톱 조)

고대 국가는 전쟁에서 승리하면 패전국의 성인 남자를 모조리 죽이고 여자와 아이를 잡아가 여자는 노예( )로 삼고, 아이는 포로( )로 삼았는데, 포로를 뜻하는 '孚'는 나중에 '俘'(사로잡을 부,)로 바뀌

었다. 또한 아이는 어른을 신뢰해서 자신을 만지거나 쓰다듬어도 가만히 있는 점에서 '孚'는 '사람을 믿고 따르다'라는 뜻이 파생되었다. 관련 단어는 신부(信孚xìnfú, '믿고 복종하다'는 뜻의 중국어), 불부중망(不孚衆望bùfúzhòngwàng, '여러 사람의 기대에 어긋나다'는 뜻의 중국어) 등이 있다. '孚'의 독음에서 파생된 한자는 孵(알 깔 부), 浮(뜰 부) 등이 있다.

• 부우하다(孚佑--): 믿고 도와 주다

存 있을 존

cún

아이(子)가 나무처럼 땅에 안정적으로 뿌리를 내리다(才, 才재주 재)

'存'은 안정적으로 성장한다는 의미가 있고, 생존(生存), 보존(保存), 존재(存在) 등에 쓰인다. 才(才)는 땅에 단단히 뿌리 내린 나무를 상징한다. '才'의 갑골문 才, 금문 才는 땅에 단단히 뿌리 내린 나무이고, 여기에서 건축용으로 좋은 목재라는 의미가 파생되었다. '在(있을 재)'도 '才'에서 파생된 한자이다. 在는 才(才, 뿌리 박은 나무)가 땅 위(土)에 있는 것을 가리키는데, 여기에서 땅에서 생존한다는 의미가 파생되었다.

了 마칠 료

le 또는 liǎo

두 팔이 없는 아이

'了'의 본뜻은 요결(了結liǎojié, '끝을 맺다'를 의미하는 중국어), 요무(了無liǎowú, '조금도 ~함이 없다'를 의미하는 중국어)처럼 '없다'이다. '了'에서 완결, 완전, 명확함이라는 뜻이 파생되었고, 완료(完了), 요해(了解, 깨달아

알아내다), 요단(了斷liǎoduàn, '끝을 맺다'를 의미하는 중국어) 등의 단어에 쓰인다. 《설문(說文)》은 '了'를 '어려서부터 팔이 없다'라고 풀이했다. 사람들은 두 팔을 잃으면 인생이 끝난 것처럼 생각하는 경우가 많다. 하지만 오스트레일리아의 희망 전도사 닉 부이치치(Nick Vujicic)는 태어날 때부터 팔과 다리가 없었지만 "손도 없고 팔도 없지만 고민도 없다"라는 긍정의 메시지를 세상에 전했다. 그는 생명의 의미를 잘 '요해(了解)'하고 있기 때문에 두 팔, 두 다리가 다 있는 사람들보다 더 경이로운 삶을 산다.

전

孑 외로울 혈

jié

오른팔이 없는 아이

왼팔만 있어서 '외롭다'라는 뜻이 파생되었다. 관련 단어는 혈연일신(孑然一身jiérányìshēn, '의지할 곳 없는 외로운 홀몸'을 의미하는 중국어), 혈거(孑居jiéjū, '혼자 살다'를 의미하는 중국어) 등이 있다. 《설문》은 '孑'을 '오른팔이 없다'라고 풀이했다.

- 혈혈단신(孑孑單身): 의지할 곳 없는 외로운 홀몸

전

孓 짧을 · 왼팔 없을 궐

jué

왼팔이 없는 아이. 의미는 '孑(외로울 혈)'과 같다

글쓰기로 시작하는 학습

《상서(尙書)》〈다사(多士)〉는 "은대의 선조들도 책이 있었다"라고 기록했다. 은(殷), 상(商) 시대 때 책이 있었다는 것은 문자 시스템이 상당히 완벽한 수준이라서 글쓰기가 귀족들의 필수 공부였음을 나타낸다. 《예기(禮記)》〈왕제(王制)〉에도 "(퇴직한 뒤에) 국로(國老, 경이나 대부를 지낸 사람)는 우학(右學, 대학)에서 가르치고, 서로(庶老, '사士'를 지낸 사람)는 좌학(左學, 소학)에서 가르쳤다."라고 나온다. 여기에서 은나라 때 이미 학교가 있어서 지혜로운 스승들이 젊은이들에게 지식을 전수했음을 알 수 있다. 주나라 땐 국학(國學, 귀족 학교)과 향학(鄕學)이라는 교육 기관이 있었고, 교육 내용도 이전보다 더 발전해서 글자를 배우는 것 외에 예(禮), 악(樂), 사(射), 어(御), 서(書), 수(數)의 육예(六藝)를 가르쳤다.

字 글자 자

zi

아이( )가 집( )에서 학습해야 하는 일

고대 사람들은 글쓰기를 배우는 것을 아이가 집안에서 마땅히 해야 할 일로 여겼다. 어른이 되어 글자를 배우기는 어렵기 때문이다. '字'에선 '아이가 학습한 언어의 부호'라는 의미가 파생되었고, 관련 단어는 자체(字體), 문자(文字), 자전(字典) 등이 있다. 〔어떤 학자들은 '字'의 원시적인 의미를 집(宀 집 면)에서 '子(아들 자)'를 낳았다는 의미에서 '生(날 생)'으로 보지만 후대 사람들은 대부분 이 견해를 받아들이지 않는 편이다.〕 책을 읽으려면 반드시 문자를 먼저 알아야 한다. 주나라 때 아동은 8세

에 학교에 입학해 가장 먼저 ‘문자학’을 배웠다. 《한서(漢書)》 〈예문지(藝文志)〉에 “古者八歲入小學, 故周官保氏, 掌養國子, 敎之六書, 謂象形, 象事, 象意, 象聲, 轉注, 假借, 造字之本也(고자팔세입소학, 고주관보씨, 장양국자, 교지육서, 위상형, 상사, 상의, 상성, 전주, 가차, 조자지본야)”라고 나온다. 뜻인즉 “주나라 사람들은 8세에 소학을 공부했고, 교육을 담당하는 관원(보씨)은 귀족의 자제에게 문자를 가르치는 것 외에 반드시 글자를 구성하는 기본 원리, 예컨대 상형, 지사, 회의 등의 문자학을 가르쳐야 한다”이다. 한나라는 문자학을 ‘소학(小學)’이라고 불렀고, 당, 송 이후 소학은 다시 ‘자학(字學)’이라고 불렸다. 한자는 낱개의 한자가 모여 또 다른 의미의 한자를 만들기 때문에 옛사람들은 아동이 한자를 학습하는 것을 매우 중시했다. 외국인 중에 중국어를 공부해서 듣고 말할 줄 아는 사람은 많지만 한자를 잘 쓰는 사람은 그리 많지 않다. 한자는 어려서부터 학습할 필요가 있다는 점을 옛 선조들은 잘 알았다.

아이( )가 집( )에서 글쓰기( )를 연습하다

갑골문의 ‘學’( )은 두 손으로 ××를 그리는 것을 나타내고, 금문 은 여기에 ‘字’( )를 보태 ‘글쓰기를 배우다’라는 의미를 더 분명하게 했다. ‘學’의 본뜻은 아동이 글쓰기를 연습하는 것이고, 여기에서 학습에 관한 모든 의미가 파생되었다. 관련 단어는 학습(學習), 학교(學校), 학문(學門) 등이 있다. ‘學’의 간체자•는 ‘学’이다.

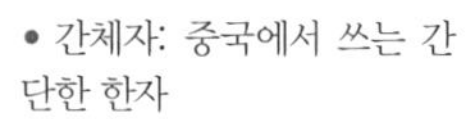
• 간체자: 중국에서 쓰는 간단한 한자

覺 깨달을 각

jué

본( ) 것을 배우다( )

'覺'은 '사물의 이치를 깨달은 사람'이라는 뜻을 파생시켰다. 관련 단어는 선각(先覺), 각오(覺悟), 각성(覺醒) 등이 있다. '覺'의 간체자는 '觉'이다.

전

敎 가르칠 교

jiāo 또는 jiào

손에 나뭇가지를 들고(, 攵 칠 복) 아이( )에게 한 자 쓰기( )를 가르치다

갑골문 는 손으로 붓을 잡고 바닥에 ××를 쓰는 것을 옆에서 어린아이( )가 보는 것을 표현했다. 금문 및 전서 는 붓을 든 손을 '攴•(칠 복,)'으로 바꿔 손에 도구를 든 것을 나타냈다. '敎'에서 지식이나 기술을 전수하는 의미가 파생되었고, 교육(敎育), 교사(敎師), 교서(敎書, 왕이 신하, 백성, 관청 등에 내리던 문서), 전교(傳敎, 임금이 명령을 내리다) 등의 단어에 쓰인다. 허신은 《설문》에서 '敎'를 '孝'와 '攴'으로 구성된 회의문자라고 분류했지만 이것은 잘못된 해석이다.•• 일부 학자는 '敎'를 아이에게 점치는 것(爻 사귈 효)을 가르치는 것이라고 해석하지만 약간 편파적인 해석이다. 한자를 구성하는 는 교차, 혼합 외에 부적을 붙이는 의미도 있지만 이 한자로 구성된 많은 한자들은 점괘의 의미가 없다. 예컨대 '駁(얼룩말 박, 논박할 박)'은 무늬가 있는 말〔馬〕을 가리킨다.

갑

금

전

• '攴'과 '攵'은 같은 글자이다

•• '孝(효도할 효)' 편 참고

• 유교무류(有敎無類): 가르침이 있을 뿐 유별은 없다. 즉 가르침에 차별이 없음을 이른다

전

孜 힘쓸 자

zī

아이(子)가 나뭇가지를 들고(攴) 열심히 공부하다

'孜'는 '열심히 공부하다'라는 의미를 낳았다. 관련 단어는 자자불권(孜孜不倦zīzībújuàn, '게을리하지 않고 열심히 노력하다'를 의미하는 중국어), 《한서(漢書)》의 '자자불태(孜孜不怠, 게으름을 피우지 않고 열심히 노력하다)', 《전한기(前漢紀)》의 '숙야자자불이(夙夜孜孜不已, 밤낮으로 열심히 노력하다)'가 있다.

- 근근자자하다(勤勤孜孜--): 매우 부지런하고 꾸준하다

머리가 아래쪽을 향하고 다리가 위쪽을 향한 아이

'𠫓'(𠫓)는 머리가 아래쪽을 향하고 다리가 위쪽을 향한 갓 태어난 아기를 나타낸다. '子(아들 자)'를 구성하는 子가 거꾸로 뒤집혀 𠫓이 되었다. 갓난아기는 어머니의 뱃속에서 머리부터 나오기 때문에 머리가 아래쪽을 향하고 다리가 위쪽을 향하는 아이는 어머니의 배에서 방금 나온 아기를 가리킨다. '𠫓'로 구성된 한자는 流(흐를 류), 育(기를 육), 毓(기를 육), 疏(소통할 소), 棄(버릴 기) 등이 있고, 모두 갓 태어난 아기라는 의미를 담고 있다.

금

전

疏 소통할 소

shū

어머니가 다리(疋, 疋짝 필, 다리 소)를 벌리자 신생아(𠫓, 𠫓)가 양수를 따라서(川, 川내 천) 나오다

'疏'에서 '장애물을 치우고 강물을 흐르게 하다'라는 의미가 파생되었고, 소통(疏通), 소홀(疏忽) 등의 단어에 쓰인다. 《설문》은 "疏는 통하는 것이다"라고 풀이했다.

流 흐를 류

liú

양'수'(巛)가 미리 터져서 신생아(𠫓)가 '유'실(巛) 되다

고대에 임산부는 고된 노동으로 양수가 미리 터져서 유산되는 경우가 많았다. 전서 및 는 유산된 것을 표현한 것으로, 아기가 양수와 함께 미끄러져 나왔지만 발육이 완전하게 이뤄지지 않은 상황에서 양수가 대량으로 터져 요절한 것을 나타낸다. '流'의 본뜻은 '유산'이지만 후대에 모든 물체의 움직임을 가리키는 의미로 광범위하게 쓰이게 되었다. 관련 단어는 수류(水流, 물의 흐름), 유한(流汗, 흐르는 땀), 유방(流芳, 꽃다운 이름이 후세에 길이 전해지다) 등이 있다.

毓 기를 육

yù

신생아(𠫓)가 줄줄이 나오는(巛) 것이 마치 어머니의 머리카락(, 每)처럼 많다

갑골문 및 금문 은 신생아(, 𠫓)가 여인( )의 몸에서 흘러나오는(巛) 것을 나타냈고, 또 다른 금문 및 전서 은 여인을 어머니( )로 바꿨다. 옛사람들은 씨족을 키우기 위해서 자식을 많이 낳았기 때문에 또 다른 전서 은 '母(어미 모)'에 머리카락을 더하고 '每'(매양 매,)로 만들어 열심히 아이를 낳아 자손이 어머니의 머리카락처럼 많은 것을 표현했다. '毓'은 번식, 생육, 양육의 의미가 있다.

• 유언비어(流言蜚語): 아무 근거 없이 널리 퍼진 소문. 터무니없이 떠도는 말(같은 말: 부설浮說, 부언浮言, 부언낭설浮言浪說, 부언유설浮言流說 등)

전

育 기를 육

yù

갓 태어난 아기()는 어머니 몸의 한 부분()이다

중국 속담에 "아이는 어미의 살붙이이다"라는 말이 있다. 세상의 많은 어머니들은 자식을 보호하고 사랑으로 키운다. '育'은 출산 및 부양의 의미를 파생시켰고, 생육(生育), 양육(養育), 교육(教育) 등에 쓰인다.

棄 버릴 기

qì

갑골문 는 두 손으로 아이를 삼태기에 담아 버리는 것을 표현했다

는 삼태기의 상형문자이고, '其(그 기,)' '基(터 기,)' '箕(키 기,)' 등을 파생시켰다. '棄'는 '버리다'라는 의미를 낳았고, 폐기(廢棄), 기영(棄嬰qìyīng, '갓난아이를 버리다'를 의미하는 중국어) 등에 쓰인다. 주나라 때 '기(棄)'라는 이름을 가진 사람이 있었는데, 《사기》에 이 이름의 유래가 나온다. 어느 날 제곡(帝嚳, 중국 고대 전설상의 오제五帝 중 한 사람)의 원비(元妃, 임금의 정실)인 강원이 야외에서 거인의 발자국을 보고 호기심이 동해 그 발자국을 밟았다가 임신을 하고 아기를 낳았다. 강원은 자신이 낳은 아기를 불길하게 여기고 좁은 골목에 버렸지만 지나가는 말과 소가 아기를 밟지 않고 피해 다시 숲에 버렸다. 그런데 이번에는 새들이 날아와 깃털로 아기를 덮고 보호해 어쩔 수 없이 아기를 데리고 와서 키우고 '棄'라고 이름 지었다. 기는 커서 농사를 잘 지어 요임금 때 농업 관련 관료가 되었는데, 후대 사람들은 그를 후직(后稷)이라고 불렀다. '棄'의 간체자는 '弃'이다. 삼태기 없이 두 손으로 갓난아기를 안고 있는 '弃'에서는 아이를 버린다는 의미를 찾아보기 어렵다.

充 채울 충

chōng

아이( )가 어른(, 儿어진 사람 인)이 되다

전서 은 예전에 태어난 아기가 이미 어른이 된 것을 나타내고, 은 두 발로 똑바로 설 수 있는 사람•을 나타낸다. '充'에서 '가득 채우다'라는 의미가 파생되었고, 충척(充斥, 사람이 많고 그득하다), 모충(冒充màochōng, '사칭하다' '가장하다'를 의미하는 중국어) 등의 단어에 쓰인다. 《설문》은 '充은 자라는 것이다'라고 풀이했다.

전

• 제2장 '儿'편 참고

• 충분하다(充分--): 분량이 적적하여 모자람이 없다

아들과 손자

孕 아이 밸 잉

yùn

배가 불뚝한 사람(, 乃이에 내)은 아기( )를 품었다

갑골문 및 전서 는 큰 배를 내밀고 있는 사람이 아이를 품고 있는 것을 표현했고, 잉부(孕婦, 아이를 밴 여자), 잉육(孕育yùnyù, '낳아 기르다'를 의미하는 중국어) 등에 쓰인다. 《설문》은 '孕'을 '아기를 품다'라고 풀이했다. '乃'( )는 다른 한자를 구성할 때 모두 불뚝한 배나 '배부르다'의 의미를 가진다. 예컨대 '秀(빼어날 수,)'는 벼( )가 가득한( ) 것을 나타내고, '盈(=盁찰 영,)'은 그릇( )에 음식물이 가득 찬( ) 것을 나타낸다. '奶(젖 내)'는 배부르게 하는 여자의 신체 기관을 나타낸다.

갑

전

갑
금
전

好 좋을 호

hǎo

아이( )가 있는 여인( )은 아름답고 자비롭다

'好(좋을 호)'는 '아름답다' '선하다' '칭송할 만하다'의 의미를 낳았고, 미호(美好, 용모가 아름답다), 호우(好友, 좋은 벗) 등에 쓰인다. '好'는 부인이 있거나 아이가 있는 남자로 해석되기도 한다. 고대 남자들은 부인과 아이를 갈망했기 때문에 일부 학자들은 '好'를 '부인과 아이가 있어 기쁘다'라고 해석하기도 한다.

갑
금
전

孫 손자 손

sūn

대를 잇는( ) 아이( )

갑골문 및 금문 은 '子(아들 자)'와 '糸(실 사)'로 구성되었다. '糸( )'는 감겨 있는 허리띠나 실타래이고, 끊이지 않고 연속되는 것을 나타낸다. 따라서 '孫'은 '자녀의 자녀'라는 의미가 있고, 전서는 '糸'를 '系(, 맬 계)'로 바꿨다. '孫'의 관련 단어는 자손(子孫), 외손(外孫) 등이 있다. 《설문》은 '자녀의 자녀를 손이라 부르고, 자녀가 계속 이어지면 대가 이어진다'라고 풀이했다. '孫'의 간체자는 '孙'이다.

금
전

孟 맏 맹

mèng

대야(, 皿그릇 명)에서 목욕하는 아이( )

중국 역대 왕위 계승자는 주로 적장자(嫡長子, 정실이 낳은 맏아들)였고, 이 방식은 상나라 후기의 제왕들이 만들었다. 왕위 계승자인 장자는 비교적 많은 특권을 가졌다. 예를 들어 장자는 제사를 지내는 대표권이 있어서 제를 올리기 전에 목욕을 하고 옷을 갈아입었다. 고대 중국인들은 물이 부족한 북쪽 지역에 살았기 때문에 농작물도 가뭄을 잘 이기는 보리를 심었고, 목욕 또한 자주 하지 못했다. 따라서 대야에 물을 받아 목욕을 하는 사치스러운 향유는 거의 장자만 누릴 수 있는 특권이었다.

옛사람들은 孟(맏 맹), 仲(버금 중), 季(끝·계절 계)로 삼형제나 달의 순서를 나타냈다. 예를 들어 공자의 형은 첫째라서 이름이 맹피(孟皮)였고, 공자는 둘째라서 이름이 중니(仲尼)였다. 《설문》은 '孟'을 '첫 번째 순서'로 풀이했다.

季 끝·계절 계

jì

벼 이삭( )처럼 어린 아이( ). 가장 어린 아들

갑골문 는 아이를 작은 풀( )과 같은 것으로 표현했지만 훗날 작은 풀을 뜻하는 한자는 '禾(벼 화)'로 바뀌었다. '季'는 가장 어린 막내라는 의미를 파생시켰다. 옛사람들은 孟, 仲, 季로 삼형제의 서열을 표현했고, 사형제일 땐 伯(맏 백), 仲, 叔(아재비 숙), 季로 표현했지만 어떤 상황에서도 '季'는 막내를 나타냈다.

갑 금 전

• 계수(季嫂): 남자 형제 사이에서 동생의 아내를 이르는 말(같은 말: 제수弟嫂)

눈을 깜박할 때마다 한 마디씩 자라다

옛사람들은 사람의 일생에서 아동기 때의 성장 속도가 특별하게 빠른 것을 알고 '孛(혜성 패, 노할 발)'를 만들었다.

 전

孛 혜성 패, 노할 발

bèi 또는 bó

아이(子)가 무성한 식물(, 丰 예쁠 봉, 풍채 풍)처럼 빠르게 자라다

'孛'는 '신속하게 성장하다'라는 의미를 파생시켰다.

勃 일어날·노할 발

bó

아이가 무성한 식물처럼 빠르게 자라고(, 孛 혜성 패) 건장하고 힘()이 세지다

'勃'에서 왕성한 모습을 나타내는 의미가 파생되었다. 생기발발(生氣勃勃shēngqìbóbó, '생기발랄하다'라는 의미의 중국어), 봉발(蓬勃, 구름이 뭉게뭉게 떠오르는 모양, 기운이 솟는 모양) 등의 단어에 쓰인다.

- 패기발발하다(霸氣勃勃――): 성격이 진취적이고 패기가 일어나 왕성하다

悖 거스를 패

bèi

빠르게 성장하려는(, 孛 혜성 패) 야'심'()

관련 단어는 패역(悖逆, 도리와 순리를 거스르다)이 있다.

성인기

사람의 세 번째 단계는 손과 발의 발육이 완벽해진 성인기이다. 성인기를 대표하는 이미지는 사람의 옆모습을 나타낸 이다. 이미 두 발로 온전하게 서서 각종 행위를 온전하게 할 수 있기 때문에 사람과 관련된 많은 한자를 파생시켰다. 예를 들어 은 두 손, 두 발을 활짝 벌리고 있는 사람( ) 및 두 손을 모은 채 무릎을 꿇고 앉은 공손한 여인( )을 파생시켰다. 이 외에 각종 자세를 취하거나 행위를 하는 사람, 예를 들어 두 발로 선 사람( ), 절을 하거나 무릎을 꿇은 사람( ) 및 몸을 구부리고 누운 사람( ) 등도 파생시켰다. 이 책은 '人(사람 인)'에서 파생된 한자를 크게 세 부류, 각각 '大(큰 대)', '女(여자 녀)', '각종 행위를 하는 사람'으로 나눴다.•

• 세 부류에서 파생된 한자는 제2장, 제3장, 제4장 참고

노쇠기

상주(商周)시대 사람들은 노인을 매우 중시해서 국가의 녹봉을 받으며 생활하게 했다. 주나라 때의 《예기(禮記)》에 "凡養老, (…) 五十養於鄉, 六十養於國, 七十養於學(범양로, (…) 오십양어향, 육십양어국, 칠십양어학)"이라는 글이 나온다. 풀이하면 "만 50세의 어르신이 행동거지가 바르면 지방의 관리가 되어 사무를 보는 분위기를 바꾸게 하고, 60세가 되면 조정의 관직을 맡아도 되며, 70세까지 살면 학교에서 여유 있게

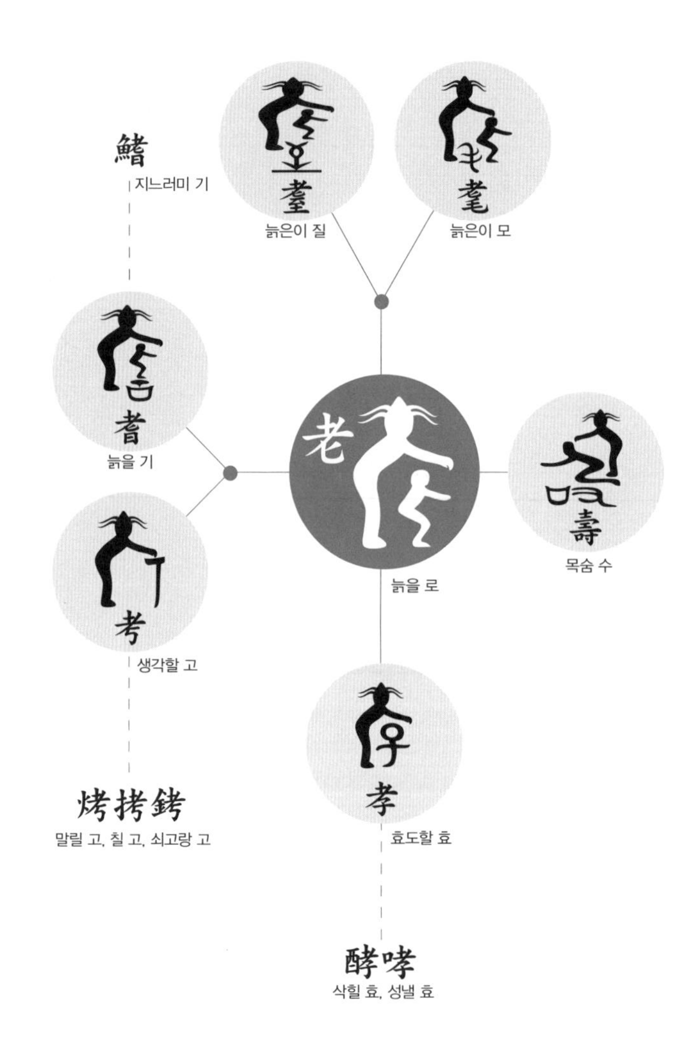
鰭
지느러미 기
耋
늙은이 질
耄
늙은이 모
耆
늙을 기
老
늙을 로
壽
목숨 수
考
생각할 고
孝
효도할 효
烤拷銬
말릴 고, 칠 고, 쇠고랑 고
酵哮
삭힐 효, 성낼 효

가르치는 일을 해도 된다"라는 뜻이다. 또한 "관부는 노쇠한 어르신에게 지팡이, 의자 및 소화가 잘 되는 음식을 대접해야 한다"라는 글도 나온다. 옛날에는 의자가 매우 적어서 대부분 무릎을 꿇고 앉았다. 하지만 노년이 되면 한번 다리를 꿇고 앉았다가 못 일어나는 수도 있고 심하게는 뼈가 부러질 수도 있다. 따라서 지팡이와 의자를 보내주는 것은 예를 다해 노인을 공경하는 의미가 있다. 한나라는 노인을 공경하는 정책을 철저하게 실시했다. 한고조는 노인을 공경하는 조령을 반포하고 80세 이상의 노인들이 모두 혜택을 받게 했고, 한성제는 연령을 70세로 낮추고 해마다 가을이 되면 지팡이를 수여하는 의식을 거창하게 진행했다. 《후한서(後漢書)》 〈예의지(禮儀志)〉는 "70세가 되면 옥지팡이를 받고 죽을 먹었다"라고 기록했다. 1959년 이후에 고고학자들은 간쑤(甘肅)에 있는 한나라시대의 무덤에서 옥 지팡이 및 옥 지팡이를 하사하는 목간(종이가 없던 시대에 문서로 쓰인 나뭇조각)을 연이어 발굴했다. 중국 역대 관부들은 노인을 모욕하고 때리는 것을 엄격하게 금했고, 고령의 노인을 제멋대로 구금하는 것도 금했으며, 어기는 자를 엄벌에 처했다.

老 늙을 로

lǎo

타인(, 匕비수 비)이 부축할 필요가 있는 머리가 벗겨진 노인()

'老(늙을 로)'의 갑골문 는 지팡이를 든 사람이고, 또 다른 갑골문 는 노인의 머리에 머리카락()을 더했다. 금문 는 변화를 겪은 뒤에 머리가 벗

• 제2장 '匕'편 참고

겨진 중요한 사람( )•으로 변했다. 부축 받는 노인인 전서 및 는 필순을 조정한 것이다. 왜 노인의 지팡이가 부축하는 젊은이로 변했을까? 어쩌면 주나라 사람들이 효도를 중시했기 때문일 수도 있다. '老'의 뜻에서 파생된 한자는 考(생각할 고), 孝(효도할 효), 耆(늙을 기), 耄(늙은이 모), 耋(늙은이 질), 壽(목숨 수) 등이 있고, '老'의 독음에서 파생된 한자는 佬(사내 로), 姥(외조모 로), 咾(약한 소리 로) 등이 있다.

고대 노인들의 삶은 어땠을까? 당시 사람들은 노인을 어떻게 대했을까? 고대의 노인 문화를 이해하기 위해서 '老'에서 파생된 한자를 알아보자. 이 한자들의 뜻은 크게 세 부류로 나뉜다.

노인을 보살피는 것이 '孝'이다

금

전

孝 효도할 효

xiào

노인( )을 보살피는 아이( )

금문 및 전서 는 모두 노년의 부모를 보살피는 자녀를 나타냈다. '孝'는 부모를 봉양한다는 의미를 낳았고, 효도(孝道), 효순(孝順, 효행이 있고 유순하다)의 단어에 쓰인다. 《순자(荀子)》는 "능히 부모를 섬기는 것을 효(孝)라고 하고, 능히 형을 섬기는 것을 제(弟)라고 한다"라고 했다.

• 반포지효(反哺之孝): 까마귀 새끼가 자라서 늙은 어미에게 먹이를 물어다 주는 효(孝)라는 뜻으로, 자식이 자란 후에 어버이의 은혜를 갚는 효성을 의미한다

• 효자애일(孝子愛日): 효자는 날을 아낀다는 뜻으로, 될 수 있는 한 오래 부모에게 효성을 다하여 섬기고자 함을 비유적으로 이르는 말이다

나이는 지혜를 쌓는다

考 생각할 고

kǎo

지팡이(丂, 丂공교할• 교)를 들고 어떤 일에 대해서 곰곰이 생각하는 노인(老)

금문 考 및 전서 考는 모두 지팡이(丂, 丂)를 짚고 곰곰이 생각하는 머리가 벗겨진 노인을 나타냈다. '考'의 본뜻은 노인이지만 '생각하다' '탐구하다'의 의미를 파생시켰다. 이는 대부분의 연장자들이 문제에 답하거나 결정할 때 지팡이를 가볍게 두들기는 습관이 있기 때문인데, 후대 사람들은 이 모습을 보고 '생각하다' '탐구하다'의 뜻을 생각해냈다.

• 공교하다(工巧--): 솜씨나 꾀 따위가 재치가 있고 교묘하다

관련 단어로는 고구(考究, 자세히 살펴 연구하다), 고고(考古, 유물과 유적으로 고대의 역사적 사실을 연구하다), 고시(考試) 등이 있다. 이 밖에도 후대 사람들은 이미 돌아가신 아버지를 일컬어 '考'라고 불렀다. '考'의 독음에서 파생된 한자로는 烤(말릴 고), 拷(칠 고), 銬(쇠고랑 고) 등이 있다.

《예기》에는 "50세가 되면 집안에서 지팡이를 짚고, 60세가 되면 고을에서 지팡이를 짚고, 70세가 되면 나라 안에서 지팡이를 짚고, 80세가 되면 조정에서 지팡이를 짚는다"라는 글이 나온다. 주나라는 50세가 넘으면 노인으로 여겨 집안에서 지팡이를 짚고 다닐 수 있었고, 60세가 되면 지팡이를 짚고 고을을 거닐며 사람들에게 가르침을 줄 수 있었다.

공자도 노년에 지팡이를 짚고 다니며 사람들에게 가르침을 줬다. 《예기》에 공자가 지팡이로 사람을 때린 고사가 나온다. 공자의 옛 친구인 원양(原壤)은 찢어지게 가난하여 어머니가 돌아가셨을 때도 공자

가 대신해서 관을 마련해줬다. 원양의 사람 됨됨이는 예의를 모르고 성격도 제멋대로였다. 어느 날 나이를 지긋이 먹은 공자가 지팡이를 짚고 원양을 보러갔다. 하지만 원양은 누가 왔건 말건 간에 맨발로 바닥에 앉아 공자가 걸어오는 것을 빤히 쳐다보기만 했다. 그러자 공자가 다짜고짜 오만하고 무례한 원양을 따끔하게 혼냈다.

"어려서부터 부모에게 불효하고 형에게 불손하고, 커서도 아무것도 못 이루더니, 나이를 먹어도 변한 것이 없구나."

공자는 지팡이로 원양의 종아리를 때리며 가르쳤다.

• 천사만고하다(千思萬考--): 천번 만번 생각한다는 뜻으로 여러 가지로 생각한다는 의미(같은 말: 천사만념千思萬念하다)

전

耆 늙을 기, 이룰 지

qí

지혜로운 노인()이 말하다(, 曰가로 왈)

옛사람들은 덕을 많이 쌓은 연장자를 '기로(耆老)'라고 불렀다. 상나라는 왕실에 학교(좌학과 우학)를 세우고 지혜로운 노인들을 모셔 젊은이들에게 아는 것을 전수시켰다. 《예기》는 "사람이 태어나고 열 살이 되면 유(幼)라고 하고, 이땐 배운다. 스무 살이 되면 약(弱)이라고 하고, 관례(冠禮, 어른이 된다는 의미로 상투를 틀고 갓을 쓰는 의례)를 한다. 서른 살이 되면 장(壯)이라고 하고, 가정을 이룬다"라고 했다. 또한 "六十曰耆, 指使(육십왈기, 지사)"라고 했는데, "60세가 되면 '기로'라고 부르고 다른 사람에게 일을 시킬 수 있다"라는 뜻이다.

• 기숙(耆宿): 나이가 많아 덕망이 높고 경험이 풍부한 사람

불로장생의 염원

많은 사람들이 상아(嫦娥)가 달로 도망친 전설을 들어봤을 것이다. 예(羿)는 신비한 능력이 있고 활을 잘 쐈다. 그는 열 개의 태양 중에서 무려 아홉 개의 태양을 쏴서 떨어트리고 극한 가뭄을 몰아낸 공을 인정받아 백성들로부터 왕으로 추대되었다. 하지만 나라를 돌보지 않고 낚시와 사냥을 일삼아 백성들의 삶을 도탄에 빠트렸다. 그는 아름다운 황후인 상아와 영원히 살고 싶은 마음에 서왕모(西王母)에게 두 개의 불로장생약을 구해 상아에게 맡겼다. 하지만 상아는 예가 불로장생할 경우 백성들이 계속해서 고통스러울 것을 걱정해 몰래 약을 삼키고 휘영청 밝은 달로 날아가 넓고 추운 궁에서 혼자 외롭고 쓸쓸하게 살았다.

진시황도 불로장생을 꿈꿨다. 진시황은 6국을 통일한 뒤에 천하를 영원히 통치하기 위해서 서복(徐福)에게 3000명의 어린아이들을 딸려 멀리 봉래선도(蓬萊仙島, 지금의 일본)에 있는 신선에게 불로초를 구해오게 했다. 하지만 예상치 못한 일이 일어났으니, 서복이 돌아오지 않고 봉래선도에 정착한 것이다. 결국 진시황은 영원히 살지 못하고 50세에 죽었다.

어떻게 하면 불로장생할 수 있을까? 사람은 누구나 죽는다. 또한 수명은 하늘이 정하는 것이기 때문에 장수하려면 반드시 하늘에 빌어야 한다. 《상서(尚書)》 〈금등(金縢)〉의 기록에 따르면 주무왕은 밤낮으로 정사를 돌보다가 중병에 걸렸다. 그러자 주공은 몸을 깨끗이 씻은 뒤에 하늘에 자신의 목숨을 떼어 주무왕의 수명을 늘려달라고 기도했고, 과연 얼마 뒤에 주무왕의 병세는 호전되었다. 《성경》 〈이사야서〉에도 이스라엘의 히스기야 왕이 기도하는 이야기가 나온다. 히스기야 왕은 불치의 독창에 걸리자 수명이 늘어나 위기에 처한 이스라엘을 구하게 해달라고 신에게 빌었다. 그러자 신은 히스기야 왕의 기도에 응답해 그에게 15년을 더 살게 했다.

금 전

壽 목숨 수

shòu

바닥에 무릎을 꿇은 채( ) 두 손( )을 들고 중얼거리며( ) 신에게 늙을 때까지( ) 살게 해달라고 빌다

'壽'의 금문은 몇 가지 양식이 있다. 의 뜻은 늙을( ) 때까지 살게 해달라고 신에게 비는(, 申거듭 신) 것이다. 는 여기에 두 손을 더해 두 손을 들고( ) 신에게 늙을 때까지 살게 해달라고 비는 것이다. 는 한 쪽 손이 생략되었다. 필순이 조정된 전서 는 '手(손 수)'가 '寸(마디 촌)'으로 바뀌었다. 또한 '老(늙을 로)'와 '申(거듭 신)'은 예서와 해서 때 모양이 많이 변해서 원래의 뜻을 알아보기 어렵게 되었다.

'壽'의 본뜻은 하늘에 오래 살게 해달라고 비는 것이고, 연령, 생일 축하 등의 의미를 낳았다. 관련 단어로는 수명(壽命), 축수(祝壽, 오래 살기를 빌다), 수진(壽辰shòuchén, '생신'을 의미하는 중국어) 등이 있다. '壽'의 간체자는 '寿'이다.

• 상수여수(上壽如水): 건강하게 오래 살고 싶다면 흐르는 물처럼 도리에 따라서 살아야 한다는 뜻이다

禱 빌 도

dǎo

신()에게 목숨()을 빌다

'禱'는 '신에게 빌다'라는 의미를 파생시켰고, 기도(祈禱), 도고(禱告dǎogào, '기도하다'를 의미하는 중국어) 등에 쓰인다. 《논어》 〈술이(述而)〉에는 "공자가 병에 걸리자 자로(子路)가 기도를 청했다"라는 글이 나오고, 《한비자(韓非子)》 〈외저설우하(外儲說右下)〉에는 "진양왕(秦襄王)이 병에 걸리자 백성들이 왕을 위해서 기도했고, 왕의 병이 낫자 소를 잡아서 잔치를 했다"라는 글이 나온다. 대체 몇 살까지 살면 오래 사는 걸까? 여든에서 아흔 살 정도면 장수하는 것이고 노령이라고 할 수 있다.

耄 늙은이 모

mào

수염(, 毛털 모)이 긴 노인()

'耄'는 '毛'가 표음부이고, 여든에서 아흔 살의 노인을 가리키는 칭호이다.

• 모기(耄期): 여든 살로부터 백 살까지의 나이(耄는 80~90세, 期는 100세를 뜻한다)

耋 늙은이 질

dié

노인()이 되었지만(, 至이를 지) 여전히 건강하다

옛날에는 많은 사람들이 노인이 되기 전에 죽었기 때문에 천수를 다하고 집에서 죽는 것을 복으로 여겼다. '耋'은 장수하는 사람을 가리키지만 나이가 많은 것이 느껴지지 않을 정도로 건강하다는 의미를 내비치기도 한다. 장수에 대한 한자의 관점은 모세의 인식과 거의 비슷하

다. 3500년 전에 모세는 그 당시 이스라엘 사람들의 평균 수명에 대해서 다음과 같은 관점을 제시했다.

"우리의 연수가 칠십이요, 강건하면 팔십이라도 그 연수의 자랑은 수고와 슬픔뿐이요, 신속히 가니 우리가 날아가나이다."(《성경》 〈시편〉 90편)

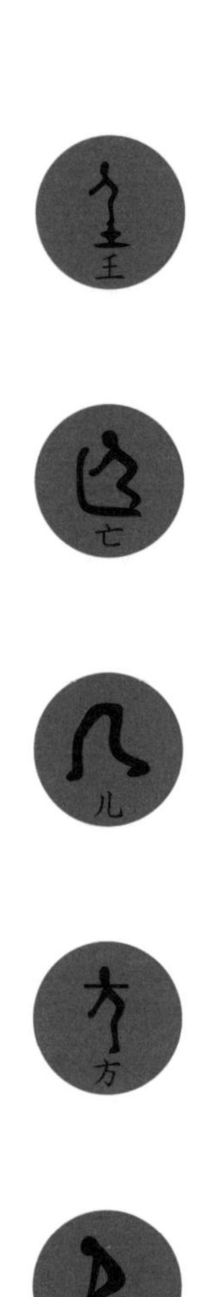
壬
匕
儿
方
卩

제2장

사람의 자세 변화

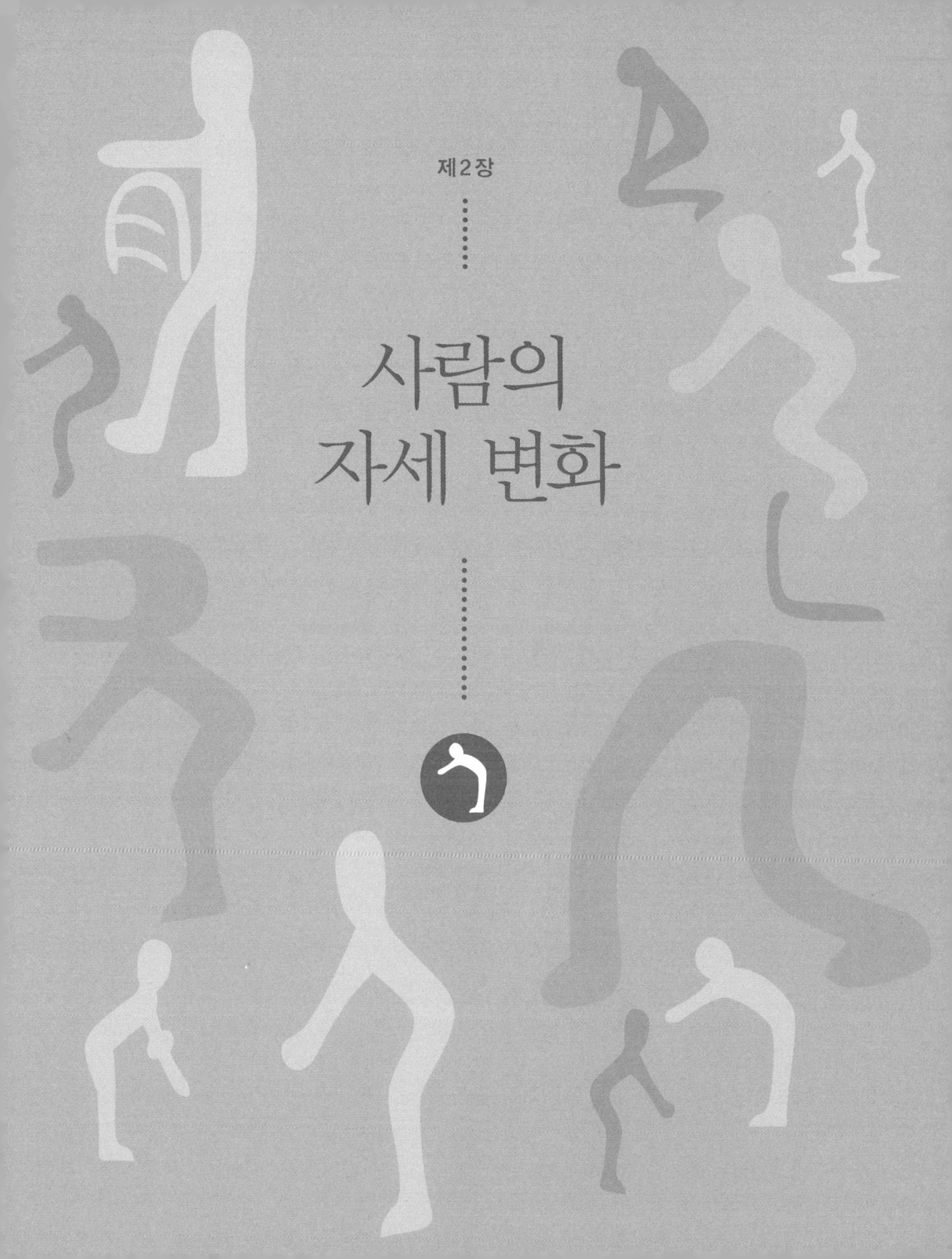

사람이 생활하면서 취하게 되는 온갖 자세와 형태는 모두 문자가 될 수 있다. (尸주검 시)는 몸을 구부리고 누운 사람이고, 시체나 쉬는 사람 등 가로누운 사람에 관한 많은 한자를 파생시켰다. 온화하고 단정한 여자가 두 손을 모으고 무릎을 꿇은 채 앉아 있는 자태는 로 묘사했고, 비열한 사람이 꿇어앉은 자세는 (卩병부 절)로 나타냈으며, 뺨을 불룩하게 내밀고 죽관을 부는 사람, 즉 입을 벌리고 입김을 부는 사람은 (欠하품 흠)으로 묘사했고, (企꾀할·바랄 기)는 까치발을 하고 목을 길게 뺀 채 기다리는 사람을 나타낸다.

그림 문자	해서(楷書)	원래의 뜻	파생된 한자
	大 큰 대	두 손, 두 발을 모두 벌린 사람	立(설 립) 天(하늘 천) 屰(거스를 역) 夭(일찍 죽을 요) 並(나란히 병) 位(자리 위) 拉(끌·당길 랍) 泣(울 읍) 辛(매울 신) 奔(달릴 분) 笑(웃음 소) 喬(높을 교) 美(아름다울 미) 夫(지아비·사내 부) 奚(어찌 해) 央(가운데 앙) 太(클 태) 亢(높을 항) 赤(붉을 적) 奄(덮을 엄, 문득 엄) 亦(또 역, 겨드랑이 액) 爽(시원할 상) 夷(오랑캐 이) 夾(낄 협) 등
	女 여자 녀	두 손을 모은 채 무릎을 꿇고 앉은 여인	母(어미 모) 每(매양 매) 敏(민첩할 민) 繁(번잡할·번성할 번) 毋(말 무) 毒(독 독) 海(바다 해) 毓(기를 육) 民(백성 민) 始(비로소 시) 姓(성 성) 好(좋을 호) 嬰(어린아이 영) 要(구할 요) 婁(끌루·여러 루) 奴(종 노) 妻(아내 처) 妥(온당할 타) 娶(장가들 취) 嫁(시집갈 가) 婦(며느리·아내 부) 如(같을 여) 委(맡길 위) 威(위엄 위) 安(편안할 안) 등
	儿 어진 사람 인	두 발로 선 사람	見(볼 견) 覓(구할 멱) 兄(맏 형) 祝(빌 축) 兌(바꿀 태) 說(말씀 설) 悅(기뻐할 열) 兒(아이 아) 元(으뜸 원) 兀(우뚝할·평평할 올) 冠(갓 관) 寇(도적 구) 完(완전할 완) 兇(흉악할 흉) 貌(모양 모) 鬼(귀신 귀) 亮(밝을 량) 光(빛 광) 등

	卩 병부 절	무릎을 꿇고 앉은 사람	令(하여금 령) 命(목숨 명) 邑(고을 읍) 服(옷 복) 報(갚을 보) 印(도장 인) 卽(곧 즉) 卿(벼슬 경) 卯(토끼 묘) 聊(애오라지 료) 卬(나 앙) 昂(밝을 앙) 抑(누를 억) 迎(맞을 영) 起(일어날 기) 御(거느릴 어) 夗(누워 뒹굴 원) 怨(원망할 원) 宛(완연할 완) 厄(재앙 액) 危(위태할 위) 卷(책 권, 말 권) 등
	尸 주검 시	누운 사람	屍(주검 시) 尺(자 척) 局(판 국) 尾(꼬리 미) 犀(무소 서) 尿(오줌 뇨) 屈(굽힐 굴) 屛(병풍 병) 屋(집 옥) 居(살 거) 등
	匕 비수 비	다른 사람과 함께 움직이는 사람	比(견줄 비) 北(북녘 북) 乖(어그러질 괴) 化(될 화) 尼(여자 중 니) 老(늙을 로) 등
	欠 하품 흠	입을 벌리고 입김을 부는 사람	吹(불 취) 炊(불 땔 취) 歌(노래 가) 次(버금 차) 羨(부러워할 선) 盜(도둑 도) 旡(목멜 기) 旣(이미 기, 쌀 희) 欮(상기 궐) 疑(의심할 의) 肄(익힐 이) 등
	亡 망할 망	사라진 사람	丐(빌 개) 曷(어찌 갈) 望(바랄 망) 喪(상사 상) 盲(눈 어두울 맹) 忘(잊을 망) 巟(망할 황) 慌(어리둥절할 황) 罔(그물 망) 網(그물 망) 등
	壬 제출할 정	땅을 못 떠나는 평범한 사람	呈(드릴 정, 한도 정) 聖(성인 성) 望(바랄 망) 聽(들을 청) 廷(조정 정) 등
	氏 성씨 씨	가족을 지탱하는 민족의 영웅	氐(근본 저, 땅 이름 지) 昏(어두울 혼) 婚(혼인할 혼) 紙(종이 지) 祗(편안할 기) 低(낮을 저) 底(밑 저) 抵(막을 저) 등
	方 방위 방	변경에 사는 백성	旁(곁 방) 邊(가 변) 防(막을 방) 放(놓을 방) 敖(오만할 오) 芳(향기 방) 枋(박달 방) 坊(고을 이름 방) 訪(찾아볼 방) 紡(길쌈 방) 仿(본뜰 방) 彷(방황할 방) 房(방 방) 妨(방해할 방) 螃(방게 방) 徬(헤맬 방) 傍(곁 방) 膀(방광 방) 族(겨레 족) 旋(돌 선) 旅(나그네 려) 於(어조사 어) 施(베풀·실시할 시) 旗(기 기) 旌(기 정) 등
	身 몸 신	사람의 몸	躬(몸 궁) 窮(다할·궁할 궁) 射(쏠 사) 謝(사례할 사) 殷(은나라 은) 등

	勹 쌀 포	몸을 구부린 사람	包(쌀 포) 甸(경기 전) 匍(길 포) 匐(길 복) 匋(질그릇 도, 기와 가마 요) 陶(질그릇 도, 사람 이름 요) 匊(움킬 국) 鞠(공 국, 굽힐 국) 掬(움킬 국) 匃(빌 개) 曷(어찌 갈) 匈(오랑캐 흉) 蜀(나라 이름·나비 애벌레 촉) 등
기타			企(꾀할·바랄 기) 及(미칠 급) 后(임금 후) 司(맡을 사) 戍(지킬 수) 伐(칠 벌) 幾(몇 기) 年(해 년) 千(일천 천) 介(낄 개) 永(길 영) 從(좇을 종) 衆(무리 중) 坐(앉을 좌) 長(길 장) 休(쉴 휴) 伏(엎드릴 복) 亟(빠를 극) 件(조건 건) 代(대신할 대) 등

두 발로 선 사람

한자는 구체적인 그림이 필획이 간단한 문자로 변하면서 끊임없이 만들어져왔다. 《설문》에 "黃帝史官倉頡, 見鳥獸蹄迒之跡, 知分理之可相別異也, 初造書契(황제사관창힐, 견조수제항지적, 지분리지가상별이야, 초조서계)"라는 글이 나온다. 뜻을 풀이하면 "창힐은 모든 새와 짐승에게 독특한 발톱이나 발자국이 있는 것을 알고 특징에 따라서 각종 새와 짐승을 구별했다. 또한 새와 짐승 특유의 특징과 모양을 본떠서 문자를 만들었다"이다.

허난성 신정현 웨이슈이(洧水, 유수) 남안에 '봉황함서대(鳳凰銜書台)'라고 불리는 곳이 있다. 전해지는 말에 따르면 창힐이 문자를 만들 때 이곳에서 비휴(貔貅, 고서에 나오는 맹수의 일종)의 발자국을 보고 영감을 받았다고 한다. 송나라 때 창힐이 문자를 만든 공로를 기리기 위해서 이곳에 '봉황사'라는 절을 지었고, 절에 '봉황사 탑'을 세웠다. '봉황

함서(봉황이 책을 물고 오다)'의 전설은 신뢰도가 매우 떨어지지만 당시에 창힐이 문자를 만들 때 난관을 어떻게 돌파했는지 이해하는 데 도움이 된다.

전설에 따르면 창힐은 문자 만들기에 집중하기 위해서 유수(웨이슈이) 남안에서 높은 누대를 짓고 살았다. 어느 날 그는 보고 말할 수 있는 사람과 이 사람의 얼굴을 어떻게 표현해야 할지 고민하며 나뭇가지로 모랫바닥에 아무렇게나 그림을 그렸다. 그는 먼저 사람의 얼굴을 그리고 나중에 몸을 그리려고 했다. 그런데 절반쯤 그렸을 때 갑자기 그리는 것을 멈추고 미간을 찌푸리며 생각했다.

'아니야. 필획이 너무 많아. 이렇게 완벽하게 그리려면 시간이 너무 오래 걸리고 정확한 뜻을 전달할 수 없어.'

창힐이 고민하며 깊은 사색에 잠겼을 때 하늘에서 봉황 한 마리가 날아오더니 입에 문 것을 떨어트리고 갔다. 창힐이 주워보니 윗면에 어떤 발자국이 있었다. 보고 또 봐도 어떤 짐승의 발자국인지 몰라 난감해할 때 마침 사냥꾼이 지나가기에 가르침을 구했다. 사냥꾼은 자세히 살핀 뒤에 말했다.

"발자국이 깊게 새겨져 있지만 사자는 아닙니다. 그렇다고 다른 짐승의 발자국 같지도 않고, 내가 생각할 땐 비휴의 발자국이 틀림없습니다. 모든 짐승들의 발자국은 저마다 특징이 있어서 보면 척척 알 수 있지요."

사냥꾼의 말은 잠든 사람을 깨우는 것이나 마찬가지였다. 똑똑한 머리를 타고난 창힐은 바로 깨달았다.

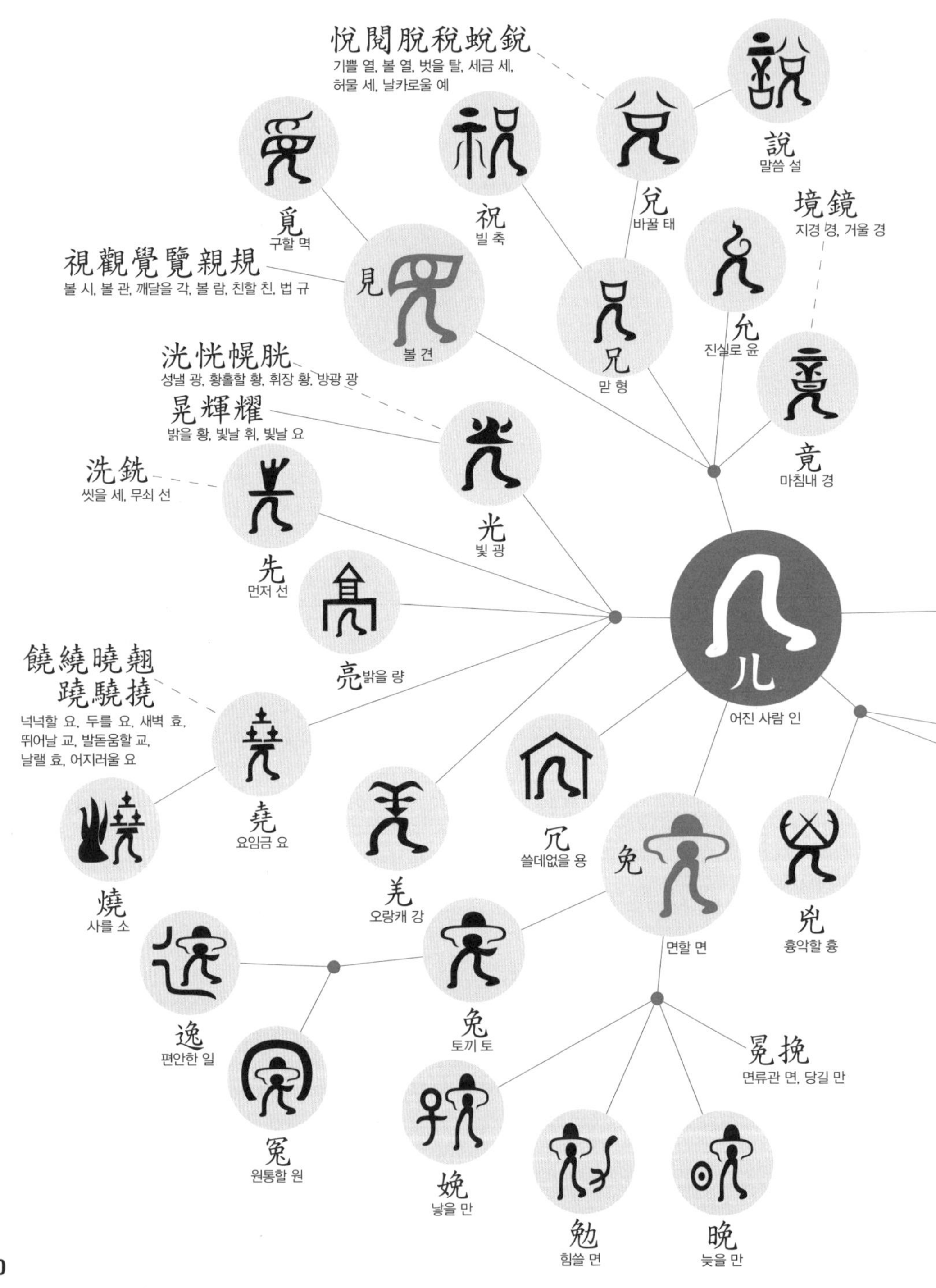

悅閱脫稅蛻銳
기쁠 열, 볼 열, 벗을 탈, 세금 세,
허물 세, 날카로울 예
說
말씀 설
兌
바꿀 태
境鏡
지경 경, 거울 경
覓
구할 멱
祝
빌 축
視觀覺覽親規
볼 시, 볼 관, 깨달을 각, 볼 람, 친할 친, 법 규
見
볼 견
兄
맏 형
允
진실로 윤
竟
마침내 경
洸恍幌胱
성낼 광, 황홀할 황, 휘장 황, 방광 광
晃輝耀
밝을 황, 빛날 휘, 빛날 요
洗銑
씻을 세, 무쇠 선
光
빛 광
先
먼저 선
亮 밝을 량
儿
어진 사람 인
饒繞曉翹
蹺驍撓
넉넉할 요, 두를 요, 새벽 효,
뛰어날 교, 발돋움할 교,
날랠 효, 어지러울 요
堯
요임금 요
燒
사를 소
羌
오랑캐 강
冗
쓸데없을 용
免
면할 면
兇
흉악할 흉
逸
편안한 일
兔
토끼 토
冤
원통할 원
娩
낳을 만
勉
힘쓸 면
晚
늦을 만
冕挽
면류관 면, 당길 만

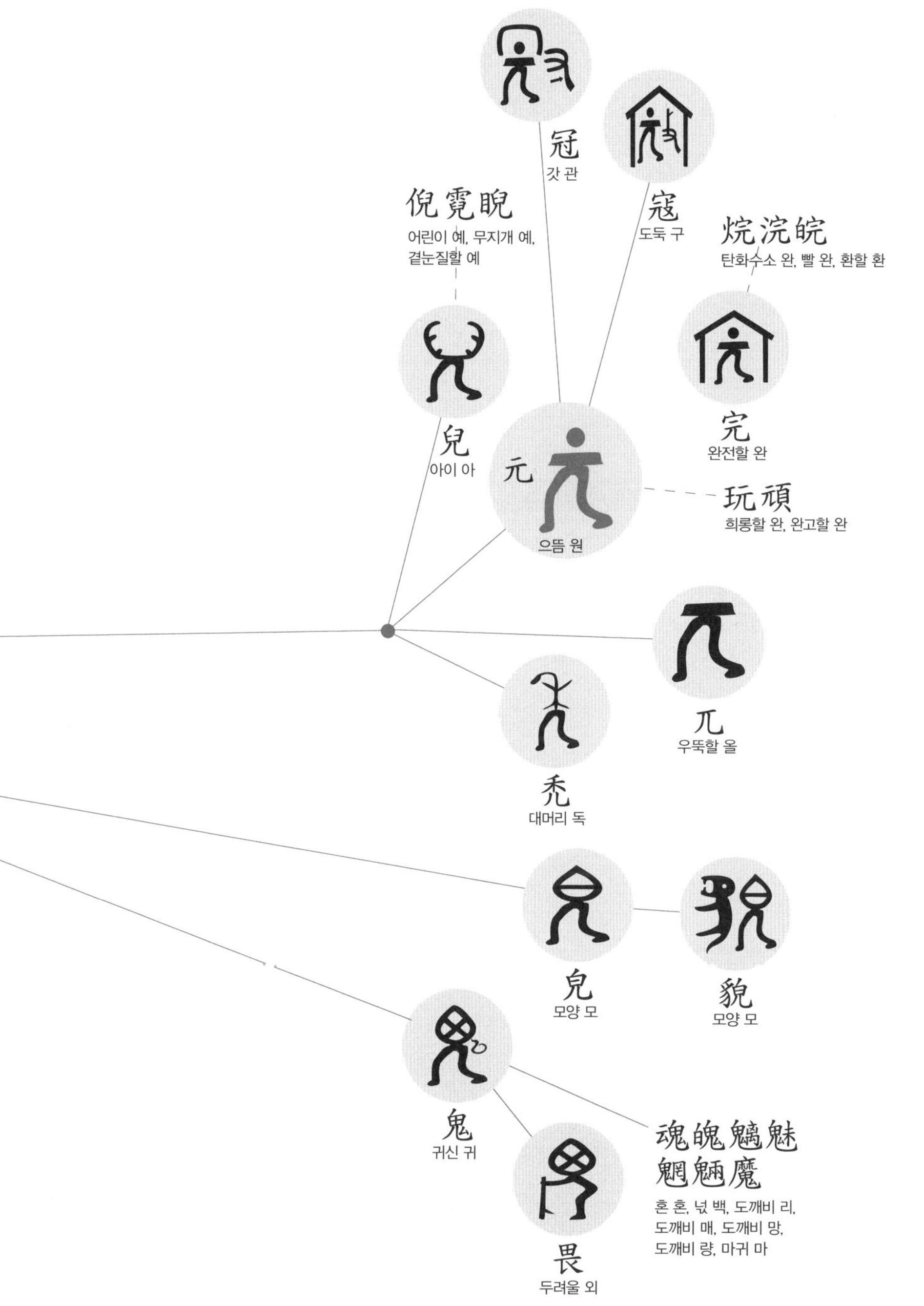
冠
갓 관
倪霓睨
어린이 예, 무지개 예,
곁눈질할 예
寇
도둑 구
烷浣皖
탄화수소 완, 빨 완, 환할 환
兒
아이 아
元
으뜸 원
完
완전할 완
玩頑
희롱할 완, 완고할 완
兀
우뚝할 올
秃
대머리 독
皃
모양 모
貌
모양 모
鬼
귀신 귀
畏
두려울 외
魂魄魑魅
魍魎魔
혼 혼, 넋 백, 도깨비 리,
도깨비 매, 도깨비 망,
도깨비 량, 마귀 마

'맞아! 모든 만물은 독특한 구석이 있어서 사물의 특징을 자세히 살피면 면면을 다 묘사하지 않고 가장 간단한 필획만으로도 사물을 표현할 수 있을 거야.'

사냥꾼이 지나간 뒤에 창힐은 관찰을 통해서 사지(四肢)가 있는 동물 중에 사람만 선 채로 걸을 수 있다는 점을 발견하고 두 발로 서 있는 (儿어진 사람 인)으로 사람을 표현했고, 뒤이어 각종 행위를 하는 더 많은 사람을 표현해냈다.

눈을 크게 뜨고, 입을 벌리고 말하다

갑 금 전

見 볼 견

jiàn

눈을 크게 뜨고(, 目눈 목) 보는 사람

갑골문 은 사람의 머리에 눈이 있는 것을 표현했다. '見'은 눈으로 사물을 본다는 의미를 낳았고, 예견(預見), 견문(見聞), 견식(見識), 간견(看見kànjiàn, '보다'를 의미하는 중국어) 등에 쓰인다. 視(볼 시), 觀(볼 관), 覬(바랄 기), 覦(넘겨다 볼 유), 覺(깨달을 각), 覽(볼 람), 親(친할 친) 등 '見'을 포함한 한자는 대부분 '보다'라는 뜻을 가진다.

覓 구할 멱

mì

사람( )이 눈을 뜨고( ) 손( )으로 탐색하다

'覓'은 '찾다'라는 의미를 파생시켰고, 심멱(尋覓, 어디에 있는지 모르는 사물이나 사람을 찾기 위해서 살피다), 멱식(覓食mìshí, '먹을 것을 찾다'를 의미하는 중국어) 등에 쓰인다.

兄 맏 형

xiōng

발언(口)할 수 있는 권한이 있는 사람(儿)

상나라 초기에는 형이 죽으면 동생이 왕위를 이어받았지만 상나라 말기와 주나라는 적장자(嫡長子) 제도를 실시했다. 적장자는 나이가 가장 많고 왕위 계승권이 있는 아들을 가리킨다. 때문에 형의 지위는 같은 항렬들 가운데 가장 높았고, 제사를 지낼 때 항렬을 대표해서 신에게 기도를 드렸으며, 평소에는 아버지처럼 동생들에게 교훈을 줄 책임이 있었다.

갑골문은 무릎을 꿇고 기도하는 사람을 닮았고, 금문은 입을 벌리고(口) 말하는 사람(儿)을 나타냈다. 《설문》은 "형은 첫째이다"라고 풀이했고, 《정온(精蘊)》에는 "형은 아우에게 없는 지혜와 교훈이 있다"라고 나온다. '弟(아우 제)'는 원래 줄(己)로 묶은 화살(矢)을 뜻하지만 형의 속박을 받는 사람이라는 의미를 파생시켰다. '兄'과 '弟'의 개념은 당시에 '형우제공(兄友弟恭, 형은 우애로 동생을 대하고, 동생은 공손함으로 형을 대하다)' 사상이 매우 깊었음을 보여준다.

갑 금 전

祝 빌 축

zhù

중얼거리는 사람(兄)이 신(示)에게 복을 빌다

갑골문은 사람이 신(示)• 앞에 무릎을 꿇고 손을 위아래로 움직이며 간절하게 기도하는 모습을 묘사했고, 금문 및 전서는 중얼거리는 사람(兄)이 신(示)에게 기도하는 모습을 묘사했다. '祝'은 복을 비는 것을 뜻하고, 축복(祝福), 축수(祝壽) 등에 쓰인다.

갑 금 전

• 제3장 '示'편 참고

2009년 부유절(婦幼節, '여성의 날'과 '어린이날'을 합친 날)에 여성신지 기금회는 여성의 '제사 평등권'에 관한 성명을 발표했다. 중국은 전통적으로 부녀자들에게 친정에서 제사를 지낼 수 있는 권한을 주지 않았다. 사실 고대 중국은 하늘에 제사를 지낼 수 있는 권한이 모두에게 있었지만 점차 통치자가 독차지하게 되었고, 일반인들은 가정에서 조상들에 대한 제사만 지낼 수 있게 되었다. 그중에서도 맏아들은 다른 형제들보다 제사에 관한 권한이 더 높았다. 제사권의 계급성은 특히 주나라 종법제도에서 두드러지게 나타난다.

갑

금

전

사람이 입(兄)을 벌리자 갑자기 입 양쪽에 팔자 주름(八)이 나타나다

'兌'는 '說(말씀 설)'과 '悅(기뻐할 열)'의 본자이다. 사람이 말 없이, 혹은 웃지 않고 조용히 있다가 갑자기 입을 벌리게 되면 얼굴에 팔자 주름이 나타난다. 훗날 '兌'는 교환의 의미로 변해 물물교환의 상업 거래에 쓰였다. 상업적으로 거래할 땐 반드시 약속을 지켜야 하는데, 이것을 '태현(兌現duìxiàn, '약속을 실현하다' '현금으로 바꾸다'를 의미하는 중국어)'이라고 한다.

《여씨춘추(呂氏春秋)》〈맹하기(孟夏紀)〉 '권학(勸學)'편에는 "凡說者, 兌之也, 非說之也. 今世之說者, 多弗能兌, 而反說之(범설자, 태지야, 비설지야. 금세지설자, 다불능태, 이반설지)"라고 나온다. 풀이하면 "무릇 말한 사람은 말한 것을 지켜야 하고, 지킬 수 없으면 말하지 않아야 한다. 지금 세상의 말하는 사람들은 대부분 지키지도 않으면서 말을 한다"

라는 가르침으로, 지킬 수 있는 말을 하고 지킬 수 없을 땐 말하지 말 것을 장려했다.

'說(說)은 입을 벌리고 말할 때(言) 팔자 주름이 드러나는 사람(兌)을 나타내고, '悅'(悅)은 마음(心)이 신나서 팔자 주름을 드러낸 채 입을 벌리고 웃는 사람(兌)을 나타낸다.

• 태환하다(兌換--): 지폐를 정화(正貨)와 바꾸다

稅 세금 세

shuì

마땅히 쌀(禾)을 내야 하는 것을 지키다(兌). 관련 단어는 소득세(所得稅)가 있다

전

전해지는 바에 따르면 하나라, 상나라, 주나라는 소득의 십분의 일을 세금으로 내는 십일세를 실시했다. 성주(成周)시대 때 실시한 철법(撤法)•은 경전제에 따른 십일세라고 할 수 있다. 《춘추곡량전(春秋穀梁傳)》은 "옛사람들의 세금은 (소득의) 십 분의 일이다"라고 했고, 《춘추번로(春秋繁露)》는 "십 분의 일을 세금으로 냈다"라고 했으며, 《춘추공양전(春秋公羊傳)》에는 "십분의 일을 세금으로 내는 것은 공정하다"라고 나온다.

• 철법(徹法): 중국 주나라 때 실시한 논밭에 대한 세법

閱 볼 열

yuè

문(門)을 열고 바꾼(兌) 것의 수량을 점검하다

전

'閱'은 창고 문을 열고 물품의 수량이 정확한지 점검하는 것을 나타낸다. '閱'에서 '자세하게 관찰하다'라는 의미가 파생되었고, 열독(閱讀, 책이나 문서 따위를 죽 훑어 읽다), 심열(審閱shěnyuè, '심사하며 읽다'를 의미하

는 중국어) 등에 쓰인다. 《설문》은 "閱은 문 안에 있는 것을 구체적으로 세는 것이다"라고 풀이했다.

• 검열하다(檢閱--): 검사하여 살펴보다

머리와 관계있는 한자

갑 금 전

兒 아이 아

ér

입을 크게 벌린 채(, 臼절구 구) 젖 달라고 칭얼거리는 사람(, 儿어진 사람 인)

아동은 독립적으로 생활하지 못하고 먹고 마시는 것 모두 부모에게 의지한다. 그래서 먹을 것을 기다리며 입을 크게 벌리고 있는 모습으로 표현했다. '兒'를 구성하는 한자 조합은 '鼠(쥐 서)'와 비슷한데, '鼠'의 전서 , 는 날카로운 이빨이 난 큰 주둥이에 땅굴을 팔 수 있는 날카로운 발톱과 긴 꼬리를 더한 것이다. 《설문》에는 "영아의 신문(囟門, 숫구멍. 갓난아이의 정수리가 굳지 않아서 숨 쉴 때마다 발딱발딱 뛰는 곳)은 닫히지 않았다"라고 나온다. '兒'의 간체자는 먹을 것을 기다리는 큰 입이 생략된 '儿'이다.

갑 전

兀 우뚝할·평평할 올

wù

머리끝이 평평한(—) 사람()

'兀'은 원래 머리끝이 평평한 사람을 뜻하지만 '끝이 평평하다'라는 의미를 파생시켰다. 예를 들어 중국에선 민둥산을 '올산(兀山wùshān)'이라고 부르고, 머리에 털이 없는 대머리 독수리를 '올응(兀鷹wùyīng)'라고 부른다. '兀'은 '禿(대머리 독)'과 차이점이 있는데, '禿'()은 벼() 이삭처럼 머리카락이 드물게 있는 사람( )을 가리키지만 '兀'은 머리카락이 완전히 벗겨진 사람을 가리킨다.

• 올두(兀頭): 대머리

元 으뜸 원

yuán

사람( )의 머리 위( ) 꼭대기에 있는 인물

사람의 머리는 매우 중요하고 가장 높은 곳에 위치한다. 그래서 '元'에서 '가장 중요하다' '가장 높다' '첫 번째'라는 의미가 파생되었고, 원수(元首, 최고 권력을 가지고 나라를 다스리는 사람), 원수(元帥, 장성 계급의 하나. 대장 위에 있는 가장 높은 계급), 원단(元旦, 설날 아침) 등에 쓰인다.

갑 금 전

冠 갓 관

guān 또는 guàn

손( )으로 머리(, 元으뜸 원)에 모자( )를 쓰다

《의례(儀禮)》〈사관례(士冠禮)〉의 기록에 따르면 주나라 때의 사대부 집안은 남자아이가 20세가 되면 아버지가 반드시 관례를 치러주고 직접 머리에 관을 씌워 더 이상 아이가 아니고 성인임을 나타냈다. 이 밖에 주나라 때의 성인 귀족은 중요한 장소에서 모두 면복(冕服)을 입었는데, 면복은 관(면관), 상의, 하상(下裳)으로 이뤄진 고급 예복이다. '冠'은 계관(雞冠, 닭의 볏), 황관(皇冠huángguàn, '왕관王冠'을 의미하는 중국어) 등에 쓰인다.

전

• 약관(弱冠): 스무 살을 달리 이르는 말(≪예기≫ 〈곡례曲禮〉에서, 공자가 스무 살에 관례를 한다고 한 데서 나온 말), 혹은 젊은 나이를 일컫는다

金 寇
篆 寇

寇 도적 구

kòu

손에 기구를 들고(攴, 攴칠 복) 집(宀, 宀집 면) 안에 침입해 주인의 머리(元)를 치다

'寇'는 '주택에 침입해 사람을 해치다'라는 원래의 뜻에서 '강도'의 의미가 파생되었다. 왜구(倭寇), 도구(盜寇dàokòu, '강도'를 의미하는 중국어) 등에 쓰인다.

• 구도(寇盜): 도둑, 도적(盜賊)

完 완전할 완

wán

사람의 머리(元) 위에 다 지은 집(宀, 宀집 면)이 있다

중국 산시(陝西) 일대에 산 옛사람들은 반혈거(반 동굴) 형태의 주택에 살았다. 기후가 건조한 지역에서 혈거 생활은 겨울에 따뜻하고 여름에 시원한 장점이 있다. 집을 지을 땐 먼저 땅에 약 2미터 깊이의 네모난 굴을 판 뒤에 기둥을 세우고 지붕을 얹어야 하고, 지붕을 얹으면 큰 공사가 끝난 것이나 마찬가지이다.

'完'(完)은 두 손으로 집을 짓는 모습, 즉 두 손으로 땅에서 흙(土)을 파낸 뒤에 지붕을 얹는 모습을 묘사한 것이고, 훗날 편리하게 쓰기 위해서 간단하게 전서 完으로 변했다. '完'은 원래 집을 다 지었다는 뜻이고, '끝마치다' '원만하다'의 의미를 낳았다. 완성(完成), 완비(完備) 등에 쓰인다.

• 구무완인(口無完人): 그 입에 오르면 온전한 사람이 없다는 뜻으로, 남의 흠을 잘 들추는 사람을 이른다

사람과 빛

光 빛 광

guāng

사람(𠆢)의 머리 위에 불(火) 빛이 비치다

햇빛이나 달빛이나 전등 빛은 모두 사람의 머리 위에서 빛난다. '光(빛 광)'은 광명(光明), 양광(亮光liàngguāng, '어둠 속의 빛'을 의미하는 중국어) 등에 쓰인다.

• 광우(光佑): 큰 도움

갑 금 전

亮 밝을 량

liàng

사람(𠆢)이 불빛이 있는 높은 건물(高)에 들어가다

고대 귀족들은 높은 건물에 살았는데, 밤이 되면 그곳에서 불빛이 새어 나왔다. 금문 亮은 사람이 고개를 돌려(人) 불빛이 있는 높은 건물(京, 京서울 경)을 보는 것을 묘사했다. 전서 亮은 고개를 돌리고 보는 사람(人)을 儿으로 바꾸고, 京을 高로 바꾼 뒤 사람을 건물 아래로 옮겼다. '亮'은 밝게 빛나는 것을 의미하고, 명량(明亮, 환하고 밝다), 요량(嘹亮liáoliàng, '소리가 맑고 깨끗하다'는 뜻의 중국어) 등에 쓰인다.

금 전

도기를 잘 만드는 사람

堯 요임금 요, 높을 요

yáo

사람(𠆢)이 미리에 한 무더기의 고령토(垚)를 이다

일찍이 석기시대부터 인류는 도기를 만들었다. 갑골문 堯는 사람이 한 무더기의 흙(土)을 이고 있는 것이고, 전서 堯, 堯도 사람이 한 무더기의 고령토(垚)를 이고 있는 것이다. '堯'는 도기를 잘 만드는 사람이

갑 전

고령토를 도기 모양으로 빚고 겹겹이 쌓은 뒤에 머리나 어깨에 이고 가마에 구우러 가는 것을 묘사했다. '堯'는 '높다'라는 의미를 낳았고, 고대의 제왕인 '도당씨(陶唐氏, 요임금을 뜻함)'에 대한 칭호이기도 하다. '도당씨'는 도기를 만드는 가문 출신이다. 《설문》은 "堯는 높다"라고 풀이했다.

• 요년(堯年): 요(堯)임금이 다스리던 시대라는 뜻으로, '태평성대'를 이르는 말이다

燒 사를 소

shāo

사람(儿)이 잘 빚은 한 무더기의 고령토(垚)를 불(火)에 넣어 도기를 만들다

• 소각(燒却): 불에 태워 없애 버리다

• 소미지급(燒眉之急): 눈썹이 타는 위급함이라는 뜻으로, 잠시도 늦출 수 없는 다급한 일

양을 치는 사람

갑 금 전

羌 오랑캐 강

qiāng

양(羊)을 치는 사람(儿)

'羌'은 고대 중국의 변경에 산 유목 민족이다. 양을 키우며 산 이들은 예로부터 '강족'이라고 불렀다. 상나라, 주나라 시기에 강족은 중원 사람들의 통치를 받고 심하게는 노예로 끌려가기도 했다. 갑골문 [갑골문 자형], [갑골문 자형]은 모두 손으로 강족을 붙잡은 모습을 표현한 상형문자이고, [자형], [자형], [자형]은 목에 밧줄을 맨 것을 표현한 상형문자이다. 《설문》은 "羌은 서융•에서 양을 치는 사람이다"라고 풀이했다.

• 기원전 8~7세기에 몽고 지방에 있던 부족 국가

얼굴을 어떻게 묘사했을까

사람이나 동물의 외모는 어떻게 묘사할까? 길짐승은 몸은 긴 털로 뒤덮였지만 얼굴 부분은 털이 짧다. 사람도 다른 부위는 모두 옷에 가려지지만 얼굴은 밖으로 드러난다. 그래서 옛사람들은 '白(흰 백)'으로 얼굴을 표현하고 皃(皃모양 모)를 만들었다. 그럼 나쁜 사람의 얼굴은 어떻게 묘사했을까? '나쁘다'는 추상적인 개념이지만 현명한 옛사람들은 나쁜 인상(凶)으로 험악한 사람을 재치 있게 암시하고, '兇'(兇흉악할 흉)을 만들었다. 하지만 아직 남은 도전 과제가 있었으니, 귀신의 얼굴은 어떻게 묘사하나였다.

貌 모양 모

mào

길짐승(豸)과 사람(儿)의 얼굴(白)

전서 皃(皃모양 모)는 사람의 얼굴을 나타낸다. '皃'는 '貌'의 옛 한자인데, 貌(貌)는 사람과 길짐승의 얼굴을 가리킨다. '貌'는 '사람이나 동물의 겉모습'이라는 의미를 낳았고, 용모(容貌), 예모(禮貌, 예절에 맞는 몸가짐) 등에 쓰인다.

貌 전

兇 흉악할 흉

xiōng

험악한(凶) 사람

전서 凶은 사람이 험악한 상황에 처한 것을 나타낸다. 凵(凵입 벌릴 감)은 움푹 파인 곳이고, ㄨ는 험악한 물건을 가리킨다. '凶(흉할 흉)'은 '사악하다' '불길하다'라는 의미를 낳았고, 흉조(凶兆, 불길한 징조), 흉살(凶

兇 전

殺·兇殺, 참혹하게 죽이다) 등에 쓰인다.

귀신의 외모

귀신의 얼굴은 어떻게 묘사했을까? 많은 사람들이 귀신을 봤다고 말하지만 귀신의 얼굴을 명확하게 묘사하진 못한다. 고대 사람들은 귀신을 쫓는 춤을 출 때 썼던 가면에서 귀신의 얼굴에 대한 영감을 얻은 것 같다.

주나라의 《의례(儀禮)》와 《주례》에는 모두 고대에 췄던 '나무(儺舞)'라는 춤에 대한 기록이 있다. '나무', 속칭 '도귀검(跳鬼臉)'은 귀신과 역병을 쫓는 춤이다. 음력 정월 초하루마다 귀신을 쫓는 사람(고대에는 이런 사람을 '방상씨方相氏'라고 불렀다)은 황금색 눈이 박힌 곰 가죽으로 만든 귀신 얼굴 가면을 쓰고 검은색 상의와 붉은색 치마를 입었으며, 방패와 창을 든 채 120명의 사람들을 이끌고 집집마다 돌며 역병을 퍼트리는 악귀를 찾았다. 행진할 땐 방패와 창을 휘두르며 끊임없이 함성을 질러 모든 귀신과 역병을 쫓아냈다. 《예기》에 나오는 "정월 초하루에 대나(大儺)는 역병을 쫓았다. (…) 방상씨는 황금빛 네 눈이 달린 곰 가죽을 썼고, 검은색 상의와 붉은색 치마를 입었으며, 창과 방패를 든 채 (…) 궁중에 있는 악귀를 내쫓았다"는 구절은 이 의식을 가리킨다.

전해지는 말에 따르면 나무를 추며 귀신을 쫓은 사람(또는 방상씨)은 황제(黃帝, 헌원씨, 중국 고대 전설상의 제왕)의 부인인 모모(嫫母)였다. 모모는 마음씨가 곱고 질투심이 없고 지혜로워서 궁중의 일을 조리 있게 잘 처리했지만 보기만 해도 무서울 정도로 추악한 얼굴을 타고나서 모모의 형상으로 귀신 쫓는 자를 설명했다. 나무를 추는 풍속은 계속 이어졌지만 훗날 도교의 영향을 받아 귀신을 쫓는 자는 '종규(鍾馗)'•로 바뀌었다. 전해지는 말에 따르면 당명황(唐明皇, 당나라 현종)은 병중에 잡귀가 옥피리를 훔쳐가는 꿈을 꿨다. 꿈에서 당명황이 당황해할 때 갑자기 만면에 굽슬굽슬한 털이 난 큰 귀신이 튀어나와 잡귀의 눈을 뽑아 삼키더니, 스스로 자신을 '종규'라고 밝혔다. 당명황은 꿈에서 깬 뒤에 저절로 병이 낫자 화가인 오도자(吳道子)에게 꿈에서 본 종규의 모습을 설명하고 그림으로 그려 세상에 공포했다.

• 전설상 귀신을 잡는다는 신으로, 민간에서 종규의 화상으로 요물이나 악령을 쫓아냈다

鬼 귀신 귀

guǐ

음산한 기운(, 厶마늘 모, 나 사)을 내뿜고 흉측한 머리( )를 한 사람( ). 죽은 사람의 혼

갑골문 , 는 각각 남자 귀신과 여자 귀신을 상징하고, 둘 다 흉악한 얼굴을 한 사람을 나타낸다. 많은 사람들이 귀신을 봤다고 말하지만 귀신의 얼굴을 정확하게 설명하기가 어려워서 (甶, 귀신 가면)으로 귀신의 얼굴을 표현했다. 따라서 귀신의 형상이라기보다 귀신을 쫓는 사람의 모습을 표현한 것이라고 할 수 있다. 금문 는 머리에 가면을 쓰고 기구를 든 사람을 표현한 것인데, 《주례》에 묘사된 귀신을 쫓는 방상씨와 비슷하다. 전서 는 '厶'( )를 더해 소리나 기운이 발산되는 것을 표현했다.

고대의 서적들은 귀신을 어떻게 해석했을까? 《열자(列子)》 〈천서(天

瑞)》에는 "정신은 육체에서 분리된 뒤에 본래의 상태로 돌아간다. 이것을 귀(鬼)라고 부른다. 귀(鬼)는 귀(歸돌아갈 귀)이고, 진짜 집으로 돌아가는 것이다"라는 글이 나온다. 열자는 귀(鬼)를 사람이 죽은 뒤에 영혼이 육체를 떠나 진짜 집으로 돌아가는 것이라고 생각했지만 진짜 집이 어디에 있는지에 대해서는 설명하지 않았다. 서한의 유향도 사람이 죽으면 영혼이 진짜 집으로 돌아가려고 "귀(歸)…"라는 소리를 내고, 그래서 귀(鬼)와 귀(歸)의 발음이 서로 같다고 여겼다. 유향은 《설원(說苑)》에서 "귀(鬼)는 돌아가는 것(歸)이다"라고 기록했다.

이에 비해 동한의 허신은 귀신을 음기를 내뿜으며 사람을 해치는 것으로 봤다. 그는 《설문》에서 "사람은 죽은 뒤에 귀신이 된다. 귀신은 사람의 신체와 귀신의 머리를 가졌고 음산한 기운을 내뿜으며 사람을 해친다"라고 기록했다.

畏 두려울 외

wèi

몽둥이( )를 든 귀신 머리 사람( )

'畏'의 갑골문 및 금문 , 는 손에 몽둥이를 들고 귀신 머리를 한 사람과 비슷하다. '畏'는 '두렵다'의 의미를 파생시켰고, 외구(畏懼, 무서워하고 두려워하다), 경외(敬畏, 공경하면서 두려워하다) 등에 쓰인다. 《설문》은 "畏는 (…) 귀신 머리에 호랑이 발톱을 가졌으니, 두렵구나"라고 풀이했다.

옛사람들은 귀신이 사람을 해친다고 생각했기 때문에 사람의 영혼과 정기를 뜻하는 '혼백(魂魄)' 외에 나머지 魑(도깨비 리), 魅(도깨비 매,

홀릴 매), 魍(도깨비 망), 魎(도깨비 량), 魔(마귀 마) 등의 한자는 모두 사람을 잡아먹거나 해치는 괴물을 표현할 때 쓰였다.

모자를 벗는 사람

免 면할 면

miǎn

모자( )를 벗는 사람

고대 관원들에게 오사모(烏紗帽, 관원들이 관복을 입을 때 쓰는 모자)가 벗겨진 것은 '면직' 당한 것을 의미했다. 금문 은 사람이 모자의 끈을 헐겁게 하고 벗는 것을 표현한 그림이다. '免'은 '벗다' '해방' 등의 의미를 낳았고, 관련 단어는 면제(免除), 사면(赦免) 등이 있다.

금

전

娩 낳을 만

miǎn

임신한 여자가 아기( )를 풀어주다(, 免면할 면).

부녀자가 아기를 낳는 것을 '분만(分娩)'이라고 부른다.

전

勉 힘쓸 면

miǎn

모든 힘( )을 풀어놓다( )

관련 단어는 면려(勉勵, 스스로 애써 노력하거나 힘쓰다, 남을 고무시키다), 면강(勉强, 억지로 하거나 시키다) 등이 있다.

전

전

晚 늦을 만

wǎn

태양(◎)이 임무에서 벗어나다( )

옛사람들은 해가 지는 것을 해가 일을 마치고 집에 돌아간다고 생각했다. 이 개념은 예(羿)가 활을 쏴서 태양을 맞춘 전설에서도 찾아볼 수 있다.

전

兔 토끼 토

tù

잘 도망쳐서( ) 잡힐 위기를 면한 동물

갑골문 는 토끼를 표현한 상형문자이다. 하지만 전서에 이르러 중요한 변화가 생겨 '免'( )에 획을 하나 더해 '兎'( )가 되었다. 벗어난다는 의미가 있는 '免(면할 면)'에 획을 하나 더한 것은 토끼의 꼬리를 상징하기도 하지만 '달아나다'의 의미도 숨어 있다. '兎'는 '도망치다'의 의미를 파생시켰는데, 이른바 '토탈(兎脫 tùtuō)'은 사냥꾼의 손아귀에서 벗어나는 것을 뜻하는 중국어이다.

- 탈토(脫兔): 달아나는 토끼라는 뜻으로, 동작이 매우 빠름을 의미한다

전

逸 편안할·달아날 일

yì

토끼( )가 도망치다(, 辶 쉬엄쉬엄 갈 착)

'逸'은 '사라져서 보이지 않다'라는 의미를 낳았고, 도일(逃逸, 도피), 은일(隱逸, 세상을 피해 숨다) 등에 쓰인다. 이 밖에 두 개의 전서 과 이 모두 '兎(토끼 토)'를 '免(면할 면)'으로 쓴 것으로 봐서 '兎'가 '免'에서 파생된 것을 알 수 있다.

冤 원통할 원

yuān

토끼(兔)가 가리개에 잡히다(冖, 冖덮을 멱)

옛사람들은 잡기 어려운 토끼를 잡기 위해서 함정을 설치했다. 가장 흔한 수법은 미끼로 토끼가 좋아하는 먹이를 땅에 놓고 그 위에 가리개를 설치하는 것이다. 토끼가 미끼를 덥석 물 때 옆에서 지켜보던 사냥꾼이 줄을 당기면 토끼가 가리개에 갇힌다. 속아서 달갑지 않은 기분을 '冤'이라고 하고, 원왕(冤枉, 원통한 누명을 써서 억울하다), 원굴(冤屈, '원왕'과 같은 뜻이다) 등에 쓰인다.

무릎을 꿇고 앉은 사람

서 있는 것과 누워 있는 것 외에 옛사람들의 가장 흔한 자세는 무릎을 꿇고 앉는 것이다. 무릎을 꿇고 앉았거나 절을 하는 사람을 표현하는 기본 한자는 卩이다. 이 한자는 무릎을 꿇고 앉아 있는 사람, 절을 하거나 쪼그리고 앉은 사람에게 적용된다.

옛사람들은 대부분 땅바닥에 앉아(坐, 坐) 생활했다. 卽(卽곧 즉)은 솥 앞에 앉아 식사 준비를 하는 것을 나타낸 것이고, 卯(卯토끼 묘)는 두 사람이 무릎을 꿇고 마주 앉은 재미있는 모습을 표현한 것이며, 卿(卿벼슬 경)은 두 사람이 함께 무릎을 꿇고 앉아 솥 앞에서 식사하는 것을 나타낸 것이다.

무릎을 꿇고 절하는 자세는 노예를 나타내기도 한다. 예를 들어

(令하여금 령)은 주인이 노예에게 지시를 내리는 것을 나타내는 것이고, (叩두드릴 고)는 노예가 주인에게 머리를 조아리는 것을 나타내는 것이며, (印도장 인)은 주인이 손으로 노예의 몸에 낙인을 찍는 것을 나타낸 것이다.

는 또한 몸을 움츠린 사람을 나타내는데, 현대 한자는 이것을 '㔾(병부 절, 이미 이. 이하 병부 절)'로 바꿨다. 예를 들어 (厄재앙 액)은 낭떠러지에서 떨어져 중상을 입고 몸을 웅크리고 있는 사람을 나타낸 것이고, (夗누워 뒹굴 원)은 밤중에 잠을 이루지 못하고 쪼그려 앉은 사람을 나타낸 것이다. (卷책 권, 말 권)은 바닥에 웅크리고 앉아 쌀에 섞인 자갈을 골라내는 사람을 나타낸 것이다.

허리를 굽히고 무릎을 꿇은 노예

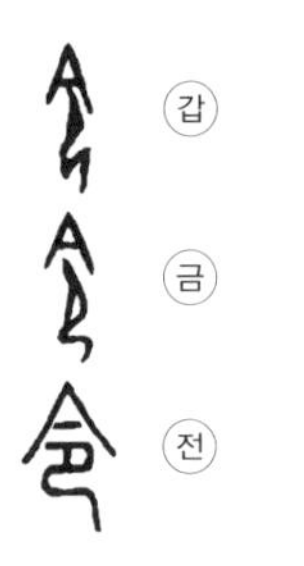

• 삼합(三合): 세 가지가 잘 어울려 딱 들어맞다

令 하여금 령

lìng

주인이 노예( )에게 지시를 내리다(, 亼삼합• 집)

상나라, 주나라 때 노예의 운명은 순전히 주인의 손에 달려 있었고, 주인이 생과 사를 결정했다. 노예는 항상 주인에게 공손해야 하고, 주인을 보면 머리를 조아리고 문안 인사를 올려야 했으며, 주인의 명령이 떨어졌을 때 게으름을 피우면 안 되었다. '令' '命(목숨 명)' '叩(두드릴 고)' 세 한자의 뜻에서 당시에 주인과 노예의 관계를 엿볼 수 있다. (亼)은 입을 다문 것으로, 말을 마친 뒤의 입 모양을 묘사한 것이다.

'叩' '命' '令'의 개념은 서로 비슷하다. (叩)는 노예( )가 주인에게 머리를 조아리는 것이다(, 머리가 땅에 닿을 때 나는 울리는 소리). 여기에서 '口(입 구)'는 소리를 나타낸다. (命)은 주인이 명령을 내린( ) 뒤에 노예가 머리를 조아리고( ) 명령을 받드는 것을 나타낸 것이다. '命'은 명령(命令), 생명(生命), 운명(運命) 등의 의미를 파생시켰다.

• 조령모개(朝令暮改): 아침에 명령을 내렸다가 저녁에 다시 고친다는 뜻으로, 법령을 자꾸 고쳐서 갈피를 잡기가 어려움을 이르는 말

聆 들을 령

líng

귀( )로 명령( )을 자세하게 듣다

'聆'에서 '집중해서 듣다'라는 의미가 파생되었다.

• 영음찰리(聆音察理): 소리를 듣고 그 거동을 살피니, 조그마한 일이라도 주의하여야 한다(출처: 《천자문》)

服 옷 복

fú

사람을 잡고( ) 배(, 舟배 주)에 태워 노예( )로 삼다

갑 금 전

상나라는 무수한 이민족을 정복했고, 전쟁에서 패하고 포로로 끌려온 각 지역의 오랑캐는 상나라에 압송된 뒤에 노예로 살았다. 사서(史書)에 따르면 상나라의 주왕은 70만 명의 노예 대군을 가졌고, 《좌전(左傳)》에도 "주왕은 억조의 오랑캐를 가졌다"라고 나온다. 노예는 주로 귀족을 위해서 일하거나 높고 화려한 궁전을 지었다. 그럼 이 많은 노예들은 다 어디에서 왔을까?

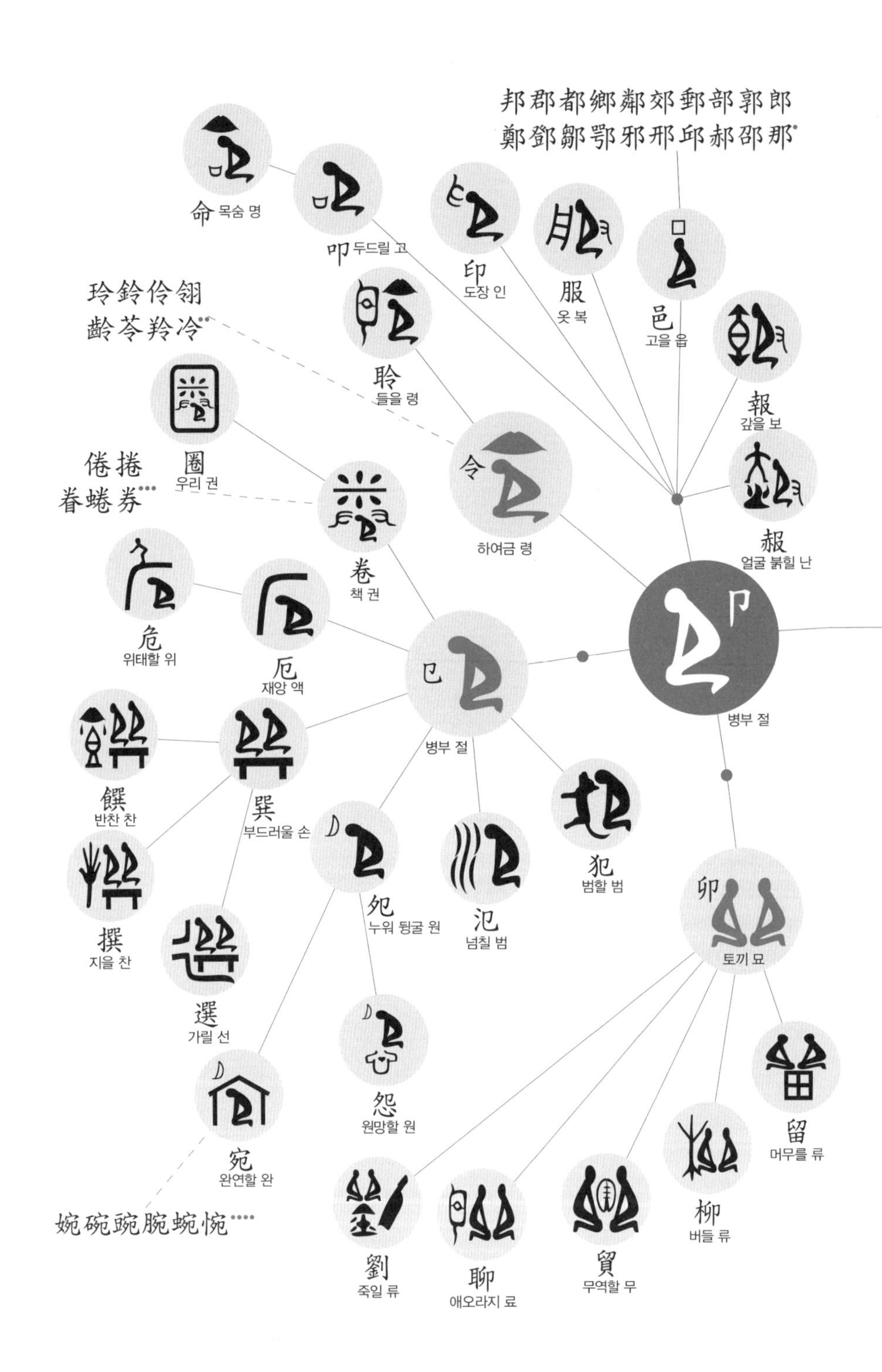
邦郡都鄕鄰郊郵部郭郎
鄭鄧鄒鄂邪邢邱郝邵那
命 목숨 명
叩 두드릴 고
印 도장 인
服 옷 복
邑 고을 읍
報 갚을 보
赧 얼굴 붉힐 난
玲鈴伶翎
齡苓羚冷
聆 들을 령
令
하여금 령
圈 우리 권
倦捲
眷蜷券
卷 책 권
危 위태할 위
厄 재앙 액
㔾
병부 절
卩
병부 절
饌 반찬 찬
巽 부드러울 손
撰 지을 찬
選 가릴 선
夗 누워 뒹굴 원
氾 넘칠 범
犯 범할 범
怨 원망할 원
宛 완연할 완
婉碗豌腕蜿惋
卯
토끼 묘
留 머무를 류
柳 버들 류
劉 죽일 류
聊 애오라지 료
貿 무역할 무

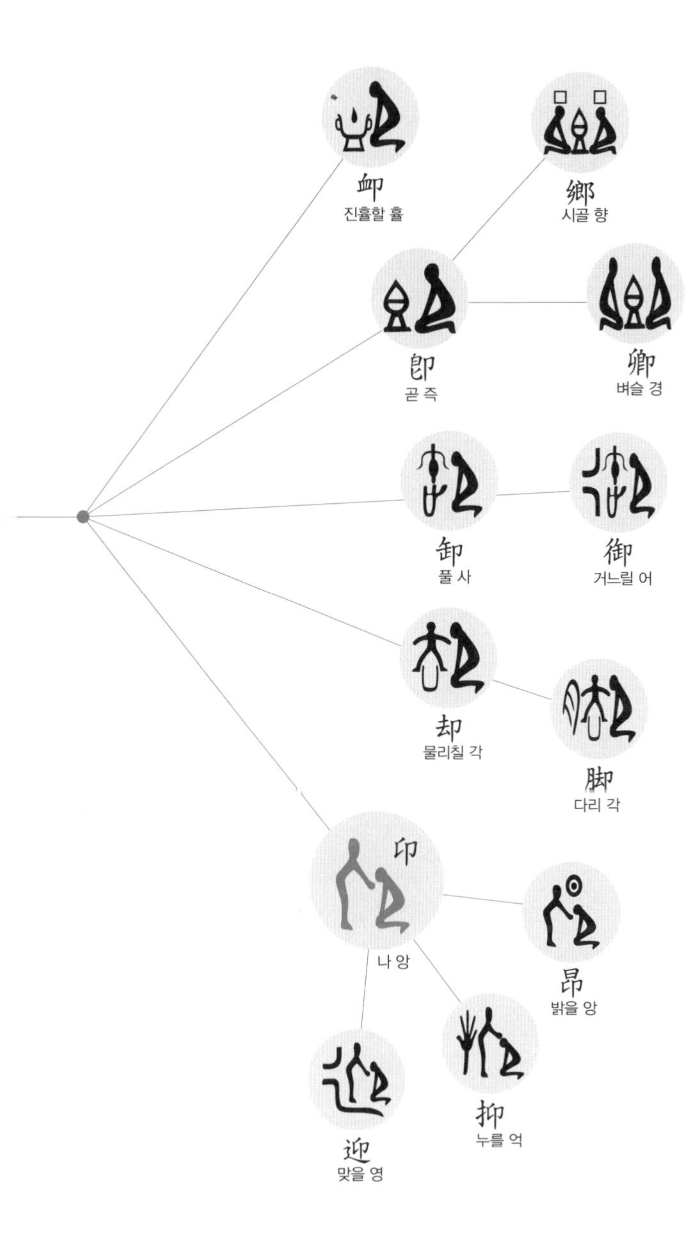

• 邦(나라 방), 郡(고을 군), 都(도읍 도), 鄕(시골 향), 鄰(이웃 린), 郊(들 교), 郵(우편 우), 部(떼 부), 郭(둘레 곽), 郎(사내 랑), 鄭(정나라 정), 鄧(등나라 등), 鄒(추나라 추), 鄂(나라 이름 악), 邪(간사할 사), 邢(성씨 형), 邱(언덕 구), 郝(땅 이름 학), 邵(땅 이름 소), 那(어찌 나)

•• 玲(옥소리 령), 鈴(방울 령), 伶(영리할 령), 翎(깃 령), 齡(나이 령), 苓〔도꼬마리(국화과에 속하는 한해살이 풀) 령〕, 羚(영양 령), 冷(찰 냉)

••• 倦(게으를 권), 捲(거둘 권), 眷(돌볼 권), 蜷(구부릴 권), 券(문서 권)

•••• 婉(아름다울 완), 碗(사발 완), 豌(완두 완), 腕(팔뚝 완), 蜿(굼틀거릴 완), 惋(한탄할 완)

갑골문 , 금문 은 모두 노예를 잡아 배에 태운 것을 표현했다. 그래서 '服'은 '사람을 굴복시키다'라는 의미를 낳았고, 이땐 정복(征服), 복종(服從) 등의 표현에 쓰인다. 또한 정복한 이민족들이 저마다 독특한 옷을 입은 점 때문에 '의복'이라는 의미도 낳았다. '服'의 자형은 예서(隸書) 때 '舟(배 주)'를 '月(달 월)'로 간단하게 만들어서 지금의 모습이 되었다.

주나라 사람들은 천하의 땅과 백성을 모두 천자의 것이라고 생각했다. 오랑캐 국가도 예외는 아니라서 이웃 국가의 백성들도 모두 천자를 따라야 하고, 천자를 위해서 일하고 천자에게 아름다운 물건을 바쳐야 한다고 생각했다. 《시경(詩經)》은 "하늘 아래 왕의 땅이 아닌 것이 없고, 땅을 거느린 물가에 왕의 신하가 아닌 이 없다"라고 했고, 서한(西漢)의 학자인 가의(賈誼)는 "배와 차가 이르고 사람의 발길이 닿는 곳은 설령 오랑캐가 살아도 천자의 것이 아니더냐"라고 말했다.

주나라는 백성을 9등급으로 나누었고 등급별로 서로 다른 지역에 살았다. 또한 어느 등급이건 간에 모든 백성은 천자를 모시는 책임을 다하고, 천자에게 조공을 바치고 부역을 해야 했다. '9복(九服)'이라고 불리는 아홉 개 등급의 구역은 후(侯), 전(甸), 남(男), 채(采), 위(衛), 만(蠻), 이(夷), 진(鎭), 번(蕃)이다. 후는 천자와 가까운 사이이자 가장 높은 등급이고, 모두 천자의 친척이나 중신들이다. 《주례(周禮)》〈하관(夏官)〉 '직방씨(職方氏)'에 나오는 "나라를 9복으로 나누니, 후, 전, 남, 채, 위, 만, 이, 진, 번이 9복이다"라는 글은 이 같은 사실을 가리킨다.

• 이덕복인(以德服人): 덕으로써 사람을 복종시킴

印 도장 인

yìn

한 손(手)으로 노예(卩)의 몸에 낙인을 찍다

고대에 귀족들은 말, 소, 양 등의 가축을 키울 때 동물의 몸에 주인의 이름을 낙인찍어 소유권을 표시했다. 이것은 노예에게도 그대로 적용되었다. 중국의 노예제도는 뿌리가 깊어 하나라 이전에도 존재했고, 상나라, 주나라에 이르러 더 발달했으며, 노예가 도망치는 것을 막기 위해서 주인은 노예의 몸에 낙인을 찍었다. '印'과 '章(글 장)' 두 한자는 옛사람들이 낙인을 찍었던 상황과 깊은 관계가 있는데, 한자의 근원을 탐구하면 노예의 몸에 낙인을 찍는 것이 '印'( )이고, 죄인의 몸에 낙인을 찍는 것이 '章'( )인 것을 알 수 있다. 상나라 후기에 들어 노예를 대하는 풍습은 더 잔혹해졌다. 은허(殷墟)에서 발견된 자료에 따르면 제사를 지낼 때 많은 노예들이 산 채로 매장되었다. 《사기》 및 《상서(尙書)》에는 상나라의 주왕이 도망친 노예에게 포락지형(炮烙之刑)•을 내리고 산 채로 불에 태워 죽였다는 기록이 있다. 주왕은 노예가 도망친 것을 어떻게 알았을까? 노예의 몸에 새겨진 낙인 자국 때문이다. 노예제도는 서주시대 때 비교적 인도적으로 변했고, 동주와 전국시대 때 서서히 무너져 '印'은 노예와의 관련성에서 벗어나 '도장을 찍다'라는 의미가 되었다. '印'은 인장(印章), 인쇄(印刷), 인신(印信, 도장이나 관인 따위를 통틀어 이르는 말) 등의 단어에 쓰인다.

• 인상가서(印上加書): 도장을 찍은 곳에 글자를 겹쳐 씀

• 인봉(印封): 공무가 끝난 뒤에 관인(官印)을 봉하여 둠. 혹은 밀봉한 자리에 도장을 찍는 것(같은 말: 봉인封印)

갑 금 전

• 포락지형: 기름칠한 구리 기둥을 숯불 위에 걸쳐 놓고 죄인을 건너가게 하는 형벌

금

抑 누를 억

yì

주인( )이 손( )에 힘을 주고 노예( )의 몸을 누르다

'抑'은 '억누르다'의 의미를 낳았고, 억압(抑壓), 억제(抑制), 억울(抑鬱) 등에 쓰인다. 《설문》은 "抑은 누르는 것이다"라고 풀이했다.

금
전

報 갚을 보

bào

관리에게 지명수배범(, 卩병부 절)을 잡아서(, 又또 우) 징역(, 幸다행 행)을 살게 하라고 통지하다

옛날에는 범죄를 예방하거나 노예가 도망치는 것을 막기 위해서 묵형(墨刑, 죄인의 이마나 팔뚝 등에 먹줄로 죄명을 써넣던 형벌), 낙인(烙印), 체발(剃髮, 머리카락을 바싹 깎는 것) 등 죄인의 몸에 흔적을 남기는 형벌 외에 지명수배를 내리는 방법을 쓰기도 했다. 전국시대의 진(秦)나라는 연좌법을 실시해서 지명수배범을 신고하면 상을 줬지만 숨겨주면 범인과 똑같이 처벌했다. 때문에 백성들은 감히 수배범을 숨겨줄 생각을 못했고, 수배범을 보면 즉각 관아에 신고해 체포되어 벌을 받게 했다. (幸다행 행)은 나무로 만든 옛날 수갑이다.•

• 제3장 '幸'편 참고

'報'는 두 가지 의미를 낳았는데, 하나는 관아에 죄인을 잡아가라고 알리는 것이다. 이땐 통보(通報), 보고(報告) 등의 단어에 쓰인다. 또 다른 의미는 죄인이 마땅히 받아야 하는 벌을 받는 것으로, 훗날 자신이 마땅히 받아야 하는 것을 받는 의미로 광범위하게 쓰이게 되었다. 이때는 보응(報應, 착한 일과 나쁜 일이 원인과 결과에 따라서 되갚음을 받다), 보답(報答) 등의 단어에 쓰인다.

전국시대 때 상앙(商鞅)은 진효공을 보좌해 엄격한 법치제도를 마련하고 불과 몇 년 만에 진나라를 강국으로 만들었다. 진효공이 죽은 뒤에는 태자가 즉위했는데, 역사는 그를 진혜왕이라고 부른다. 대신인 공자건은 태자와 공모해 죄를 저질렀다가 코를 베이는 형벌을 받은 적이 있다. 이전부터 뼛속 깊이 상앙에 대한 원한이 있던 차에 태자가 왕이 되자 호시탐탐 복수의 기회를 노렸던 공자건은 상앙이 반역을 꾀한다고 모함했고, 진혜왕은 즉각 상앙에 대한 체포 명령을 내렸다. 소식을 듣고 잽싸게 변경으로 도주한 상앙은 해가 지자 객잔을 찾아갔다. 그런데 객잔의 주인이 뜻밖의 말을 했다.

"죄송합니다, 손님. 상앙의 법 때문에 객잔에 묵는 사람은 반드시 신분을 확인해야 돼요. 그렇지 않으면 주인도 똑같이 처벌받아요."

상앙은 이러지도 못하고 저러지도 못하는 상황에서 비탄에 젖었다.

'맙소사! 연좌법이 이렇게 대단하구나!'

결국 그는 야밤을 틈타 다시 도주했다. '報'의 간체자는 수갑을 생략하고 한 쪽 손을 더한 '报'이다.

邑 고을 읍

yì

백성이나 노예( )가 많이 사는 도시( )

'邑'은 제왕이 제후나 경, 대부들에게 나눠준 영토인 '采邑(채읍)'을 가리킨다. 훗날 '채읍'은 서서히 도시 국가로 발전했다. 서주시대의 청동 솥인 대우정(大盂鼎)에는 귀족인 우가 주강왕을 칭송하는 기록이 있는

갑

금

전

데, 그도 그럴 것이 우는 주강왕에게 많은 영토와 노예를 받고 감사의 뜻으로 이 솥을 만들었다. 상나라와 주나라의 귀족들이 사는 도시에는 부역하는 노예들이 많았고, 이 상황은 '邑'이라는 한자가 만들어지는 배경이 되었다. 예서는 (卩병부 절)을 (巴꼬리 파)로 바꿔 지금의 '邑'을 만들었다. 이 변화는 기원전 316년에 진시황이 파나라를 멸망시키고 자국에 편입시킨 뒤에 '파군'을 설치한 것에 따른 것이다. 한자를 구성할 때 '邑'은 지역이나 도시 국가를 뜻하고, 대부분 오른쪽에 위치하지만 현대 한자는 邦(나라 방), 郡(고을 군), 都(도읍 도), 鄉(시골 향), 鄰(이웃 린), 郊(들 교), 郵(우편 우), 部(나눌 부), 郭(성곽 곽), 郎(사내 랑), 鄭(정나라 정), 鄧(등나라 등), 鄒(나라 이름 추), 鄂(고을 이름 악), 邪(간사할 사), 邢(나라 이름 형), 邱(언덕 구), 郝(성씨 학), 邵(고을 이름 소), 那(어찌 나)처럼 '邑' 대신에 '阝(언덕 부)'를 쓴다. 《설문》은 "邑은 나라이다"라고 풀이했다.

肥 살찔 비

féi

살( )이 많은 파나라 사람( )

전서 는 살이 많은 노예를 표현한 것이고, 나중에 예서는 무릎을 꿇고 앉은 노예를 '巴(꼬리 파)'로 바꿨다. 진한 시기에 파나라 사람들은 비옥한 땅에 살아서 몸이 통통했다. '肥'는 '지방이 지나치게 많다' '영양이 충분하다'라는 의미를 낳았고, 비만(肥滿), 비옥(肥沃) 등에 쓰인다. 《설문》은 "肥는 살이 많다"라고 풀이했다.

- 퇴비(堆肥): 풀, 짚 또는 가축의 배설물 등을 썩힌 거름(같은 말: 두엄)

巴 꼬리 · 땅 이름 파, 바랄 파

bā

갑

전

'파수무'를 흥겹게 추는 사람

3000여 년 전에 파나라 사람들은 이미 장강삼협(長江三峽) 일대에 살았다. 이들은 춤과 노래에 능하고 용맹하고 호전적인 것으로 유명했다. 사학자들은 중국의 남서 지방에 사는 원주민인 투자(土家)족을 파나라의 후예들이라고 생각한다. 투자족은 지금도 많은 원시적인 풍습과 춤을 유지하고 있는데, 그중에 '파수무(擺手舞)'는 제사 때 추는 춤이다. 정월마다 군중들은 사당 앞에 모여 제사를 올리고 파수무를 추고, 이들이 파수무를 추는 사당을 '파수당'이라고 부른다. 갑골문 , 는 파수무를 추는 자태를 표현한 것이고, , 및 는 춤을 추며 노래 부르는 것을 묘사한 것이며, , 는 신 앞에서 노래하며 파수무를 추는 것을 나타낸 것이다. 신에 대한 순복을 표현하기 위해서 파수무에는 허리를 구부리거나 무릎을 꿇는 동작이 매우 많다. '巴'의 갑골문 및 전서 는 기도하는 것을 이루기 위해서 파수무를 추며 신을 기쁘게 하는 것을 나타낸 것이다. '巴'는 '잘 보이다(비위를 맞추다)' '염원하다'의 의미를 낳았고, 파결(巴結bājie, '아첨하다'를 의미하는 중국어), 파망(巴望bāwàng, '기대하다'를 의미하는 중국어) 등의 단어에 쓰인다. '巴'의 독음에서 파생된 한자는 爸(아버지 파), 疤(흉 파), 芭(파초 파), 粑(구운 음식 파), 爬(긁을 파), 杷(비파나무 파), 琶(비파 파), 耙(써레• 파), 把(잡을 파), 靶(고삐 파) 등이 있다.

허신은 '巴'를 큰 뱀으로 여기고 '巴蛇(파사)'라고 불렀다. 《산해경(山海經)》은 파사를 코끼리를 삼킬 수 있는 거대한 뱀이라고 기록했고,

• 써레: 갈아 놓은 논의 바닥을 고르는 데 쓰는 농기구

허신은 "巴는 벌레이거나 코끼리를 먹는 뱀이다"라고 말했다. 허신은 갑골문을 몰라서 전서 를 거물을 삼키는 큰 뱀으로 생각했는데, 파사는 이름에서 짐작할 수 있는 것처럼 '파촉 땅에 사는 큰 뱀'을 가리킨다.

금
전

卹 진휼할 휼

xù

사람 몸에서 피(, 血피 혈)가 흐르는 것을 보고 가엽게 여기다

'恤(동정할 휼)'과 통용된다.

무릎을 꿇고 앉은 사람

갑
금
전

卽 곧 즉

jí

무릎을 꿇고( ) 솥(, 皀고소할 급, 낟알 급) 옆에서 식사 준비를 하다

옛날에는 식기를 '궤(簋제기 이름 궤)'라고 불렀고, 음식물을 담는 그릇으로 썼다. 고고학자들이 발견한 도궤 및 청동궤는 매우 많다. '皀'의 금문 및 전서 는 식기 안에 있는 흰 쌀을 나타내고, 食(밥 식,), 卽(곧 즉,), 旣(이미 기, 쌀 희,), 卿(벼슬 경,), 鄕(시골 향,) 등 음식물과 관계 있는 한자를 파생시켰다.

'卽'은 '즉각' '가까운 곳에'라는 의미를 낳았고, 즉석(卽席), 즉위(卽位), 즉각(卽刻) 등에 쓰인다. 이 밖에 '旣'는 사람이 식사를 마치고 자리에서 일어나는 상황을 묘사했다.• 식사를 준비하는 '卽'과 식사를 마친 '旣'는 재미있는 대조를 이룬다.

• '旡(목멜 기)'편 참고

卿 벼슬 경

qīng

오른쪽 사람( )이 왼쪽 사람( )을 초대해 함께 맛있는 음식(, 皀고소할 급, 낟알 급)을 먹다

갑

금

전

'卿'은 '卽(곧 즉)'처럼 식사하는 광경을 묘사한 또 다른 한자이다. 금문 은 두 사람이 예의 있게 앉아 함께 식사하는 광경을 생동감 있게 표현했다. 오른쪽 사람(군왕)이 허리를 굽히고 인사하며 왼쪽 사람을 식사에 초대하자 왼쪽 사람(대신)도 예의를 갖춰 인사한 뒤에 함께 무릎을 꿇고 앉아 솥 앞에서 식사를 한다. 애경(愛卿, 옛 중국에서 군왕이 신하를 호칭할 때 사용한 말), 중경평신(衆卿平身, 옛 중국에서 자신에게 절하는 여러 대신들에게 몸을 일으키라는 의미에서 군왕이 하던 말) 등에 쓰이는 '卿'은 고대의 대신을 의미하기도 하고, 군왕이 대신을 부르는 칭호이기도 하다. 또한 '卿'은 중국에서 경경(卿卿qīngqīng)처럼 서로 깍듯이 존경하는 부부 사이의 애칭에도 쓰인다.

고대에 군왕은 재덕을 겸비한 인사에게 존경을 표하기 위해서 자주 이들을 초대해 함께 식사하며 고견을 구했다. 요, 순, 우, 탕 등은 이들의 가치를 잘 이해한 군왕들이다. 동주시대 때 제후국의 군왕이나 왕자의 문하에는 많게는 3000명이 넘는 식객(食客, 세력 있는 대갓집에 얹혀 있으면서 문객 노릇을 하던 사람)이 있었다.

• 경작(卿爵): 벼슬과 작위

 ㉥

• 향음주례: 향촌의 선비와 유생들이 모여 학덕과 연륜이 높은 이를 주빈(主賓)으로 모시고 술을 마시며 잔치를 하던 행사

鄉 시골 향

xiāng

관리들이 술과 음식(皀)으로 성 안의 백성들을(卩, 邑고을 읍) 대접하다

'鄉'은 '卿(벼슬 경)'에서 파생된 한자이다. 주나라의 향음주례(鄉飲酒禮)•의 영향을 받은 것으로 추측되는데, 향음주례는 원래 주나라 조정이 지혜로운 인사들에 대한 존경을 표현하기 위해서 마련한 활동이지만 훗날 모든 왕조가 실시하는 풍습으로 자리잡았다. 또한 주나라는 노인에 대한 공경심을 표현하기 위해서 지방 관청에서 해마다 한 차례씩 연회를 열었다. 초청을 받은 노인들은 나이가 많은 순서대로 자리에 앉았고, 나이가 많을수록 음식을 더 푸짐하게 받았다. 《예기(禮記)》〈향음주의(鄉飲酒義)〉에는 "향음주례 때 60세는 앉고 50세는 서서 정역(政役)을 하는 것은 어른을 공경하는 것을 밝히기 위해서이다. 60세는 3두, 70세는 4두, 80세는 5두, 90세는 6두를 주는 것은 어른을 봉양하는 것을 밝히기 위해서이다. 백성들이 어른을 공경하고 노인을 봉양하면 부모에게 효도하고 형제들과 우애 있게 지낼 수 있다"라고 기록되어 있다. '鄉'의 전서 鄉은 관리들이 술과 음식으로 나이가 많은 고을의 어른들을 대접하는 것을 나타낸 것이다. 훗날 이런 의미를 가진 한자는 '饗(잔치할 향, 饗)'으로 바뀌었고, '鄉'은 지방 행정 구역이나 지방의 인사를 가리키는 한자가 되었다.

상을 차리고 손님을 초대하는 것은 중국 특유의 음식문화이다. 예로부터 중국인은 손님을 초대해 음식을 함께 나눠 먹는 것을 매우 좋아했는데, 혼자 즐기는 것은 여럿이 즐기는 것보다 못하고, 혼자 재미

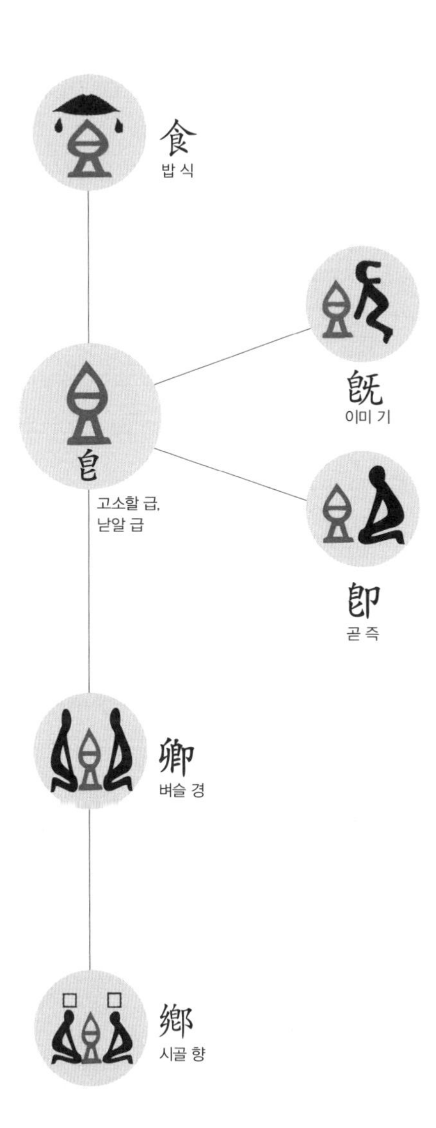
食
밥 식
既
이미 기
皀
고소할 급,
낟알 급
即
곧 즉
卿
벼슬 경
鄉
시골 향

없게 밥을 먹는 것보다 친한 친구들과 함께 밥을 먹는 것이 더 좋다.

현대 한자	그림 문자	갑골문	금문	전서	뜻
即 곧 즉					혼자 식사하다
卿 벼슬 경					두 사람이 식사하다
鄉 시골 향					고을 사람들과 함께 식사하다
既 이미 기					식사를 마치고 자리를 뜨다

마주 보고 있는 사람

갑

금

전

卯 토끼 묘

mǎo

곧 헤어지거나, 혹은 방금 만난 두 사람

'卯'의 옛 한자는 매우 복잡하지만 갑골문 , , 금문 및 전서 , , , 는 모두 완벽하게 대칭을 이루는 두 사람이나 사물을 묘사했다. '卯'는 다른 한자를 구성할 때 방금 만났거나 곧 헤어질 두 사람을 의미한다. 그중에 , 및 는 서로 만난 두 사람을 나타내지만 , , 는 하나가 둘로 나눠지는 물체를 나타낸 것으로, 분리의 의미가 있다. 따라서 이 두 가지 의미를 종합하면 '卯'는 곧 헤어지거나 혹은 방금 만난 두 사람을 나타낸다. 이른바 '묘시(卯時)'는 새벽 5~7시, 즉 해와 달이 '교대'하는 시간대를 가리키는데, 해와 달이 서로 만났다가 다시 헤어지기 때문에 옛사람들은 이때를 '묘시'라고 불렀다. 묘시는 관원들이 서로 만나 조정에 나가는 시간대를 가리키기도 한다. 옛날에 관청에서 묘시에 출근한 관원들의 이름을 일일이 부른 것을 '점묘(點卯)'라고 부르고, 이때 관원들이 대답하는 것을 '응묘(應卯)'라고 불렀다.

중국어로 '묘상료(卯上了mǎoshàngle)'는 '두 사람이 서로 만나다'라는 뜻이고, '묘족료경(卯足了勁mǎozúlejìn)'은 '힘들게 대응하다'라는 뜻이다. 이 밖에 중국어 '묘순(卯榫mǎosǔn)'은 건축 부재 중에서 장붓구멍과 장부촉이 맞닿는 부분을 가리킨다.

- 묘주(卯酒): 아침에 마시는 술(같은 말: 조주朝酒)

柳 버들 류

liǔ

곧 헤어질 두 사람(, 卯토끼 묘)이 나무 아래( )에서 헤어지는 것을 아쉬워하다

'柳'의 갑골문 , 금문 및 전서 는 '木(나무 목)'과 '卯(토끼 묘)'로 이뤄졌다. 원래 두 사람이 나무 아래에서 애틋하게 헤어지는 것을 뜻하고, '애틋하게 이별하는 나무'라는 뜻을 낳았다. 버드나무는 주나라 사람들의 눈에 '이별하는 나무'로 비쳤다. 버드나무의 가늘고 긴 나뭇가지는 미풍에 흔들릴 때 헤어지는 것이 아쉬워 떠나는 사람을 붙잡는 손짓처럼 보인다. 《시경》〈소아(小雅)〉에 "昔我往矣, 楊柳依依. 今我來思, 雨雪霏霏(석아왕의, 양류의의. 금아래사, 우설비비)"라는 글이 나온다. "예전에

내가 출정할 땐 버드나무가 나와 헤어지는 것을 아쉬워했는데, 지금 내가 돌아왔을 땐 눈꽃이 분분히 온 천지에 날리는구나"라는 뜻이다. 이 시는 서주의 전사들이 멀리 전쟁 길에 오를 때와 고향에 돌아왔을 때의 심정을 표현했다.

• 유록화홍(柳綠花紅): 초록빛 버들잎과 붉은 꽃이라는 뜻으로, 봄의 자연 경치를 말한다

금

전

留 머무를 류

liú

날이 어둑해져 집에 돌아가야 하지만 헤어져야 하는 두 사람()은 여전히 아쉬움이 남아 걸음을 멈추고 들판()에 서 있다

고대에는 여러 농민들이 함께 농사를 짓는 경우가 많았다. 주나라 땐 경전제도에 따라서 여덟 가구가 '공전(公田, 국가나 국왕의 토지)'을 경작하거나 소작농들이 지주의 땅에서 함께 농사를 짓고 수확했다. 공동 경작을 하는 농민들은 항상 농사를 지으며 집안일에 대해서 얘기를 나눴는데, 가끔은 해가 지고 집에 돌아가서 밥을 먹어야 하는데도 여전히 헤어지기가 아쉬워서 밭에 머물렀다. 관련 단어는 정류(停留), 체류(滯留), 구류(拘留) 등이 있다.

금

전

貿 무역할 무

mào

마주 보고 있는 두 사람()이 돈(, 貝조개 패)을 거래하다

관련 단어는 무역(貿易), 경무(經貿jīngmào, '경제와 무역의 합칭'을 의미하는 중국어) 등이 있다.

• 무천매귀(貿賤賣貴): 싼값에 사서 비싸게 파는 것

두 사람이 마주 보고( ) 상대방의 말을 듣다(, 耳귀 이)

聊• 애오라지 료

liáo

'聊'를 구성하는 한자들의 뜻은 매우 좋다. 귀를 기울여 상대방의 말을 집중해서 듣는 광경을 묘사한 것인데, 사람들이 서로 소통하려면 상대방의 말을 경청해야 하지 않는가? '聊'는 '경청'의 의미에서 '잡담하다' '즐겁다'의 의미를 파생시켰고, 무료(無聊, 흥미 있는 일이 없어 심심하고 지루하다), 한료(閒聊xiánliáo, '한담하다'를 의미하는 중국어) 등의 단어에 쓰인다.

• 聊: 애오라지(부족하나마 그대로), 귀울다(이명나다), 편안하다, 즐기다

한 곳에 모인( ) 여러 개의 별들( )

昴 별 이름 묘

mǎo

고대에는 서쪽 하늘에 있는 백호 별자리를 '昴'라고 불렀다. 《설문》은 "昴는 백호의 성수(星宿, 별자리)이다"라고 풀이했다.

두 자루의 금( )도( )를 들고 한데 모이다( )

劉 죽일 류, 성씨 류

liú

상나라 사람들은 청동으로 칼을 만들었고, 주나라 사람들은 철로 칼을 만들었다. 금도(金刀)는 날카로운 칼을 가리킨다. '劉'는 원래 날카로운 쌍검을 뜻하는데, 이때 쌍검은 길이가 같은 두 자루의 단도이다. 단도를 들고 싸울 땐 반드시 적수에게 가까이 접근해야 하기 때문에 두 손으로 나눠 잡고 공격하는 동시에 발을 재빠르게 놀려야 한다. 류

씨 성을 가진 선조들은 쌍검을 잘 다뤄서 '묘금도(卯金刀)'라고 불렸다.

쌍검에 관한 고대 기록은 《상서》에 "一人冕, 執劉, 立于東堂(일인면, 집류, 입우동당)"이라고 나온다. 풀이하면 "한 호위병이 머리에 투구를 쓴 채 두 손에 날카로운 칼을 들고 법정의 동쪽 계단에 서 있다"이다. 양(梁)나라의 도홍경(陶弘景)은 《고금도검록(古今刀劍錄)》에 "후연의 모용수는 건흥 원년에 7척 길이의 자웅 이도를 만들었다"라고 기록했다. '劉'는 '살육하다(사람을 마구 죽이다)'의 의미를 파생시켰다.

전

卬• 나앙

yǎng또는áng

무릎을 꿇은 사람( )과 허리를 굽히고 서 있는 사람( )

'卬'에는 두 개의 뜻이 있다. 첫 번째 뜻은 무릎을 꿇은 사람이 고개를 들어 서 있는 사람을 쳐다보는 것을 나타낸다. 또한 여기에 '人(사람 인)'이 더해져 ( )(仰 우러러볼 앙)이 되었다. '仰'은 '우러러보다' '부러워하다' '흠모하다'의 뜻이 있고, 앙망(仰望, 존경하는 마음으로 우러러보다, 자신의 희망이 실현되기를 우러러 바라다), 경앙(景仰, 덕이나 인품을 사모하여 우러러보다), 앙모(仰慕, 우러러 그리워하다) 등에 쓰인다.

'卬'의 두 번째 뜻은 무릎을 꿇은 사람이 자리에서 일어나는 것이다. '卬'은 훗날 '日(날 일)'이 더해져 '昂(밝을 앙)'••이 되었다. ( )(昂)은 태양( )이 서서히 떠오르는 것이 마치 무릎을 꿇었던 사람( )이 자리에서 일어나는( ) 것과 같다는 것을 표현했다. '昂'은 '높이 들다' '분발하다'의 뜻을 낳았고, 앙귀(昂貴, 물건 값이 뛰어오르다), 앙수(昂首

• 卬: 나(자신), (물가가) 오르다, 고개를 들다, 우러러보다, 바라다, 높다

•• 昂: 밝다, 높다, 오르다, 뜻이 높다, 임금의 덕이 높은 모양

ángshǒu, '머리를 쳐들다'를 의미하는 중국어) 등에 쓰인다.

迎 맞을 영

yíng

두 사람이 길을 가다가(⻌, 辶 쉬엄쉬엄 갈 착) 서로 만났는데, 오른쪽 사람이 무릎을 꿇고 절하자( ) 왼쪽 사람이 허리를 굽혀 답례하다( )

《설문》은 "迎은 만나는 것이다"라고 풀이했다. 영접(迎接), 봉영(逢迎, 남의 뜻을 맞춰주다) 등에 쓰인다.

말을 모는 사람

서주의 무술 교육은 활쏘기와 말 타기를 중점적으로 가르쳤고, 예법에 따라서 귀족의 자제들은 반드시 '오사(五射)' 및 '오어(五御)', 즉 다섯 종류의 활쏘기와 말을 모는 기술을 배워야 했다. 기병은 말을 몰려면 반드시 고삐를 말 머리에 채워야 했는데, 그렇지 않으면 말이 통제가 안 된다. 말을 몰 때 쓰는 고삐를 묘사하기 위해서 '午(낮 오)'가 만들어졌고, '午'에서 '馬(말 마)'와 관계있는 한자인 卸(풀 사), 御(거느릴 어) 등이 파생되었다.

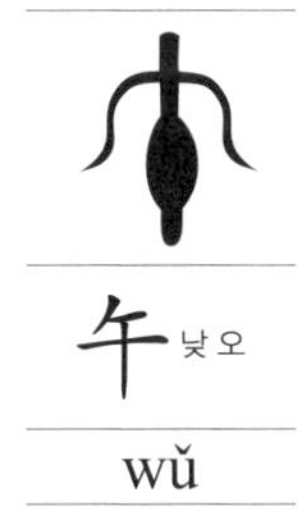

午 낮 오

wǔ

'十'( )자 모양으로 교차된 고삐를 말 머리에 걸다

금문 , 및 전서 는 '十'자로 교차된 말고삐를 나타낸 것인데, 좌우로 갈라져 나온 두 줄이 말고삐이다. 기병은 양손으로 고삐를 잡아 말을 통제했다. 은 '十(열 십)'의 금문이고, (廿스물 입), (卅서른

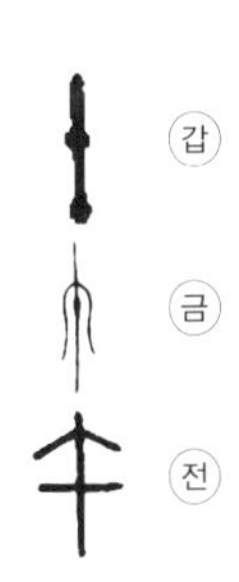

삽), 𠙵(古옛 고), 𠙵(直곧을 직)' 등에 쓰인다. 말고삐는 말의 양 볼에 '十' 자 모양으로 채워졌는데, 입과 코 쪽의 두 줄은 기병이 말을 조종할 때 쓴다. 옛사람들은 이 특징을 잡아 '午(낮 오)'를 만들고 말(馬)을 표현할 때 썼다.

말고삐는 가로와 세로로 교차되는 밧줄로 이루어졌다. 그래서 '午'는 상오(上午shàngwǔ, '오전, 밤 0시부터 낮 12시까지'를 뜻하는 중국어), 중오(中午zhōngwǔ, '정오, 혹은 낮 12시 전후'를 의미하는 중국어)처럼 시간의 교차를 나타내기도 한다. 《광운(廣韻)》은 "午는 교차되는 것이다"라고 했고, 《운회(韻會)》는 "하나는 가로로 눕고 하나는 세로로 세워진 것을 방오(旁午)라고 하니, 마치 가로 세로로 교차된 것 같구나"라고 했으며, 《설문》은 "서현과 서개(문자학에 조예가 깊었던 남당의 형제)는 '午'를 말이라고 했다"라고 풀이했다. 중국의 고전 학자인 궈모뤄(郭沫若, 곽말약)는 《갑골문연구(甲骨文硏究)》에서 "午는 모양을 봤을 때 말을 모는 재갈과 고삐이다"라고 기록했다.

• 오전(午前), 오후(午後)

 전

卸 풀 사

xiè

마부( )가 말(, 午낮 오)을 끌고 가다(,)

'卸'는 원래 '마차에서 내려 말을 풀다'라는 뜻이고, '풀다' '물건을 내려놓다'의 뜻을 파생시켰다. 사제(卸除xièchú, '분해하다'를 의미하는 중국어), 사임(卸任xièrèn, '사직하다' '해임되다'를 의미하는 중국어) 등에 쓰인다.

• 적사하다(積卸--): (배나 수레 따위에) 짐을 싣거나 부리다

御 거느릴 어

yù

마부( )가 말( )을 몰고 길(, 彳조금 걸을 척)을 가다(,)

갑골문 은 말 등에 꿇어앉은 사람이 말을 모는 고삐(, 糸실 사)를 잡고 길을 가는 것을 나타냈고, 금문 은 끈을 '十'자로 교차한 말고삐( )로 바꾸고 '止(그칠 지,)'를 더했다. '御'는 '통제하다' '통치하다'의 의미를 파생시켰고, 가어(駕御, 말을 길들여 자유자재로 부리다, 사람을 마음대로 부리다), 통어(統御, 거느려서 제어하다) 등에 쓰인다.

갑

금

전

秦 진나라 진

qín

두 손( )에 벼( )를 들고 말( )을 먹여 키우는 사람

주나라의 진비자(秦非子)는 말을 잘 키우기로 유명했다. 그는 키우는 것이건 먹이는 것이건 훈련시키는 것이건 병을 예방하는 것이건 말과 관련된 모든 분야에 일가견이 있었고, 주 왕실의 말을 지극정성으로 보살펴서 진 땅을 하사받고 진나라의 개국 군왕이 되어 진시황의 패업을 이루는 기초를 닦았다. '秦'은 원래 '말을 키우는 사람'을 가리킨다.

갑

금

전

많은 학자들이 를 일률적으로 쌀을 찧는 막대기로 여겨 많은 잘못된 해석을 낳았다. 예를 들어 '秦'을 두 손으로 막대기를 들고 벼를 때리는 것으로 해석했고, '卸(풀 사)'와 '御(거느릴 어)'도 방망이를 들고 때리는 것으로 해석했다. '舂(찧을 용)'의 갑골문은 이고, 금문은 이며, 전서는 이다. 막대기의 갑골문인 과 말고삐의 갑골문인 는 서로 다르지만 두 한자의 금문 ↑은 같다. 따라서 ↑에는 말고삐와 나무 막대기의 뜻이 모두 있다고 할 수 있다.

• 진진지의(秦晉之誼): 혼인의 연을 맺은 두 집안 사이의 가까운 정. 중국의 진(秦)과 진(晉) 두 왕실이 혼인을 맺고 지낸 데서 유래했다(같은 말: 진진지호秦晉之好)

웅크리고 앉은 사람

'㔾(병부 절, 이미 이)'은 '卩(병부 절)'에서 파생된 부수이고, 웅크리고 앉은 사람을 나타낸다.

犯 범할 범

fàn

들 개(, 犬개 견) 한 마리가 웅크리고 있는 불쌍한 사람(, 㔾병부 절)을 공격하다

'犯'은 '공격하다' '괴롭히다' '해치다' 등의 의미를 낳았고, 침범(侵犯), 촉범(觸犯, 꺼리고 피해야 하는 일을 저지르다), 범법(犯法, 법을 어기다) 등에 쓰인다. 《설문》은 "犯은 침입하는 것이다"라고 풀이했다.

氾 넘칠 범

fàn

큰 물()이 밀려온 뒤에 땅에 웅크리고 앉은 사람(, 㔾)

'氾'은 홍수를 당한 이재민의 상황을 묘사한 것이고, '홍수가 나다' '광대하다'의 의미를 파생시켰다. 범람(氾濫), 범리겸애(氾利兼愛fànlìjiān'ài, '널리 이롭게 하고 함께 사랑하다'를 의미하는 중국어) 등에 쓰인다.

危 위태할 위

wéi

절벽 위에 서 있는 사람(⼈)이 조심하지 않고 떨어져 중상을 입은 사람(, 㔾, 웅크리고 있는 사람)이 되다

'危'의 갑골문 는 포물선을 그리며 아래로 빠르게 떨어지는 화살을 표현한 것이고, 물체가 높은 곳에서 떨어지는 것을 뜻한다. 전서에 이르러 사람이 절벽 위에 서 있는 것을 나타내는 으로 변했고, 나중에 다시 로 변했다. '危'는 '높게 치솟다' '불안정하다'의 의미를 파생시켰고, 위험(危險), 위기(危機) 등에 쓰인다. 이 밖에 '厄(재앙 액)'의 개념도 '危'와 비슷하다. (厄)은 낭떠러지()에서 떨어져 중상을 입은 사람(, 웅크리고 있는 사람)을 표현한 것이다. 낭떠러지 밑에 떨어진 탓에 도움을 요청할 수 없어 '곤경에 처하다'라는 의미를 낳았다. 액운(厄運, 액을 당할 운수), 액난(厄難, 재난) 등에 쓰인다.

갑 전 전

夗 누워 뒹굴 원

yuàn

야간(, 夕저녁 석)에 웅크리고 앉은 사람(, 㔾)

왜 이 사람은 한밤중에 길을 인 자고 몸을 웅그리고 담 모퉁이에 앉아 있는 걸까? 가난해서 집이 없는 걸까? 큰 병에 걸렸을까? 아니면 걱정이 많아서일까? '宛(완연할·굽을 완)'과 '怨(원망할 원)'의 두 한자에서 단서를 찾을 수 있다.

'宛'의 전서 는 밤이 깊어도 방()에 잠들지 않은 사람이 있는 것을 표현했다. 한밤중에 잠을 못 자고 구석에서 엎치락뒤치락하는 것은 걱정이 있는 것이 분명하다. 그래서 '宛'은 두 가지 의미를 파생시

전

켰는데, 하나는 '엎치락뒤치락하다'이고, 이땐 완전(宛轉wǎnzhuǎn, '이리 저리 돌아다니다' '엎치락뒤치락하다'는 뜻의 중국어)이라는 단어에 쓰인다. 또 다른 의미는 '마치 ~인 것 같다'이고, 완연(宛然, 눈에 보이는 것처럼 뚜렷하다), 완여(宛如wǎnrú, '마치 ~ 같다'를 의미하는 중국어) 등의 단어에 쓰인다. (怨)은 밤잠을 못 이루는 사람( )을 나타낸 것인데, 마음( )에 불만이 그득한 상태이다. 관련 단어는 원한(怨恨), 포원(抱怨bàoyuàn, '원망하다'를 의미하는 중국어) 등이 있다.

전

卷 책 권, 말 권

juàn 또는 juǎn

바닥에 웅크리고 앉은 사람(, 㔾)이 두 손( )으로 쌀에 섞인 불순물을 제거하다( )

오곡을 수확하면 햇볕에 말리고 껍질을 제거하는 등의 과정을 거친 뒤에 마지막으로 이물질을 골라내야 좋은 곡물을 얻을 수 있다. 이물질을 골라내기 위해선 노예가 몸을 웅크리고 앉아 자세하게 살펴야 한다.

'卷'은 원래 몸을 웅크리고 앉은 사람을 뜻하는데, 훗날 '捲(주먹 쥘 권)'으로 바뀌고 [juǎn]으로 발음했다. '卷'은 두 가지 의미를 파생시켰다. 하나는 돌돌 만 원서나 서화이고 [juàn]으로 발음하며 권종(卷宗juànzōng, '서류'를 의미하는 중국어), 고권(考卷kǎojuàn, '시험지'를 의미하는 중국어) 등의 단어에 쓰인다. 두 번째는 구부러진 것을 의미하고 [juǎn]으로 발음하며 권발(卷髮juǎnfà, 곱슬머리) 등에 쓰인다.

'卷'에서 파생된 한자는 拳(주먹 권), 蜷(구부릴 권), 圈(우리·술잔 권), 倦(게으를 권) 등이다. '圈'( )은 주위( )를 둘러싼( ) 것을 표현한 것이며, '倦'(𠌫)은 사람(𠆢)이 피곤해서 몸을 구부린(𠔉) 것을 나타낸 것이고, '拳'은 손을 구부려(𠔉) 주먹을 쥔 것을 나타낸 것이고, '蜷'은 벌레처럼 둥글게 오그라든 것을 표현한 것이다.

단 위에서 주인의 시중을 드는 하인

巽 부드러울 손

xùn

단(丌, 丌책상 기) 위에서 주인을 모시는 두 명의 하인(㔾㔾, 㔾㔾)

'㔾㔾'의 금문 및 전서 는 두 명의 하인을 나타낸다. '丌'의 금문 및 전서 는 단을 나타내고, 주인이나 존귀한 인물이 활동하는 영역을 상징한다. '巽'은 '고분고분하다'의 의미를 파생시켰고, 손순(巽順xùnshùn, '순종하다'를 의미하는 중국어), 손사(巽辭xùncí, '점잖은 말'을 의미하는 중국어) 등에 쓰인다.

- 손여지언(巽與之言): 남의 마음을 거스르지 않는 온화한 말

選 가릴 선

xuǎn

두 하인(㔾㔾)에게 단(丌) 위로 올라오라고(辵) 분부하다

단은 주인이나 존귀한 인물이 활동하는 영역을 상징하기 때문에 두 하인이 단 위에 올라가는 것은 중요한 직무를 수행하는 사람으로 뽑힌 것을 의미한다. 주나라에서는 관리를 선발하는 제도를 선사(選士)라고 불렀다. 《예기》에 "고을의 뛰어난 지식인을 사도(司徒)•로 진급시키는 것을 선사라고

• 사도(司徒): 호구·논밭·재화·교육에 관한 일을 맡아보던 관리

한다”라고 나온다. ‘選(가릴 선)’은 재능이 있는 사람을 고른다는 뜻이고, 선발(選拔), 선거(選擧) 등에 쓰인다.

전

饌 반찬 찬, 지을 찬

zhuàn

두 하인( )이 단( ) 위에 술상(‘ ’)을 올리다

주나라에는 술자리를 관장하는 관리가 따로 있었다. 이렇게 책임지고 군왕에게 음식을 공급하는 관리를 선부(膳夫), 혹은 주정(酒正)이라고 한다. ‘饌’은 원래 술과 음식을 올리는 것을 뜻하고, 찬구(饌具, 반찬 그릇, 혹은 밥상을 차리다), 찬빈(饌賓zhuànbīn, ‘술과 음식으로 손님을 환대하다’는 뜻의 중국어) 등의 단어에 쓰인다. 《주례(周禮)》 〈천관(天官)〉 ‘주정(酒正)’에 “왕에게 네 가지 음식과 세 가지 술을 찬(饌)해야 한다. 여기서 ‘찬’은 음식과 술을 준비하고 상에 올리는 것을 가리킨다”라는 글이 있고, 《의례》는 “선(膳)은 음식을 차리는 것을 관장하는 벼슬이고, 왕에게 자신이 직접 주관한 찬(饌)을 올렸다”라고 했으며, 《설문》은 “饌은 음식을 마련하는 것이다”라고 풀이했다.

전

撰 지을 찬

zhuàn

손( )으로 베껴 쓰는 일을 맡은 두 명의 하인( )이 단( ) 위에서 시중을 들다

고대에는 기록이나 손으로 베껴 쓰는 일을 책임지고 하는 관원이 있었다. 《당서(唐書)》 〈백관지(百官志)〉에 “사관(史館, 역사 편찬소)은 국사를 편찬하는 곳이다”라는 기록이 있다. 관련 단어는 찬문(撰文, 글을 짓다), 찬비(撰碑

zhuànbēi, '비문을 짓다'를 의미하는 중국어), 찬각(撰刻zhuànkè, '글을 지어 새기다'를 의미하는 중국어) 등이 있다.

누운 사람

누운 사람은 어떻게 표현했을까? 많은 길짐승들은 잘 때 습관적으로 옆으로 누워서 자고, 깊은 잠에 빠지면 시체와 같다. 그래서 옛사람들은 옆으로 누운 사람()으로 시체나 누워서 쉬는 사람을 표현했다.

갑골문 나 금문 는 모두 옆으로 누운 사람의 모양이지만 예서는 이것을 '尸(시체 시)'로 바꿨다. '尸'는 몸을 구부리고 누운 사람 외에 똑바로 누운 사람을 나타내기도 한다. '尸'에서 파생된 상용한자는 屍(시체 시), 屋(집 옥), 居(살 거), 尺(자 척), 局(판 국), 尾(꼬리 미) 등이 있다. 의 엉덩이 밑에 긴 꼬리()를 더하면 (尾꼬리 미)가 된다. '尾'에서 파생된 상용한자는 犀(무소 서), 屬(무리 속), 尿(오줌 뇨), 屈(굽힐 굴) 등이 있다.

가로눕혀진 시체

1972년에 고고학자들은 중국 후난성 창사(長沙)시 마왕두이 1호 무덤에서 2200년 전에 죽은 여자 시체를 발견했다. 놀랍게도 이 시체는 완벽하게 보존된 상태였는데, 내장도 부패하지 않았고, 머리카락도 모두 그대로 있었으며, 피부도 여전히 매끄러웠다. 또한 지문도 깨

• 掘(팔 굴), 堀(굴 굴), 倔(고집 셀 굴), 窟(굴 굴)

•• 跼(구부릴 국), 侷(구부릴 국), 焗(찔 국)

••• 踞(걸터앉을 거), 鋸(톱 거), 据(근거 거)

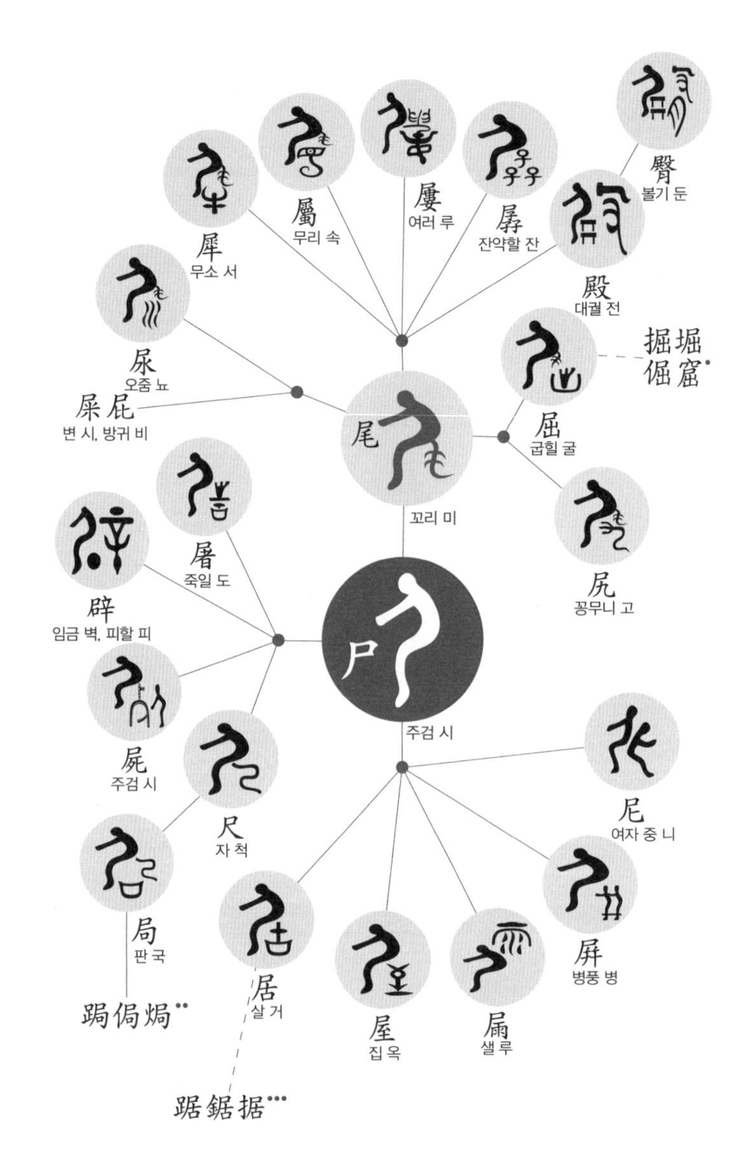

끗하고, 근육도 탄력적이고, 관절도 움직였다. 전 세계에서 보존이 가장 잘된 유일한 '눈에 띄는 시체'였다. 자세한 고증을 거친 결과 이 여자 시체의 이름은 신추(辛追)이고, 장사국(長沙國)의 승상인 이창(利蒼)의 부인이며, 향년 50세였다. 2000여 년 동안 깊은 잠을 잔 여자 시체가 어떻게 '새 것'과 같은 상태를 유지했는지는 여전히 풀리지 않은 수수께끼로 남았다. 관, 숯, 몬모릴로나이트 점토, 나무 들보, 황토 순으로 정교하고 치밀하게 만들어진 신추의 무덤에서 옛사람들이 사후 세계를 얼마나 중시했는지를 엿볼 수 있다.

死 죽을 사

sǐ

사람( )의 혼백이 떠난 뒤에 남은 한 무더기의 뼈( )

금

전

옛사람들은 죽음을 영혼이나 생명의 기운이 육체를 떠나는 것이라고 굳게 믿었다. 일단 생명의 기운이 육체를 떠나면 시체가 2000년 동안 깨끗하게 보존되어도 다시 살아날 수 없다. 《백호통(白虎通)》은 "죽음은 정기가 다한 것이다"라고 했고, 《장자(莊子)》 〈지북유(知北遊)〉는 "사람의 생명은 기가 모인 것이다. 모이면 살지만 흩어지면 죽는다"라고 했으며, 《관윤자(關尹子)》 〈사부편(四符篇)〉은 "생사는 기의 모임과 흩어짐에 달렸다"라고 했다. 여기서 말하는 기(氣)는 생명의 기운을 가리키고, 대체적으로 생사는 기에 달려 있어서 기가 인체에 모이면 사람이 살지만 흩어지면 죽는다는 내용이다. 《성경》 〈창세기〉에 "여호와 하나님이 흙으로 사람을 지으시고 생기를 그 코에 불어 넣으시니 사람이 생령이 되고 이름이 아담이더라"라는 글이 나온다. 이를 통해서 중국이건 다른 나라이건 생명의 기운에 대한 인식이 서로 통하는 것을 알 수 있다.

屍 주검 시

shī

가로 눕혀진( ) 죽은( ) 사람. 즉 죽은 사람의 신체

(전)

尺 자 척

chǐ

줄( )로 가로 누운 사람( )을 재다

옛사람들은 장례를 매우 중시해서 사람이 죽으면 몸에 맞춰 관, 상복 등을 만들었다. 전서 , 은 줄로 가로 눕혀진 사람을 재는 것을 나타낸 것이다. 도량형이 부족한 시대에는 줄로 길이를 재는 실용적이고 간단한 방법을 썼다. '尺'은 '길이를 재다' '길이를 재는 도구나 단위'라는 의미를 낳았고, 옛사람들은 10촌(寸)을 1척(尺)•으로 여겼다.

옛사람들은 실제 크기보다 너무 길거나 짧지 않게 '尺'으로 길이를 재서 가구, 옷 등을 만들었고, 여기에서 '제한하다'의 의미가 파생되었다. 그럼 무엇을 제한할 필요가 있을까? 주나라는 예의를 숭상해서 규범에 맞게 말하고 행동해야 했다. 특히 '혀'는 가장 쉽게 화를 불러일으키므로 반드시 '제한'할 필요가 있었고, 이런 의미에서 '尺'은 다시 '局(판 국)'이라는 한자를 파생시켰다.

• 촌(寸)·척(尺): 길이의 단위로 '촌'은 '치'와, '척'은 '자'와 같은 말. 한 치는 한 자의 10분의 1로 약 3.03cm에 해당한다(한 자는 약 30.3cm)

• 척도(尺度): 자로 재는 길이의 표준, 혹은 평가하거나 측정할 때 의거할 기준

局 판국

jú

자(尺)로 입(口)이 하는 말을 판단하다

'局'의 전서 局은 말하는 입(口)을 자(尺)로 재고 규범화하는 것을 나타낸다. '局'은 원래 '말하는 것을 제한하다'는 뜻이고, 제한된 공간, 기구, 인원 등의 의미를 낳았다. 관련 단어는 우국(郵局yóujú, '우체국'을 의미하는 중국어), 반국(飯局fànjú, '회식, 연회'를 의미하는 중국어), 편국(騙局piànjú, '속임수'를 의미하는 중국어) 등이 있다. 《설문》은 "局은 다그치는 것이고, 입을 자(尺) 아래 두는 것이다"라고 풀이했다. '局'에서 파생된 한자는 焗(찔 국), 侷(구부릴·좁을 국), 跼(구부릴·한쪽 발을 들 국) 등이 있고, 모두 어떤 범위 안에서 제한되는 의미가 있다. 예를 들어 불 위에서 음식을 찌는 것을 뜻하는 '焗'은 불에 제한되고, 좁은 공간을 뜻하는 '侷'은 사람에 제한되고, 갇혀서 불안한 모양을 뜻하는 '跼'은 발에 제한된다.

局 전

• 당국(當局): 어떤 일을 직접 맡아 하는 기관

屠 죽일 도

tú

타인을 시체(尸)로 만드는 사자(者, 者놈 자), 학살자

'屠'는 '죽이다'라는 의미를 낳았고, 도살(屠殺), 도부(屠夫túfū, '도축업자, 학살자'를 의미하는 중국어) 등에 쓰인다.

누워서 쉬는 사람

금 전

居 살 거

jū

고(古)대 선조들이 이곳에 누워 있다(尸). 오랫동안 편하게 쉴 수 있는 장소를 나타낸다

'凥(살 거, 凥)'는 '居'의 이체자이고, 눕고(尸) 앉을(几, 几안석 궤, 낮은 의자) 수 있는 곳을 나타낸다. 많은 학자들은 毓(毓, 기를 육)을 居(居)로 잘못 보고 '居'를 사람이 쭈그리고 앉아 아기를 낳는 것으로 해석하고 '踞(걸터앉을 거)'와 같은 것으로 여겼다. 이것은 '古'(古)를 𠫓(거꾸로 선 아기)로 봐서 생긴 오해였다. 毓은 '毓'의 옛 문자이고, 居(居)와 모양이 매우 비슷해서 자세히 봐야 차이를 분별할 수 있다.•

• 제1장 '子' 및 '育'편 참고

• 거안사위(居安思危): 평안할 때에도 위험이 닥칠 것을 생각하며 미리 대비해야 한다

전

屋 집 옥

wū

누워서(尸) 편하게 쉴 수 있는 곳에 도착하다(至, 至 이를 지)

온종일 걸은 나그네는 저녁이 되면 편안하게 쉴 수 있는 곳을 찾다가 멀리 마을이 보이면 그곳으로 향한다.

'至'(至)는 땅(一)에 꽂힌 화살(矢, 矢화살 시)로 도착했다는 것을 표현했다. 만약에 군영에 화살이 날아오면 이미 적군이 근처에 '도착'한 것을 의미하기 때문이다.

• 옥하가옥(屋下架屋): 지붕 아래 또 지붕을 만든다는 뜻으로, 앞선 이들이 이루어 놓은 일을 후세들이 생각 없이 따라만 하여 발전한 바가 조금도 없음을 이른다

屚 샐 루

lòu

빗( )물이 누운( ) 곳에 떨어지다

'屚'는 훗날 '水(물 수)'를 더해 '漏(샐 루,)'가 되었고, 또 다른 전서 는 빗물이 천장(广집 엄)에 스며드는 것을 나타냈다. 《설문》은 "屚는 집에 물이 스며들어 떨어지는 것이다"라고 풀이했다.

屛 병풍 병

píng 또는 bǐng

누운( ) 곳 뒤쪽에 바람을 막아주는 나무가 나란히( ) 있다

중국인은 집을 지을 때 남쪽을 향하게 신경 쓴다. 그래야 햇볕도 잘 들고 바람도 막을 수 있다. 중국은 계절풍 기후대에 위치한지라 옛 중국인들은 대문을 남쪽에 설치하고 남쪽에서 불어오는 여름 바람을 맞았다. 고고학자들은 남주 시기의 모든 집들이 남쪽에 대문을 설치하고 북쪽에 나무를 나란히 심어 찬 겨울바람을 막은 것을 발견했는데, 이 나무들을 '병번(屛藩)' 또는 '병풍(屛風)'이라고 부른다. 이름에서 알 수 있는 것처럼 '병풍'은 바람을 피하거나 막는 의미가 있고, 여기에서 '가리다' '제거하다'의 의미가 파생되었다. 병폐(屛蔽píngbì, '병풍처럼 가리다'를 의미하는 중국어), 병제(屛除bǐngchú, '없애다'를 의미하는 중국어) 등의 단어에 쓰인다.

《이아(爾雅)》〈석궁(釋宮)〉에는 "屛謂之樹(병위지수)", 즉 "屛은 줄지어 있는 나무이다"라고 나오고, 《상서》에서 주강왕은 "皇天用訓厥道, 付畀四方, 乃命建侯樹屛(황천용훈궐도, 부비사방, 내명건후수병)"이라고 말했다. 뜻인즉 "하늘이 사방의 백성들을 선왕에게 맡기자 선왕은 제후들에게 나라를 세우고 주위에 보호벽처럼 나무를 심으라고 명령했다"이다. 《강희자전(康熙字典)》은 '수병(樹屛)'을 "나무로 병풍과 울타리를 친 것이다"라고 풀이했다.

• 병거하다(屛居--): 세상에서 물러나 집에만 있다

꼬리와 엉덩이

한자는 동물의 꼬리 묘사에 대단히 심혈을 기울였다. 처음에는 (꼬리의 본자)로 꼬리의 형상을 그렸지만 '毛(터럭 모,)'와 너무 비슷한 나머지 헷갈려서 에 의 엉덩이를 더해 (尾꼬리 미)를 만들었다. 일부 학자들은 '尾'를 엉덩이 뒤쪽에 털 장식물을 단 사람으로 해석하고, 같은 원리로 '尿(오줌 뇨)' '屎(변 시)' 등의 한자를 해석한다. 하지만 이렇게 해석할 때 풀리지 않는 의문은 왜 주나라 사람들이 스스로 자신들의 가치를 동물 수준으로 낮췄느냐이다. 사실 한자는 동물로 사람의 행동을 해석할 때가 많은데, 많은 한자 구성에서 이 기교를 찾아볼 수가 있다.

• 무소: 코뿔소

犀 무소• 서

xī

꼬리()가 있고 이마에 뿔이 있는 소()

소를 닮은 어떤 동물이 있다. 꼬리도 있고 머리에 뿔도 있지만 뿔이 코와 주둥이 부분에 났다. 금문은 이 특징을 잡아 이 소를 로 묘사하고 '서우(犀牛, 코뿔소)'라고 불렀다. 서우는 성격이 사납고 충동적이며 뿔이 날카롭다. 그래서 '서(犀)'는 '견고하고 날카롭다'라는 의미를 파생시켰고, '서리(犀利, 단단하고 날카롭다) 등에 쓰인다. 하지만 안타깝게도 전서에서는 편리성을 위해서 머리에 난 두 개의 뿔이 생략되고 ( )가 되었다. 우습게도 머리에 난 뿔이 생략되자 서우는 꼬리( )가 있는 소( )가 되어 서우만의 특징을 완전히 잃어버렸다. 서우의 뿔은 잘려서 제물(祭物)이나 약재로 쓰인 걸까? 상나라, 주나라 사람들은 서우의 뿔이나 소의 뿔을 힘의 원천이라고 굳게 믿어 뿔을 제물이나 술잔으로 썼고, 후대 사람들도 서우의 뿔을 좋은 약재로 여겼다. 당나라의 《약성본초(藥性本草)》는 서우의 뿔이 열을 내리고 독을 푼다고 기록했다. 서우(암컷 서우는 '시(兕 외뿔소 시)'라고 한다)와 호랑이는 모두 사나운 야수이고 고대 서적에 자주 등장했지만 장기간의 포살로 중국 대륙에서 멸종되었다. 코끼리도 똑같은 운명을 겪었다. 고대 귀족들은 코끼리의 상아로 만든 그릇을 많이 썼고, 고대 서적에도 코끼리가 중원에 살았다는 기록이 있지만 지금은 찾아볼 수가 없다. 죄는 미워해도 사람은 어찌 미워할 수 있을까. 상아, 서우의 뿔, 호랑이 뼈 등에 대한 인간의 욕망으로 야생 동물들만 수난을 겪는다.

尿 오줌 뇨

niào

물( )이 엉덩이 꼬리( ) 쪽에서 흐르다

전

'尿'는 원래 동물이 오줌 싸는 것을 형용하는 한자였지만 훗날 사람까지 광범위하게 쓰이게 되었다. 고양이는 오줌을 싸기 전에 습관적으로 꼬리를 흔든다. 그럼 어김없이 꼬리 부근에서 '물'이 흘러나온다. 사람은 어떤가? 사람의 꼬리는 진화 과정에서 일찍이 사라졌기 때문에 이 한자는 사람에게 완전히 적용할 수 없다. 그래서 후대 사람들은 둔부의 꼬리( )를 생략해 '尿'를 만들었다. '尿'와 한자 구성이 비슷한 한자는 屎(변 시), 屁(방귀 비) 등이 있다. '屎'는 먹은 쌀이 나중에 엉덩이(尸 주검 시)에서 배출되는 것을 뜻하고, '屁'는 엉덩이(尸)에서 '비(比 견줄 비)~' 라는 소리가 나는 것을 뜻한다.

• 동족방뇨(凍足放尿): 언 발에 오줌 누기(효력이 잠시만 있다가 바로 사라진다는 의미)

금

전

屈 굽힐 굴

qū

꼬리(尾,)를 사리고 뛰어나가다( )

금문 은 꼬리( )를 사리고 뛰어나가는( ) 것을 나타낸 것이고, 전서 은 이것을 간단하게 표현한 것이다. 이 한자 역시 동물의 행위로 인간의 행위를 묘사했다.

주인이 때리거나 혼낼 때 개는 몸을 한껏 웅크리고 꼬리를 사린 채 도망치는데, 옛사람들은 이 모습에서 영감을 얻었다. 괴롭힘을 당하는 사람도 꽁무니를 빼는 개와 처지가 비슷하다고 해서 '屈'에서 '위축되다' '의지가 꺾이다' '억울함을 당하다' 등의 의미가 파생되었고, 굴슬(屈膝, 무릎을 꿇고 절하다, 남에게 굽혀 복종하다), 굴욕(屈辱) 등에 쓰인다. 《설문》은 "屈은 꼬리가 없는 것이다"라고 풀이했다(여기에서 꼬리가 없다는 것은 개가 꼬리를 다리 사이에 구부려 낀 것을 가리킨다). 한자는 때때로 동물을 이용해서 사람을 묘사하는데, '屈' 외에 哭(울 곡), 伏(엎드릴 복), 狀(형상 상) 등 많은 한자들이 개를 사람에 비유했다.

尻 꽁무니 고

kāo

긴 척추가 꼬리( ) 끝까지 이어지다(, 九아홉 구)

'尻'는 척추의 마지막 부분이고, '九'는 최대한 편 팔을 나타낸다.

전

殿 대궐 전

diàn

손에 긴 방망이를 들고( ) 두 개의 탁자(, 丌책상 기) 위에 누워 있는 사람( )을 때리다

전서 殿은 조정에 있는 사람들의 기분을 상하게 한 사람에게 장형을 집행하는 광경을 묘사했다. 형을 받는 사람은 두 개의 탁자 위에 누워 형을 받았고, '丌'는 기물을 놓는 탁자를 가리킨다.

전

'殿'은 두 개의 뜻을 파생시켰다. 첫 번째는 '엉덩이'로, 훗날 이 뜻을 가진 '殿'은 '臀(볼기 둔)'으로 바뀌었다. 또 다른 뜻은 왕이 살거나 조회하는 곳을 가리킨다. 전당(殿堂)은 신성하고 엄숙한 곳이라서 왕이 전당에 들어 조회를 할 땐 북을 두드리는 소리를 내 위엄을 더했고, 관리가 불경한 짓을 하면 엉덩이를 때리는 장형을 집행했다. '殿'은 넓은 대청을 가리키고, 전당(殿堂, 높고 크게 지은 화려한 집), 궁전(宮殿) 등에 쓰인다. 이 밖에 '殿'은 '뒤에'라는 뜻도 있고, 이땐 전후(殿後, 퇴각하는 군대의 맨 뒤에 남아서 적군의 추격을 가로막는 군대), 전군(殿軍, 대열의 맨 뒤에 따르는 군대) 등의 단어에 쓰인다. 《설문》은 "殿은 북소리가 나는 곳이다"라고 풀이했고, 《이아(爾雅)》 〈석훈(釋訓)〉은 "전시(殿屎)는 신음하는 소리이다"라고 했다[똥(屎변 시)이 나올 정도로 아프면 신음 소리를 낼 수밖에 없을 것이다].

• 전하(殿下): 왕을 높여 부르던 말, 혹은 가톨릭에서 '추기경'을 높여 이르는 말

臀 볼기 둔

tún

맞을 때 소리가 나는(殿) 신체 기관(月)

둔부(臀部, 엉덩이), 둔기(臀鰭, 뒷지느러미) 등에 쓰인다.

다른 사람과 상호 작용을 하는 사람

'匕'(비수 비,)는 사람( )과 대칭을 이루는 한자이다. 한자에서 '匕'는 대부분 '人'과 함께 단일 한자를 이루기 때문에 '人'의 쌍둥이라고 할 수 있고, 늘 각종 자세를 취하고 있는 사람과 재미있는 대응 관계를 이룬다. 예컨대 '比'(견줄 비,)는 서로 같은 자세를 하고 있는 두 사람이고, '北'(북녘 북,)은 좌우로 반대의 자세를 취한 두 사람이며, '化'(될 화,)는 위아래로 서로 반대의 자세를 취한 두 사람이고, '尼'(여자 중 니,)는 서로 의지하고 있는 두 사람이다. '老'(늙을 로,)는 소년이 노인을 부축하는 것이다. 이상의 한자를 통해서 '匕'는 다른 사람과 상호 작용을 하는 사람임을 알 수 있다.

현대 한자	갑골문	금문	전서
人			
匕			

다른 사람과 상호 작용을 하다

比 견줄 비

bǐ 또는 bì

두 사람이 서로 비교하다

갑골문 , 금문 및 전서 , , 는 모두 서로 모방하거나 경쟁하는 두 사람을 나타낸 것인데, 두 사람의 자세는 거의 일치한다. '比'는 '서로 비교하다' '친밀하다'의 의미를 낳았고, 비교(比較), 비린(比鄰, 가까이에 사는 이웃), 비여(比如bǐrú, '예를 들어'를 의미하는 중국어) 등에 쓰인다.

갑 금 전

- 비옥가봉(比屋可封): 집집마다 상을 줄 만한 인물이 많다는 뜻으로, 나라에 어진 사람이 많음을 이르는 말이다. 태평성대(太平聖代)를 뜻하기도 한다

皆 다 개

jiē

두 사람( )이 이구동성으로 말하다(, 曰가로 왈)

전서 는 '曰'을 '白(흰 백)'으로 바꿨다.

• 屁(방귀 비), 毗(도울 비), 琵(비파 비), 枇(비파나무 비), 批(비평할 비), 陛(대궐 섬돌 폐)

•• 階(섬돌 계), 偕(함께 해), 諧(화할 해), 楷(본보기 해)

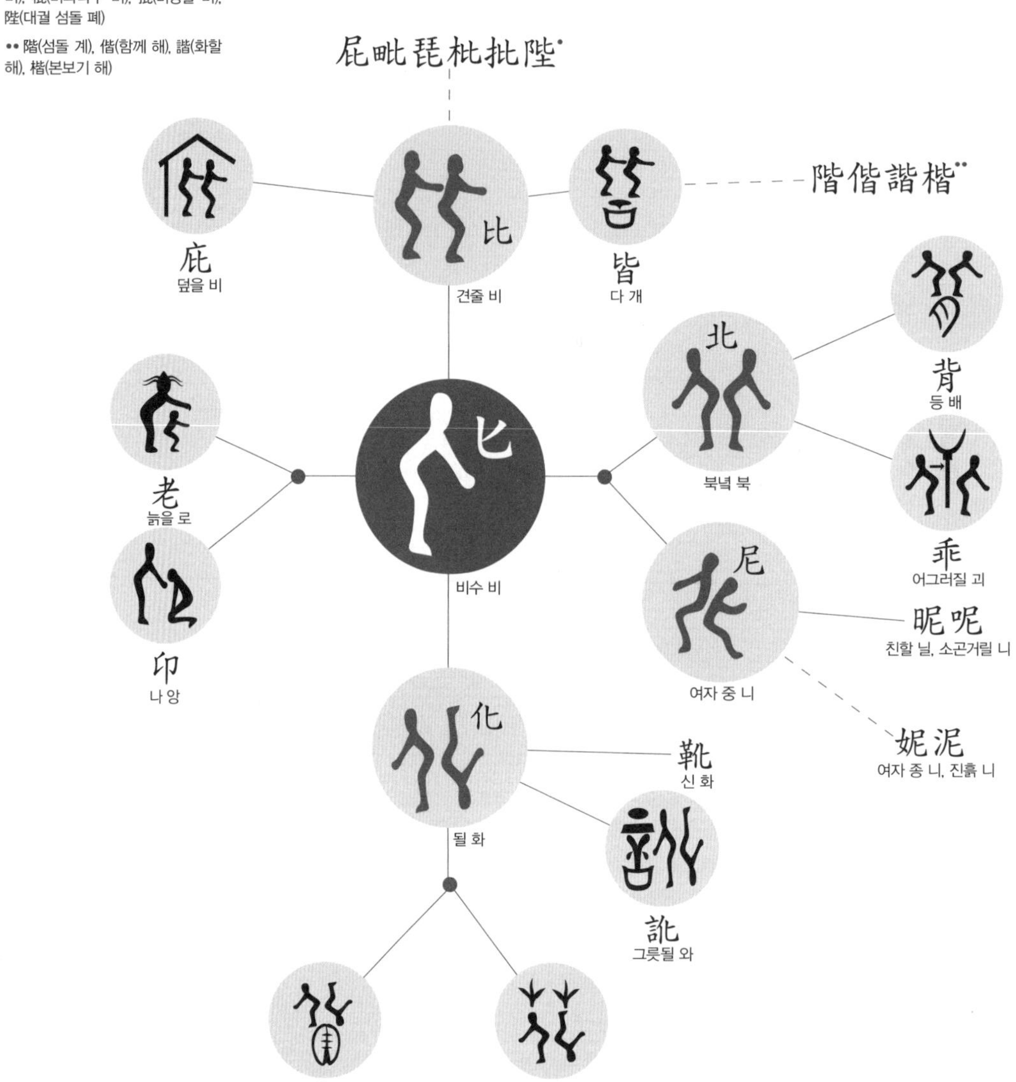

庇 덮을 비

bì

두 사람(⺈⺈)이 남의 집 밑에서(厂, 广 집 엄) 쉬다

관련 단어는 비호(庇護, 편들어서 감싸 주고 보호하다)가 있다. '广'은 집 옆에 있는 장소를 나타낸다.

• 곡비하다(曲庇--): 힘을 다하여 비호하다. 또는 도리를 굽혀가면서까지 남을 비호하다

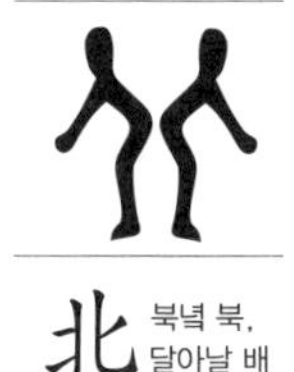

北 북녘 북, 달아날 배

běi

두 사람이 등을 맞대다

'北'은 원래 등 부위를 뜻했지만 등을 뜻하는 한자는 후대 사람들이 신체 기관을 나타내는 '肉(고기 육)'을 더해 '背'(등 배,)로 바뀌었다.

'北'의 가장 보편적인 뜻은 북쪽이다. 옛사람들은 집을 남향으로 지었기 때문에 집 주인은 대청에 앉았을 때 자연스럽게 북쪽을 등지고 남쪽을 향해 앉았다. 따라서 '北'의 방향은 북향이다.

'北'은 전쟁에서 졌다는 의미도 있다. 왜 이런 뜻이 생겼을까? 상나라 때부터 중국의 최대 외환은 북쪽에 있는 유목 민족이었다. 진시황은 북쪽에 사는 이민족의 침입을 막기 위해서 만리장성을 쌓았고, 한족은 이민족의 기마병이 남하해서 침략하면 싸워서 돌려보냈다. 그럼 전쟁에서 패한 이민족은 어쩔 수 없이 퇴각 명령을 내리고 북쪽으로 도망쳤는데, 여기에서 패하고 도망치는 방향이라는 '北'의 의미가 파생되었다. 관련 단어는 패배(敗北)가 있다.

• 남귤북지(南橘北枳): 남쪽 땅의 귤을 북쪽에 심으면 탱자가 된다는 뜻으로, 사람은 그 처한 환경에 따라 착하게도 되고 악하게도 됨을 이르는 말

乖 전

乖 어그러질·얌전할·영리할 괴

guāi

두 사람이 싸우고 화해하지 않을 땐(, 北북녘 북) 제3자가 간여해(, 干방패 간) 중재할 필요가 있다

사람이 있는 곳은 다툼이 끊이지 않는다. 그럼 분쟁은 어떻게 해결해야 할까? 형제자매가 싸울 땐 대부분 부모가 나서 화해를 주도한다. 글로벌 시대인 지금 두 국가 사이에 분쟁이 발생하면 국제기구나 제3국이 나서 분쟁을 해결한다. '乖(어긋날 괴)'는 분쟁을 끝낸 광경을 묘사했다.

의 등을 맞대고 있는 모습에서 두 사람이 사이가 나쁜 것을 알 수 있다. 그래서 '乖'에서 '극단적으로 이상하다'라는 의미가 파생되었고, 괴벽(乖僻, 성격이 이상하고 까다롭다), 괴려(乖戾, 사리에 어긋나고 온당하지 않다)에 쓰인다. 흥미롭게도 '乖'는 순종이나 기교의 의미도 있다. 이땐 괴순(乖順guāishùn, '순종적이다'를 의미하는 중국어), 괴교(乖巧guāiqiǎo, '영리하다' '귀엽다'를 의미하는 중국어)로 쓰인다. '乖'는 어쩌다 서로 상반되는 의미를 갖게 되었을까? 권력을 가진 사람이 중재할 때 누가 감히 반항할 수 있을까? 권력자 앞에선 본래 괴팍한 사람도 처벌이 두려워서 어쩔 수 없이 착한 척하고 말을 들을 수밖에 없다.

갑

금

전

化 될 화

huà

도리에 어긋나는 짓을 하던 사람()이 행실이 바른 사람()이 되다

갑골문 및 금문 은 모두 거꾸로 선 사람과 똑바로 선 사람을 나타냈다. 거꾸로 선 사람은 행동이 바르지 않거나 도리에 어긋나는 짓을 하는 사람(예컨대 '辛(매울 신)'의 갑골문도 거꾸로 선 사람( )이고, 죄를 지었다는 뜻이 있다)이다. '化(될 화)'는 변화의 뜻이 있는데, 거꾸로 선 사람이 똑바로 선 사람으로 변한 것을 의미한다. 관련 단어는 감화(感化, 좋은 영향을 받아 생각이 바람직하게 바뀌다), 교화(敎化, 가르치고 이끌어서 좋은 방향으로 나아가다) 등이 있다. 전서 는 필순을 조정한 뒤에 두 사람이 똑바로 서 있는 모양으로 바뀌어 원래의 뜻을 알 수 없게 되었다. 《설문》은 "化는 교화이다"라고 풀이했다. 파생된 한자는 '花(꽃 화)'이다. '花'는 '艹(풀 초)'가 변한(化) 물질, 즉 풀이 자란 것이다. 이 밖에 '靴(신 화)'는 가죽이 변한 물질이라는 뜻이다. 따라서 신발은 가죽으로 만든 것임을 알 수 있다.

貨 재물 화

huò

돈(, 貝조개 패)으로 '화(化될 화,)'할 수 있는 물건

訛 그릇될 와

é

남이 말( )한 사실을 거짓된 일로 만들다( )

'말의 내용을 잘못 전하다'라는 의미이고, 와전(訛傳, 사실과 다르게 전하다), 와언(訛言, 잘못 전해진 말) 등에 쓰인다.

㉠

尼 여자 중 니

ní

서로 기대고 있는 두 사람

전서 尼는 서로 기댄 채 사이좋게 지내는 두 사람을 나타냈다. '尼'는 원래 '친밀하다' '화목하다'라는 뜻이 었지만 훗날 이 뜻의 '尼'는 '昵(친할 닐)'로 바뀌었다. '尼'의 독음에서 파생된 한자는 泥(진흙 니), 妮(여자 종 니), 呢(소곤거릴 니) 등이 있다.

이 밖에 '匕(비수 비)'의 금문 ㄟ와 남주 시기의 청동 비수, 숟가락은 서로 비슷하게 생겨서 훗날 모두 '匕'로 바뀌었다. 匙(숟가락 시), 旨(뜻 지), 嘗(맛볼 상) 등의 '匕'는 모두 음식을 푸짐하게 담을 때 쓰는 숟가락을 뜻한다.

사라져서 안 보이는 사람 亾

필자는 어려서부터 숨바꼭질을 좋아해서 술래가 못 찾게 늘 은밀하고 어두운 곳에 숨었다. 술래가 반나절 동안 찾다가 못 찾아서 포기한 줄도 모르고 바보같이 계속 숨어 있다가 잠든 적도 있다. 조금 큰 뒤에는 투명 인간이 되어 적군의 진지에 몰래 들어가 적장을 죽이는 것을 상상했다. 이땐 투명 인간이 되면 매우 좋을 것이라고 생각했다. 용맹하게 큰일도 할 수 있고 적의 공격도 피할 수 있지 않은가. 또한 적에 둘러싸여도 순식간에 사라질 수 있다!

사람은 골칫거리가 있을 때 본능적으로 숨는다. 𠃊('亡망할 망'의 갑골문)은 가리개를 들고 자신을 숨기는 사람을 나타낸다. 이 갑골문은 훗날 사람( )이 은밀한(, 隱숨을 은) 곳에 자신을 숨기는 것을 나타내는 금문 및 전서 로 바뀌었고, '실종되다' '도망치다' '사라지다'의 의미를 갖게 되었다. '亡'은 숨바꼭질할 때 은밀하고 어두운 곳에 숨어 아무도 못 찾았던 어린 시절을 떠올리게 한다.

떠도는 사람

고대에는 전란, 자연재해, 원한에 따른 살인 등의 이유로 타향을 떠도는 상황이 자주 일어났다. '丐(빌 개)'와 '曷(어찌 갈)'의 개념을 통해서 떠도는 사람의 가여운 처지를 이해해보자.

匃 빌 개

gài

떠도는(, 亡망할 망) 사람( )

'匃'는 '丐(빌 개)'의 옛 한자이고, 돌아갈 집이 없어 도처에서 구걸하는 사람, 즉 거지를 뜻한다.

曷 어찌 갈

hé

떠도는 사람( )이 하늘에 '왜'라고 묻다(, 曰가로 왈)

사람은 생활이 어려울 때 자연스럽게 하늘에 빈다. 《후한서(後漢書)》는 "억울할 때 하늘에 호소하는 것은 인지상정이다"라고 했고, 《사기》는 "힘들고 괴로울 때 일찍이 하늘을 외치지 않은 이가 없다"라고 했다. 세

전

상을 정처 없이 떠도는 거지는 걱정하는 마음이 들 때마다 신에게 물을 것이다. 왜 절 이렇게 혹독하게 대하십니까? 도대체 왜! '曷'은 도망 다니는 사람이 하늘에 비는 것을 나타낸 것이고, '왜'라는 뜻을 파생시켰다. 갈지재?(曷至哉gùzhìzāi, '언제쯤 돌아올까?'를 의미하는 중국어), 갈고재?(曷故哉gùhézāi, '왜?'를 의미하는 중국어)에 쓰인다. '曷'의 독음에서 파생된 상용한자는 喝(꾸짖을 갈), 渴(목마를 갈), 葛(칡 갈), 褐(갈색 갈), 歇(쉴 헐), 蠍(전갈 갈), 揭(높이 들 게), 竭(다할 갈) 등이 있다.

• 荒(거칠 황), 慌(어리둥절할 황), 謊(잠꼬대할 황)

•• 喝(꾸짖을 갈), 褐(갈색 갈), 渴(목마를 갈), 葛(칡 갈), 歇(쉴 헐), 蠍(전갈 갈), 揭(높이 들 게), 竭(다할 갈)

望 바랄 망

wàng

땅에 서 있는 사람(, '壬제출할 정)이 달()을 감상하며 떠돌이() 생활을 하는 가족을 그리워하다

갑골문 은 땅 위에 선 사람()• 이 하늘을 보는(, 눈) 것을 나타냈다. 고대의 '시망(柴望)'은 섶을 불태워 제를 올리면서 하늘을 우러러보던 것으로 일종의 제사였다. 금문 은 달()을 더해 달을 감상하거나 쳐다보는 것을 나타냈고, 전서 는 '臣(신하 신)'을 생략하고 '亡(망할 망)'을 더해 땅에 있는 사람이 달을 감상할 때 떠돌이 생활을 하는 가족을 그리워하는 것을 나타냈다.

전

• 제2장 '壬'편 참고

옛날에는 전쟁이나 자연재해로 가족들이 뿔뿔이 흩어져 도처를 떠도는 경우가 많았다. 그래서 보름달이 뜨면 하늘을 쳐다보며 정처 없이 떠도는 나머지 가족들을 그리워했는데, '望'에는 달을 보며 가족을 그리워하는 심정이 표현되어 있다. '望'은 '보다'와 '기대하다'라는 두 개의 뜻이 있고, 앙망(仰望, 우러러보다), 반망(盼望pànwàng, '간절히 바라다'를 의미하는 중국어) 등에 쓰인다. 《설문》은 "望은 밖으로 도망친 가족이 다시 돌아오기를 바라는 것이다"라고 풀이했다.

• 학망(鶴望): 학처럼 고개를 길게 빼고 바라본다는 뜻으로, '간절히 바람'을 이르는 말

도망친 사람

'亡(망할 망)'은 한자를 구성할 때 '도망치다'라는 의미를 가진다. 옛날에 전쟁, 범죄, 기근 등의 요인으로 도망친 사람들이 흐르는 강물처럼 사방으로 숨어들면 추적하는 사람들은 도망자들을 찾기 위해서 물샐틈

없는 수사망을 펼쳤다. '亡'에서 파생된 巟(망할 황), 罔(그물 망, 속일 망) 등의 한자들은 모두 도망치고 체포하는 것과 관계있다.

전

罔 그물 망, 속일 망

wǎng

그물( )로 도망치는( ) 자를 체포하다

'罔'은 '망라하다' '모함하다'의 의미가 있고, 網(그물 망), 魍(도깨비 망), 惘(멍할 망) 등의 한자를 파생시켰다. '網'( )은 줄( )로 만든 도망자를 잡는( ) 도구이고, '魍'( )은 도망치는 사람을 잡는( ) 귀신( )이며, '惘'( )은 마음( )이 도망치는 사람을 잡는 것( )에 팔려 얼떨떨한 것이다.

금

전

巟 망할 황

huāng

사방으로 '달아나는'( ) 냇물( )

'巟'은 물살이 센 것을 의미한다. '巟'에서 파생된 한자는 荒(거칠 황), 慌(어리둥절할 황), 謊(잠꼬대할 황) 등이 있다.

뭔가를 잃은 사람

사람은 나이가 들면 시력도 흐려지고 기억력도 흐릿해지다가 결국은 죽는다. 옛사람들은 안 보이는 눈, 흐릿한 기억력, 꺼져가는 생명을 어떻게 한자로 묘사했을까? 盲(눈 어두울 맹), 忘(잊을 망), 喪(상사 상)은 이 세 가지를 잃어가는 것을 묘사한 한자이다.

盲 눈 어두울 맹

máng

시력(目)을 잃다(亡, 亡망할 망). 실명하다

관련 단어는 색맹(色盲), 맹종(盲從, 옳고 그름을 따지지 않고 남이 시키는 대로 하다) 등이 있다.

忘 잊을 망

wàng

마음(心)이 기억한 것을 잃다(亡)

금문 및 전서 는 마음에 고이 간직한 기억을 잃은 것을 표현했다. 옛사람들은 마음이 기억을 주관한다고 생각했다. 그래서 사람들은 '머리'가 아니라 '마음'에 새기겠다고 말한다.

- 각골난망(刻骨難忘): 남에게 입은 은혜가 뼈에 새길 만큼 커서 잊히지 않음을 이르는 말(비슷한 말: 백골난망白骨難忘, 불망지은不忘之恩)

喪 상사 상

sàng

사랑하는 것을 잃고(亡) 슬프게 울다(哭, 哭울 곡)

사람은 누구나 살면서 가족을 먼저 떠나보내고 슬퍼우는 경험을 한다. 금문 은 손(又)에 든 물건을 잃어버리고(亡) 큰 소리로 울부짖는 것(吅, 吅부르짖을 훤)을 나타냈고, 전서 는 물건을 잃어버리고(亡) 슬프게 우는 것(哭)을 나타냈다. '喪'은 '슬퍼하다' '사망하다'의 뜻이 있고, 상실(喪失), 저상(沮喪, 기운을 잃다) 등에 쓰인다. 《설문》은 "喪은 사라진 것 때문에 우는 것이다"라고 풀이했다.

'상가지견(喪家之犬)'은 원래 돌아갈 집이 없는 개를 가리키지만 돌아갈 곳이 없어 세상을 정처 없이 떠도는 사람을 비유할 때 쓴다. 이 가련한 사람은 누굴까? 《사기》의 기록에 따르면 공자는 여러 나라에 유세를 다녔지만 어떤 왕도 그를 중용하지 않았다. 어느 날 공자가 제자들과 함께 정나라에 갔을 때 갑자기 사라져서 보이지 않자 제자들이 길을 가는 사람들에게 자신들의 스승이 어디에 있는지 물었다. 이때 어떤 행인이 대답했다.

"동문 밖에서 어떤 노인을 봤소. 이마는 요임금처럼 생겼고, 목은 고도(하나라의 어진 신하)처럼 생겼고, 어깨는 자산(공자가 존경한 정나라의 정치가, 사상가)과 같고, 허리 밑은 대우(우임금)보다 3촌 정도 짧았소. 풀이 죽은 모습이 꼭 집 잃은 개(喪家之犬) 같던데, 아마도 그이가 당신들이 찾는 스승 같구려!"

이후 제자들은 행인이 알려준 곳에서 공자를 찾았다. 공자는 제자들의 말을 듣고 크게 웃으며 말했다.

"날 집 잃은 개에 비유하다니, 정말 사실적인 묘사구나!"

'喪'의 간체자는 '口(입 구)'를 빼침으로 간단하게 표현한 '丧'이다.

입을 크게 벌리고 숨을 내쉬는 사람

'气(기운 기)'는 공기 중에 가볍게 흩어져 있다. '气'의 갑골문 ☰는 바람에 실려 온 모습이고, 금문 ⺕는 공중으로 올라간 뒤에 바람을 타

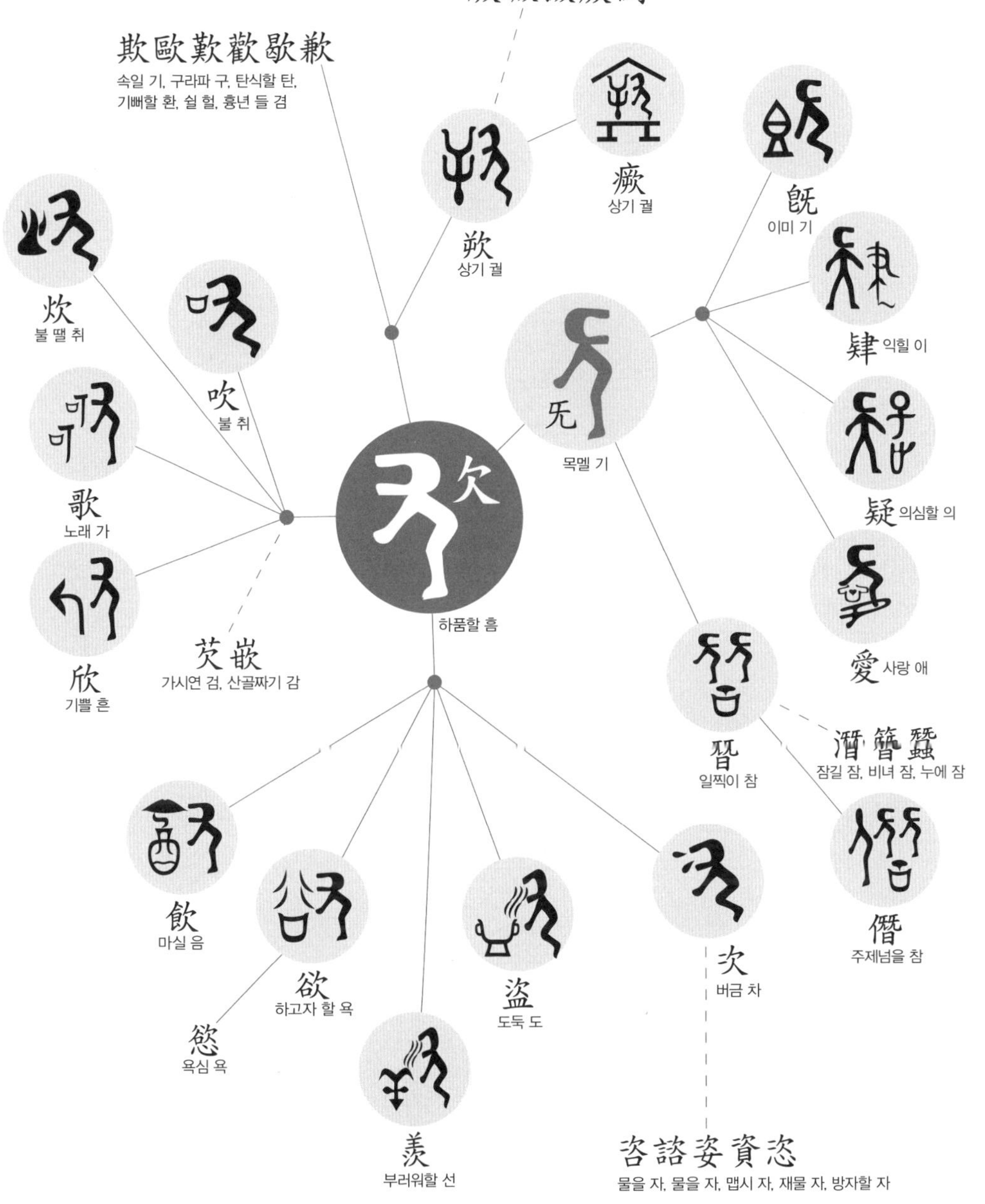
厥蹶獗蕨闕 그 궐, 넘어질 궐, 날뛸 궐, 고사리 궐, 대궐 궐
欺歐歎歡歇歉
속일 기, 구라파 구, 탄식할 탄, 기뻐할 환, 쉴 헐, 흉년 들 겸
瘚
상기 궐
旣
이미 기
欮
상기 궐
炊
불 땔 취
吹
불 취
肄 익힐 이
旡
목멜 기
疑 의심할 의
歌
노래 가
欠
하품할 흠
欣
기쁠 흔
芡 嵌
가시연 검, 산골짜기 감
愛 사랑 애
朁
일찍이 참
潛 簪 蠶
잠길 잠, 비녀 잠, 누에 잠
飮
마실 음
欲
하고자 할 욕
盜
도둑 도
次
버금 차
僭
주제넘을 참
慾
욕심 욕
羨
부러워할 선
咨諮姿資恣
물을 자, 물을 자, 맵시 자, 재물 자, 방자할 자

고 흩어진 모양이다. '气'의 뜻은 氫(수소 경), 氦(헬륨 양), 氧(산소 양), 氯(염소 록), 氮(질소 담) 등 각종 기체에 관한 한자를 파생시켰다.

'气'의 번체자는 '氣(기운 기)'이고, 전서 는 '气'와 '米(쌀 미)'로 구성된 회의문자이다. 옛사람들은 쌀밥에서 대량의 수증기가 나오는 것을 보고 '氣'를 만들었다. '氣'는 증기(蒸氣), 기미(氣味, 냄새와 맛, 혹은 기분이나 취미), 기식(氣息, 숨을 쉬다) 등에 쓰인다.

이 밖에 거지를 뜻하는 '乞(구걸할 걸)'도 '气'에서 파생되었다. '乞'은 무릎을 꿇은 사람(乙새 을, 구부린 사람이나 사물)의 입에서 구걸하는 가여운 숨결이 끝없이 나오는 것을 표현한 것이다(气는 생략되었다).

'欠(하품할 흠)'의 전서 는 입을 크게 벌린 사람을 표현했고, 또 다른 전서 는 크게 벌린 입을 '气'( )로 바꾸고 입을 벌린 채 숨을 들이쉬고 내쉬는 사람을 표현했다. 누가 입을 크게 벌리고 숨을 내쉴까? 하품을 하거나 한숨을 쉬는 사람이다. , 은 빚이 있거나 건강이 나쁜 사람이 한숨을 쉬거나 하품을 하는 모양이고, 여기에서 '모자라다' 등의 의미가 생겼다.

'欠'에서 파생된 한자는 크게 다섯 종류로 나뉜다. 먼저 입을 크게 벌리고 숨을 쉬는 것과 관계있는 한자는 吹(불 취), 炊(불 땔 취), 歌(노래 가)이고, 입을 크게 벌리고 숨을 헐떡이는 것과 관계있는 한자는 次(버금 차, 머뭇거릴 차)이며, 침을 흘리는 것과 관계있는 한자는 羨(부러워할 선), 盜(도둑 도)이다. 기운의 흐름이 원활하지 않은 것과 관계있는 한자는 旣(이미 기, 쌀 희), 欮(상기 궐)이고, 입을 열고 묻는 것과 관계있는 한자는 肄(익힐 이), 疑(의심할 의)이다.

입김을 부는 사람

吹 불 취

chuīqì

입을 벌리고(ㅂ) 숨을 내쉬는 사람(欠, 欠하품할 흠)

관련 단어는 취기구(吹氣球chuīqìqiú, '풍선을 불다'를 의미하는 중국어), 취구초(吹口哨chuīkǒushào, '휘파람을 불다'를 의미하는 중국어) 등이 있다.

갑 금 전

이 밖에 노래를 부를 때도 숨을 내쉬는 것이 필요하고, 노래를 잘하려면 반드시 숨을 들이쉬고 내쉬는 기술이 좋아야 한다. '歌(노래 가)'는 이런 의미에서 만들어졌다.

- 고취하다(鼓吹--): 북을 치고 피리를 불다. 용기와 기운을 북돋우다

歌 노래 가

gē

입을 벌리고 입김을 부는 사람(欠)이 연이어 돌을 때리며 낭송하다(可 可)

관련 단어는 가창(歌唱), 가곡(歌曲) 등이 있다.

飲 마실 음

yǐn

술(酉)을 머금고(今) 마시면서 숨을 들이쉬다(欠)

예서는 전서 飮에서 술을 머금고 있는 부분을 '食(밥 식)'으로 바꿨다.

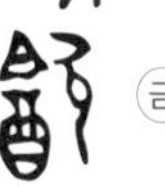

갑 금 전

- 단사표음(簞食瓢飮): 대그릇의 밥과 표주박의 물이라는 뜻으로, 청빈하고 소박한 생활을 이른다(《논어》에서 공자가 안회의 청빈함을 칭찬할 때 사용한 '일단사일표음一簞食一瓢飮'에서 유래했다)

• 한국어에서도 밥 지을 때 나는 연기를 같은 한자를 써서 '취연'이라고 한다

炊 불땔 취

chuī

화롯불( )을 향해 입김을 불다( )

옛사람들은 나무를 때서 밥을 지었는데, 불이 약해지면 재빨리 화롯불을 향해 입김을 세게 불어 불을 키웠다. 또한 바람을 일으켜 화로에 산소를 공급해주는 원리를 일찍이 알아서 불을 피워 밥을 짓는 것을 '취반(炊飯)'이라고 부르고 산소를 많이 공급해서 밥을 빨리 지었다. 이 밖에 중국어에서는 밥을 짓는 용기를 '취구(炊具chuījù)'라고 부르고, 불을 피워 밥을 지을 때 모락모락 피어오르는 연기를 '취연(炊煙chuīyān)'• 이라고 부른다.

欣 기쁠 흔

xīn

도끼(, 斤도끼 근)를 든 채 입을 크게 벌리고 노래하는(, 欠하품할 흠) 즐거운 노동자

• 흔쾌히(欣快–): 기쁘고 유쾌하게

침을 흘리는 사람

갑

전

次 침 연

xián

입을 벌리고(, 欠하품할 흠) 침( )을 흘리는 사람

羨 부러워할 선

xiàn

양고기( ) 굽는 것을 보고 침을 흘리다(, 㳄침 연)

전

고대에 굽거나 삶은 양고기는 매우 귀한 음식이었다. 때문에 못 먹는 사람들은 몰래 훔쳐보며 냄새를 맡고 침을 흘렸다. '羨'은 양고기를 먹고 싶어 하는 사람들의 갈망을 표현했다.

盜 도둑 도

dào

남의 대야에 있는 재물(, 皿그릇 명)을 보고 침을 흘리다(, 㳄침 연)

전

'盜'는 남의 재물을 지나치게 탐내는 행위를 표현했고, '훔치다' '빼앗다'의 의미가 있다. 강도(强盜), 도용(盜用) 등에 쓰인다.

次 버금 차, 머뭇거릴 차

cì

숨을 헐떡거리는 사람

갑 금 전

갑골문 , 금문 및 전서 는 모두 입을 벌리고 기침을 하는 사람을 나타냈다. 또 다른 전서 는 입을 벌린 사람을 숨을 내뱉는 사람으로 바꿔 숨을 헐떡거리는 것을 표현했다. '次'는 '좋지 않다' '2등의'라는 뜻이 있는데, 일하거나 달릴 때 끊임없이 숨을 헐떡거리거나 기침을 하는 사람은 자연히 건강이 좋을 리 없다. 관련 단어는 차례(次例), 차요(次要cìyào, '부차적인'을 의미하는 중국어) 등이 있다. '次'는 '행군할 때 잠시 주둔하다'라는 의미도 있다. 예를 들어 《좌전(左傳)》 〈양공십팔년(襄公十八年)〉에는 "楚師伐鄭, 次於魚陵(초사벌정, 차어어릉. 초나라 군대는 정나라를 정벌하기 위해서 어릉 지방에 주둔했다)"이라는 내용이 나온다. 행군을 하면 병사들은 피곤하기 때문에 숨을 돌릴 수 있는 곳을 찾게 마련인데, 여기에서 '주둔하다'라는 뜻이 생겼다.

• 막차(幕次): 왕의 나들이 때 임시로 장막을 쳐, 왕이나 고관들이 잠깐 머무르던 곳

欲 하고자 할 욕

yù

입을 벌린 사람(欠)이 산골짜기(谷)만큼 굶주리다

'欲'은 사람의 강렬한 갈망을 나타낸다. 《설문》은 "欲은 탐욕이다"라고 풀이했다. '慾(욕심 욕)'은 갈망하는(欲) 마음(心)이고, 욕망(慾望), 식욕(食慾) 등에 쓰인다. '谷(굴 곡)'은 '수용하다'의 의미가 있다.

고개를 돌리는 사람

옛사람들은 음식 위생을 중시해서 밥을 먹다가 갑자기 사레가 들면 바로 고개를 돌려 기침을 했다. 이렇게 하면 기침할 때 입에서 튀어나오는 음식물이 반찬이나 사람들에게 튀는 것을 막을 수 있다. 旡(목멜 기), 旣(이미 기, 쌀 희) 등의 한자에서도 이런 식사 예절을 엿볼 수 있다.

旡 목멜 기

jì

호흡이 원활하지 않아 고개를 돌리고 기침하다

갑골문 旡는 고개를 돌리고 기침하는 사람을 나타냈다. '旡'의 한자 구성은 '欠(하품할 흠)'과 재미있는 대비를 이룬다. '欠'은 정면을 보고 숨을 내뱉는 사람인데 비해 '旡'는 고개를 돌리고 입김을 부는 사람인데,

두 한자의 옛 모양은 좌우 대칭을 이룬다. '欠'은 숨을 내뱉는 것을 나타내고, '旡'는 기의 순환이 원활하지 않고 막혀서 고개를 돌리고 기침하거나 트림하는 것을 나타낸다.

현대 한자	갑골문	전서	
欠	[갑골문 자형]	[전서 자형]	[전서 자형]
旡	[갑골문 자형]	[전서 자형]	[전서 자형]

既 이미 기, 쌀 희

jì

밥을 다 먹고( ) 트림하는( ) 사람

'旣'는 밥을 다 먹고 자리를 뜨는 광경을 묘사했다. '旣'는 '이미'라는 뜻을 낳았고, 기득(旣得, 이미 얻어서 차지하다), 기연(旣然 jìrán, '~인/~된 이상'을 의미하는 중국어) 등에 쓰인다.

갑 금 전

肄 익힐 이

yì

고개를 돌려 질문도 하고( ) 붓(, 聿붓 율)을 쥐고 기록도 하며 열심히 공부하다

갑골문 [자형]는 질문하는 사람과 한쪽 손을 묘사했고, 금문 [자형] 및 전서 [자형]는 여기에 붓을 더해 고개를 돌려 질문도 하고 붓을 쥐고 기록도 하는 것을 나타냈다. 또 다른 전서 [자형]는 필순을 조정해서 고개를 돌리고 질문하는 사람을 '匕(비수 비)'와 '矢(화살 시)'로 대체해 [자형]가 되었다. '肄'는 '학습하

갑 금 전

다'라는 뜻인데, 중국어에서는 아직 졸업하지 않고 학교에 있는 학생을 '이업생(肄業生yìyèshēng)'이라고 부른다.

공자는 부지런히 배우고 모르는 것이 있으면 자주 질문했다. 공자는 서른 살이 되는 해에 낙양에서 유학을 마치고 고향에 돌아가려고 할 때 제례를 진행하는 보조에 임명되었다. 공자는 한 번도 이런 일을 해본 적이 없었기에 태묘(왕실의 종묘)에 들어간 뒤에 사사건건 제사장에게 자세하게 물었고, 누가 자신을 비웃어도 신경 쓰지 않았다. 공자는 말했다.

"아는 것을 안다고 말하고 모르는 것을 모른다고 말하는 것이 아는 것이다."

부지런히 공부하고 궁금한 것을 질문하는 정신은 공부하는 사람들이 본받아야 할 점이다.

• 이의(肄儀): 의식이나 범절을 미리 익히는 것

疑 의심할 의

yí

어떤 사람이 고개를 돌리고( ) "우리 집 아이( )가 어디로 갔죠(, 止그칠 지)?"라고 묻다

갑골문 ( )는 어떤 사람이 지팡이를 짚고 물건을 찾다가 고개를 돌리고 다른 사람에게 묻는 모습을 닮았고, 금문 ( )은 어떤 사람이 입을 열고 "우리 집 소( )가 어디 갔는지( ) 알아요?"라고 묻는 모습 같다. 전서 ( )는 사람이 입을 열고 "우리 집 아이( )가 어디로 갔어요( )?"라고 묻는 모습 같지만 입을 열고 묻는 사람은 '匕(비수 비)'와 '矢(화살 시)'의 두 한자로 대체되어 (疑 고문자)으로 변했다. '疑'는 '추측하다' '미혹되다'의 의미를 파생시켰고, 회의(懷疑, 의심을 품다), 의문(疑問) 등에 쓰인다.

• 호의불결(狐疑不決): 여우는 의심이 많아 결단을 내리지 못한다는 뜻으로, 어떤 일에 대하여 의심하여 머뭇거리고 결행하지 못하는 것을 비유하는 고사성어(같은 말: 호의미결狐疑未不)

朁 일찍이 참, 바꿀·쇠할 체

cǎn

왕이 고개를 돌려( ) 대신들에게 명령( )하자 대신들도 고개를 돌려( ) 부하들에게 명령하다

어떤 일을 하는 담당자는 왕의 이름으로 직권을 행사할 수 있기 때문에 '朁'은 '본분을 넘어서 일을 처리하다'라는 의미를 낳았다. '僭(주제넘을 참,)'은 본분을 초월해( ) 일을 처리하는 사람( )을 나타내고, 참월(僭越, 분수에 넘쳐 지나치다), 참람(僭濫하다) 등의 표현에 쓰인다.

금 전

愛 사랑 애

ài

사모하는 마음( )이 있어 고개를 돌리고 자주 쳐다보다가( ) 이내 떠나다(, 夊뒤져 올 치, 천천히 걷는 모양)

아끼는 보물을 보거나 짝사랑하는 대상을 보면 심장이 쿵쿵 뛰어서 고개를 돌려 자주 바라보다가 아쉬워하며 자리를 뜰 때가 있다. '愛'의 옛 한자는 사모하는 정을 생동감 있게 표현했다. '愛'의 관련 단어는 애모(愛慕, 사랑하며 그리워하다), 애정(愛情), 희애(喜愛xǐ'ài, '좋아하다'를 의미하는 중국어) 등이 있다. '愛'의 간체자는 '心(마음 심)'이 생략된 '爱'이다.

전

땅을 떠나지 못하는 사람

살아 있는 동안에 땅을 떠날 수 없다는 사실을 깨달은 옛사람들은 늘 땅에 의지해서 생계를 잇고 죽은 뒤에도 흙으로 돌아가려고 했다. 중국의 신화에는 여와씨가 흙을 빚어 사람을 만든 고사가 나오고, 《성경》은 하느님이 흙으로 사람을 만들었다고 기록했다.

흙 위에 선 평범한 사람

壬(제출할 정. '壬천간 임'이 아닌 '呈드릴 정'의 아랫부분임. 중국어 발음으로는 'tǐng')의 갑골문 과 전서 은 흙 위에 서 있는 사람을 표현한 것으로 평범한 사람, 땅을 떠나지 못하는 사람을 나타냈다.

呈 드릴 정, 한도 정

chéng

땅 위에 서 있는 평범한 사람( )이 하늘이나 천자에게 소원을 빌거나 보고하다( )

갑골문 은 왕( )이 하늘을 향해 입을 열고 말하는 것( )을 나타냈고, 전서 은 왕을 '壬(정)'으로 바꿨다. 고대의 통치자들은 큰일이 있을 때마다 제사를 지내고 하늘에 결과를 보고했다. 《상서》의 기록에 따르면 주나라의 무왕은 상나라의 주왕과 싸워 이긴 뒤에 나무를 태우고 제사를 지내며 하늘에 전쟁 결과를 보고했는데, 이때 보고한 내용이 실린 것이 《상서》 〈무성(武成)〉이다. '呈'은 원래 하늘에 보고한다는 뜻이고, 부하가 상사에게 청원하거나 보고하는 의미를 파생시켰다. 관련 단어

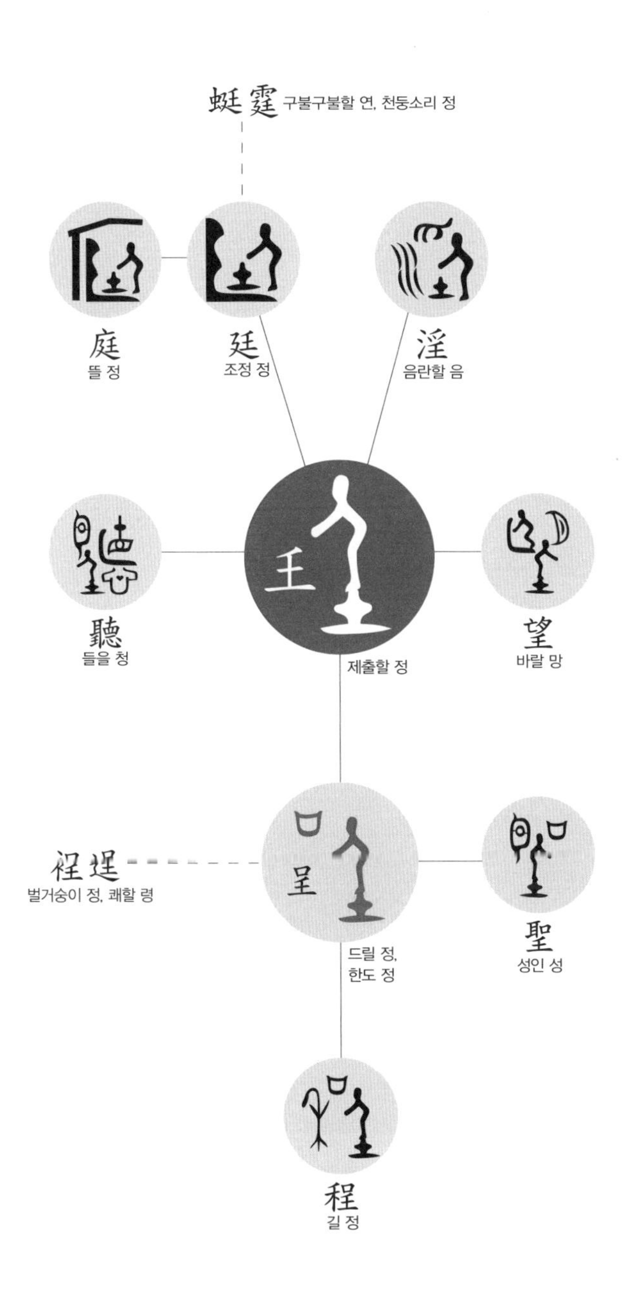

蜓霆 구불구불할 연, 천둥소리 정
庭
뜰 정
廷
조정 정
淫
음란할 음
壬
聽
들을 청
제출할 정
望
바랄 망
呈
桯逞
벌거숭이 정, 쾌할 령
드릴 정,
한도 정
聖
성인 성
程
길 정

는 정보(呈報chéngbào, '보고하다'를 의미하는 중국어), 정청(呈請chéngqǐng, '지시를 요청하다'를 의미하는 중국어) 등이 있다. 《사기》 〈진시황본기(秦始皇本紀)〉에 따르면 진시황은 행정 업무를 처리할 때 큰일이건 작은 일이건 모두 직접 결제했다. 당시에 신하들은 죽간에 공문서를 작성했는데, 진시황은 날마다 120근에 달하는 죽간 첨정(簽呈, 보고서)을 읽었고, 일을 끝내지 않으면 결코 쉬지 않았다.

- 헌정하다(獻呈--): 물품을 올리다(주로 책 따위를 남에게 줄 때 사용한다)
- 노정하다(露呈--): (예상치 못하거나 원치 않은 사실을) 드러내어 알게 하다

금

전

聖 성인 성

shèng

땅 위에 서 있는 사람( )은 입( )과 귀( )로 하늘과 소통할 수 있다. 평범한 인간의 수준을 넘어서 천리를 꿰뚫는 사람을 나타낸다

금문 , , 은 耳(귀 이), 口(입 구), 壬(제출할 정) 또는 人(사람 인)으로 구성되었고, 사람이 하늘과 말을 나누는 것을 나타냈다. 옛사람들은 성인은 평범한 인간을 초월했기 때문에 하늘과 직접 소통해 계시와 최고의 지혜를 얻을 수 있다고 생각했다. 고대에 성인이라고 불린 사람들은 대부분 현명한 왕이나 학식과 도덕이 경지에 달한 사람들이다. 공자가 후대 사람들에게 '지성선사(至聖先師)'라고 불린 것은 뛰어난 지혜와 덕행 때문이다. 종교에서 말하는 성인도 이미 최고의 경지에 도달해 속세 사람이라고 볼 수 없는 사람을 가리킨다.

'聖'의 간체자는 '圣'('힘쓸 골'과 동자)이지만 고대의 '圣'과 '聖'의 뜻과

모양은 서로 완전히 달랐는데, 옛 한자 '圣'의 갑골문 및 전서 는 손으로 흙을 파는 것을 나타냈다. 《설문》은 "땅에서 최선을 다하는 것이 '圣(힘쓸 골)'이다"라고 풀이했다.

聽 들을 청

tīng

평범한 사람( )이 귀( )를 기울이고 덕(, 悳큰 덕, 덕 덕)이 높은 사람의 말을 듣다

갑골문 은 남의 말( )을 귀 기울여 듣는( ) 것을 나타냈고, 전서 은 땅 위에 서 있는 사람( )이 남의 말을 귀 기울여 듣는( ) 것을 나타냈으며, 또 다른 전서 은 '悳'( )을 더해 평범한 사람( )이 솔직하게 말하는 사람( )의 말을 귀 기울여 듣는( ) 것을 나타냈다. '悳'은 '德(덕 덕)'의 본자이고 정직( )한 마음( )을 나타낸다. 정직한 마음을 가진 사람이 곧 덕을 실천하는 사람이다. 《상서》 〈태갑(太甲)〉에는 "덕에 맞는 말을 들으려면 먼저 자기 자신이 총명해야 한다"라고 나온다. 또한 《국어(國語)》 〈초어(楚語)〉에서도 "덕이 있는 말을 들을 수 있는 사람은 귀가 영민한 사람이고, 멀리 볼 수 있는 사람은 눈이 밝은 사람이며, 이 두 가지를 다 할 수 있는 사람은 총명한 사람이다"라고 했다. 그렇다면 무엇이 총명한(聰) 것일까? 聰(귀밝을 총)의 전서 은 남이 말하는 것을 귀( ) 담아 들으려는 마음( )이 있는 사람을 표현했다. 유능한 하인은 항상 주인이 지시한 임무를 완성하는데, 이들은 주인의 말을 귀( ) 담아 들은 뒤에 마음의 문을 열어(, 囱창 창) 곰곰이 생각하고 마음( )으로 기억하기 때문에 총명하다고 할 수 있다.

갑

전

전

'聽'의 간체자는 '听'이다. 하지만 입(口)만 있고 귀(耳)가 없는데 어떻게 소리를 들을 수 있을까?

廳 관청 청

tīng

지붕 밑에서(, 广 집 엄) 일에 관해서 듣다( )

'廳'은 주인이 손님을 접대하고 말을 듣는 곳이기도 하고, 고대에 관원이 백성들을 만나 이들의 고충을 들어주던 곳이기도 하다. 관련 단어는 객청(客廳, 손님이 거처할 수 있도록 마련한 곳), 교육청(教育廳), 청당(廳堂tīngtáng, '대청, 홀'을 의미하는 중국어) 등이 있다. 《집운(集韻)》은 "공무를 집행하는 곳을 廳이라고 한다"라고 해석했다.

廷 조정 정

tíng

한 사람( )이 벽이 움푹 파인(, 乚숨을 은 또는 廴길게 걸을 인) 곳에서 흙( )을 퍼내 도기를 만들다

약 6000년 전에 있었던 서안 반파(半坡) 문화 유적은 거주구(居住區), 묘장구(墓葬區), 제도구(製陶區)로 나뉜다. 고대에 제도구는 고령토를 쉽게 구할 수 있는 산비탈에 형성되었고, 끊임없이 흙을 파서 나중에는 산비탈이 움푹 파인 지형으로 바뀌었다. 고대에 도기를 제작하는 곳의 구조는 모두 이런 식이어서 '도굴(陶窟)'이라고도 불렸다. 한자 '廷'과 '建(세울 건)'은 모두 도기 제작 문화를 설명해준다. '廷'의 금문 은 사람이 벽이 움푹 파인(, 乚또는 廴) 도굴에서 고령토로 도기를 만드는 것이다. 또 다른 금문 은 彡를 더해 도기에 무늬를 그리고 채색한 것을 표현했다. '建'의 금문 , 은 벽이 움푹 파인( ) 곳에서 붓( )으로 도기 모양으로 빚은 흙( )에 무늬( )를 그리고 채색한 것을 나타냈다. '廷'은 원래 일하는 장소를 뜻하고, 조정처럼 '왕과 대신들이 공무를 집행하는 장소'라는 의미를 파생시켰다. '廷'의 독음에서 파생된 한자는 庭(뜰 정), 蜓(구불구불할 연), 挺(빼어날 정), 艇(배 정), 霆(천둥소리 정) 등이 있다.

庭 뜰 정

tíng

지붕( ) 아래에서 일하는 장소( )

淫 음란할 음

yín

사람( )이 손( )으로 물( )이 스며든 점토( )를 빈죽하다

'淫'은 '담그다' '오염되다'의 의미가 있고, 관련 단어는 침음(浸淫, 어떤 풍습에 차차 젖어 들어가다), 음란(淫亂) 등이 있다.

흙을 빻는 사람

'壬(천간 임, rén)'의 현대 한자는 '𡈼(제출할 정, tǐng)'과 거의 비슷한데, 전자는 흙을 빻는 사람을 나타내는 데 비해 후자는 흙 위에 서 있는 사람을 나타낸다. 흙을 다질 때나 흙으로 도기를 만들 때 없으면 안 되는 도구는 공이이다. '壬(임)'의 갑골문 I은 양 끝은 두껍고 중간은 가는 공이를 나타내고, 모양과 뜻이 '工(장인 공)'과 비슷하다. 금문 I은 '土'(흙 토, 土)와 '工'(I)이 합체한 것이고, 공이로 흙을 다루는 일을 표현했다. 훗날 '壬(임)'은 '任(맡을 임)'과 '妊(아이 밸 임)'으로 분화되어 남녀가 책임을 다하는 것을 상징하게 되었다. '任'의 금문 은 남자가 일하는 것이고, '妊'의 금문 은 여자가 일하는 것이다. 또 다른 금문 은 I 옆에 점토를 들고 있는 여자가 있는데, 흙으로 도기를 제작하는 것을 표현한 상형문자이다.

갑 금 전

任 맡을 임

rèn

공이(, 工장인 공)로 흙(土)을 빻는 사람()

'任'은 원래 흙을 빻는 사람이나 건설업에 종사하는 사람을 뜻하고, 여기에서 '직책' '맡다'라는 의미가 생겼다. 관련 단어는 책임(責任), 담임(擔任) 등이 있다.

갑 금 전

妊 아이 밸 임

rèn

부녀자()가 공이(, 工)로 흙(土)을 빻다

고대에 도기를 만드는 것은 부녀자가 져야 하는 책임 중 하나였다. '妊'의 갑골문 과 금문 은 여인이 손에 작은 나무공이를 들고 점토를 빻는 것을 표현했다. '부녀자가 도기를 만든다'라는 원래의 뜻에서 '부녀자의 책임'이라는 의미가 생겼고, '任'과 통용된다. 그럼 부녀자가 임신했다는 뜻은 어떻게 생긴 걸까? 《백호통》에 "여자는 스무 살이 되면 근육과 피부가 가장 좋고 어머니가 될 수 있다"라고 나온다. 이 글에서 고대 여성들에게는 아이를 배고 낳는 것이 일종의 책임이었음을 알 수 있다. 고서에서 '妊'을 '任'으로 자주 쓴 것은 결국은 두 한자의 뜻이 서로 비슷했기 때문이다. 예를 들어 《한서》에는 "임(任)신하고 14개월 만에 태어났다" "귀인이 아이를 뱄다(任)" "임(任)신을 하고 자식이 생겼다" 등의 표현이 나온다.

• 임신하다(妊娠--, 아이를 배다), 임부(妊婦, 임신한 부인)

이웃 국가의 국민

方 방위 방

fāng

변경(—)에 있는 백성( )

'方'은 자주 쓰이는 한자이지만 기원에 관한 설이 분분하다. 동한의 허신은 《설문》에서 '方'을 나란히 묶여진 두 척의 배라고 풀이했다. 하지만 갑골문, 금문 등의 모양은 배와 거리가 멀다.

근대에 들어 학자들은 '方'을 흙을 파는 삽으로 해석했지만 여전히 설명이 부족하다. 사람이 멜대를 멘 것이라고 주장하는 학자도 있고, 사각형을 그리는 도구라고 주장하는 학자도 있지만 이 도구들을 어떻게 조작하는지에 대해선 설명하지 못한다.

허신 때부터 많은 학자들을 곤란에 빠트린 '方'의 정체는 도대체 무엇일까? 선진시대의 사서를 보고 갑골문, 금문, 전서를 대조하면 분명하게 알 수 있는데, 국경 밖의 사람들을 가리킨다고 보는 것이 '方'이 포함된 한자 및 사서를 해석할 때 합리적이다. 상나라는 스스로 중앙에 있는 나라(즉, 중국中國. 또는 중상中商, 중방中邦이라고 불린다)라고 생각했기 때문에 변경 밖에 사는 민족을 '方'이라고 불렀다. 예를 들어 북쪽 변경에 사는 민족을 귀방(鬼方), 토방(土方)이라고 부르고, 서쪽 변경에 사는 민족을 강방(羌方)이라고 불렀으며, 동쪽 변경에 사는 민족을 인방(人方, 또는 이방夷方) 등이라고 불렀다. '方'의 갑골문 , 은 모두 변경에 사는 백성들을 표현했다. 이 밖에 '方'의 두 가지 전서 과 은 사방을 둘러싼 틀을 분명하게 묘사해서 국경 주변이나 사방에 있는 이민족을 나타냈다. 상주시대 때의 국가들은 사각형의 영토를 매우 중시했고, 사각형의 영토만 완전한 영토로 인정했다.

《주례》에는 "사방 천 리까지는 왕기이고, 그 밖으로 사방 오백 리까지는 후복이고, 그 밖으로 사방 오백 리까지는 전복이고, 그 밖으로 사방 오백 리까지는 남복이고, (…)"라고 나온다. 영토 중앙의 왕이 거주하는 왕성(王城)은 1000제곱킬로미터 크기의 사각형 땅이었고, 왕성 밖 구역들도 모두 사각형 땅이었다.

국경 밖에 있는 사람들을 뜻하는 '方'은 몇 가지 의미를 파생시켰다. 첫 번째는 방향이나 방위이다. 이른바 '동방'은 동쪽 변경의 이웃 국가를 가리키고, 서방은 서쪽 변경의 이웃 국가를 가리킨다. 이후 후대 사람들은 동방, 서방 등으로 방향이나 방위를 나타냈다. 두 번째는 어느 한쪽이다. 변경 밖 이웃 국가가 매우 많고 국가 이름도 자주 바뀌자 국가 간에 발생한 사건을 묘사할 때 간단하게 서술하기 위해서 적방, 우방, 갑방, 을방 등으로 간단하게 불렀다. 세 번째는 네 변이 대칭을 이루는 형상이다. 상나라 사람들은 사방의 국경이 이웃 국가들로 둘러싸인 땅을 '사방(四方)'이라고 불렀다. 관련 단어는 정방(正方, 정사각), 장방(長方, 직사각) 등이 있다.

변경의 이웃 국가

旁 곁 방

páng 또는 bàng

중국의 네 변경(, 凡무릇 범)에 맞닿은 이웃 국가의 국민(, 方방위 방)

'旁'은 '서로 이웃하다' '가깝다'의 의미를 낳았고, 방변(旁邊pángbiān, '옆'을 의미하는 중국어) 등에 쓰이고 '傍(곁 방)'과 같이 '서로 의지하다'라는 뜻이 있다. '旁'에서 파생된 한자는 螃(방게 방), 徬(헤맬 방), 傍(곁 방), 膀(방광 방), 滂(비 퍼부을 방), 磅(돌 떨어지는 소리 방) 등이 있다.

- 방관하다(旁觀): 상관하지 않고 곁에서 보기만 하다

邊 가 변

biān

이웃 국가의 국민(, 方방위 방)이 변경의 동굴()을 통해서 아국(, 自스스로 자)에 걸어 들어오다(, 辶쉬엄쉬엄 갈 착)

'邊'은 바로 이웃한 주변을 뜻하고, 변경(邊境, 같은 말로 '변강邊疆'이 있다), 변연(邊緣biānyuán, '가장자리 부분'을 의미하는 중국어), 상변(床邊chuángbiān, '침대 맡'을 의미하는 중국어) 등

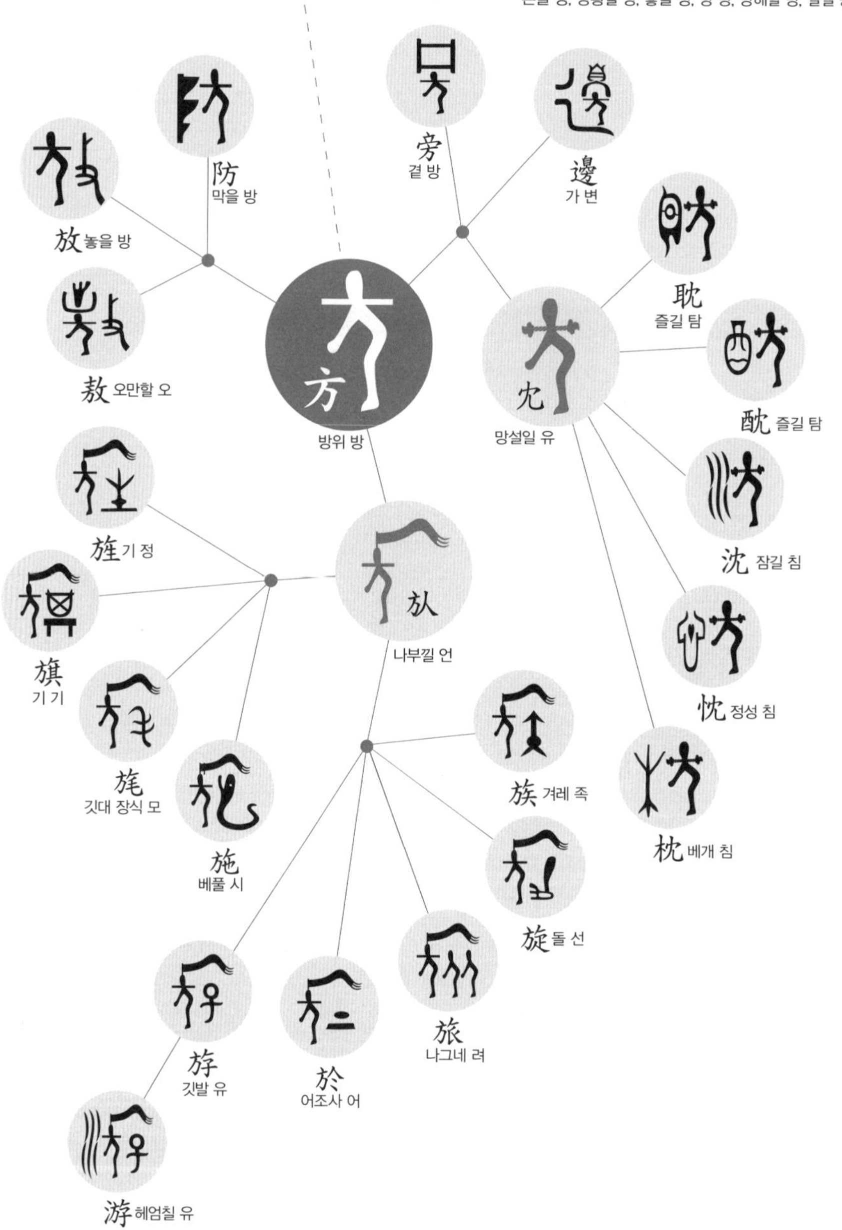
芳枋坊訪紡仿彷放房妨肪 꽃다울 방, 다목 방, 고을 이름 방, 찾을 방, 길쌈 방, 본뜰 방, 방황할 방, 놓을 방, 방 방, 방해할 방, 살찔 방
方
방위 방
防
막을 방
放 놓을 방
敖 오만할 오
旁
곁 방
邊
가 변
冘
망설일 유
耽
즐길 탐
酖 즐길 탐
沈 잠길 침
忱 정성 침
枕 베개 침
㫃
나부낄 언
旌 기 정
旗
기 기
旄
깃대 장식 모
施
베풀 시
族 겨레 족
旋 돌 선
旅
나그네 려
於
어조사 어
斿
깃발 유
游 헤엄칠 유

에 쓰인다. '邊'의 간체자는 이웃 국가의 사각형 영토가 사라진 것을 상징하는 '边'이다.

防 막을 방

fáng

벽을 쌓아(⻖, 阜언덕 부) 이웃 국가 사람들의(方, 方방위 방) 습격을 막다

동주시대 때 각국의 제후들은 서로 방어하기 위해서 앞다투어 변경에 높은 성벽을 쌓았고, 훗날 천하를 통일한 진나라는 북방 흉노의 침략을 막기 위해서 성벽을 연결하고 수리해 첫 번째 장성을 완성했다. '防'은 '둑을 쌓다' '방어하다'의 의미가 있고, 제방(堤防), 국방(國防), 관방(關防, 국경을 지키다, 변방의 방비를 위해 설치한 요새), 방지(防止), 방수(防守fángshǒu, '방어하다'를 의미하는 중국어) 등에 쓰인다.

放 놓을 방

fàng

손에 채찍을 들고(攴, 攴칠 복) 사람을 국경 밖 이웃 국가(方)로 몰아내다

금 전

《사기》의 기록에 따르면 순임금은 어질고 후덕하게 천하를 통치했고, 사형 대신에 유배를 보냈다. 《상서》 〈순전(舜典)〉에도 "공공을 유주로 내쫓고, 환두를 숭산으로 내쫓았다"라고 나온다. 《설문》은 "放은 내쫓는 것이다"라고 풀이했다.

- 견토방구(見兔放狗): 토끼를 발견한 후 사냥개를 풀어서 잡게 해도 늦지 않다는 뜻으로, 사태의 진전을 관망한 후에 대응해도 좋다는 말

전

• 차오: 조개의 일종

敖 오만할·놀 오

áo

손에 채찍을 들고( ) 이웃 국가에( ) 놀러 가다( ). '敖'는 '遨(놀 오)'의 본자이다. '敖'의 독음에서 파생된 한자는 熬(볶을 오), 鳌(차오• 오), 獒(개 오), 傲(거만할 오) 등이 있다

이 한자들은 모두 이웃 국가, 즉 중국의 변경을 묘사했고, 고대 중국과 이웃 국가의 관계를 설명해준다. 물론 芳(향기 방), 枋(박달 방), 坊(고을 이름 방), 訪(찾아볼 방), 紡(길쌈 방), 仿(본뜰 방), 彷(방황할 방), 房(방 방), 妨(방해할 방), 肪(비계 방) 등과 같이 이웃 국가라는 의미 없이 독음에서 파생된 한자들도 있다.

물에 가라앉는 사람

갑

전

冘 망설일 유

yín

사람( )을 줄로 묶어( ) 물에 던지다

갑골문 , 는 줄에 묶인 사람을 나타냈고, 사람의 목에 멍에( )를 씌운 표시가 있다. 이렇게 멍에를 멘 개념을 표현한 한자는 '冘' 외에 帚(비 추), 朿(가시 자), 帝(임금 제), 央(가운데 앙) 등이 있다. '帚'( )는 청소할 때 쓰는 한 묶음의 식물이고, '朿'( )는 식물의 날카로운 부분, 즉 가시이고, '帝'( )는 하늘에 제사를 지내기 위해서 세 개의 장작을 한 다발로 묶은 것이고, '央'( )은 범인의 머리에 칼을 씌우는 것이다. '冘'는 '沈(잠길 침)'의 본자이고, 사람의 몸을 묶고 물에 던져 가라앉히는 형벌을 나타내며, 여기에서 '가라앉다'의 의미가 생겼다. '冘'에서 파생된 한자는 沈(잠길 침), 酖(즐길 탐), 耽(즐길 탐), 枕(베개 침),

忱(정성 침) 등이 있다. 상나라와 주나라는 이웃 국가의 국민을 마땅히 줄로 묶어야 하는 대상인 오랑캐로 여겼고, 를 이용해 '이웃' 국가의 국민을 표현했다. 이 개념은 夷(오랑캐 이)와 같은데, '夷'()는 포승으로 꽁꽁 묶인 사람을 나타낸다.•

• 제3장 '夷'편 참고

沈 잠길 침, 성씨 심

chén 또는 shěn

사람을 줄로 묶어(, 冘망설일 유) 물()에 던지다. '沉(잠길 침)'과 뜻이 같다

갑 금 전

북위(北魏)의 형법 규정에 따르면 주술로 남을 해치는 사람은 깊은 연못에 던져지는 형벌을 받았다. 이때 법을 집행하는 사람은 검은 양과 개를 죄인의 몸 앞뒤에 묶어 함께 물에 던졌다(《위서魏書》에 "주술로 남을 해치는 자는 검은 숫양을 업고 개를 안은 채 연못에 가라앉히게 했다"라고 나온다).

이 형법은 전국시대 초기에 하백(河伯, 강의 신)에게 여자를 바치는 고사의 영향을 받았다. 《사기》의 기록에 따르면 서문표(西門豹)가 업 땅을 다스리기 전에 업 땅은 항상 수해가 났다. 그러자 여자 무당은 흉흉한 틈을 타 해마다 여자를 하백에게 부인으로 바치면 수해가 일어나지 않는다는 미신을 퍼트렸고, 미신에 현혹된 사람들은 농사를 돌보지 않고 여자를 잡으러 다녀 고을이 황폐해졌다. 서문표는 업 땅에 현령으로 부임한 뒤에 각종 개혁에 나섰고, 미신을 없애기 위해서 여자 무당들을 모조리 강에 빠트렸다. 이후 업 땅은 다시 평화를 찾고 번영하기 시작했다.

고대에 침수형을 당한 사람은 매우 많았다. 조간자(趙簡子)는 춘추시대 때 진(晉)나라의 공신이다. 《설원》에는 그가 자신에게 아첨한 신하인 난격을 강에 빠트린 고사가 나온다. 대신인 난격은 조간자를 위해서 어진 신하를 쓸 생각은 않고 대 위에 궁실을 짓고 준마와 예쁜 여자들을 바쳤다. 조간자는 난격이 끊임없이 자신을 부끄럽게 만들자 그를 강에 빠트렸다. 오왕 부차도 공신인 오자서를 강에 빠트렸고, 굴원은 스스로 연못에 빠져 목숨을 버렸다.

• 침체하다(沈滯--): 어떤 현상이나 사물이 진전하지 못하고 제자리에 머무르다. 혹은 벼슬이나 지위가 오르지 못하다

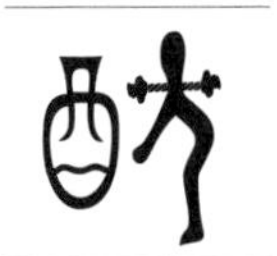

酖 즐길 탐

dān

술(酉)에서 헤어나지 못하다(冘)

耽 즐길 · 축 늘어질 탐

dān

귀(耳)가 커서 아래로 늘어지다(冘)

춘추시대 때 유명했던 노자는 원래 성도 이(李)요, 이름도 이(耳)이다. 어깨까지 늘어지는 큰 귀를 타고나서 사람들은 그를 노탐(老耽) 또는 노담(老聃)이라고 불렀다. 《설문》은 "耽은 귀가 커서 늘어진 것이다"라고 풀이했다.

• 탐독하다(耽讀--): 어떤 글이나 책 따위를 열중하여 읽다(혹은 유달리 즐겨 읽다)

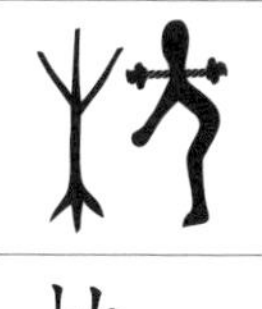

枕 베개 침

zhěn

다른 사물 밑에 걸친(大) 나무(木)

침두(枕頭, 베갯머리•), 침목(枕木, 철도 레일 밑에 걸친 나무, 길고 큰 물건을 괴는 데 쓰는 나무토막) 등의 단어에 쓰인다.

전

• 베갯머리: 베개를 베고 누웠을 때에 머리가 향한 위쪽의 가까운 곳

• 한단지침(邯鄲之枕): 인생의 덧없음과 영화의 헛됨을 이르는 말(노생盧生이 한단에서 도사 여옹呂翁의 베개를 빌려 잠깐 눈을 붙인 사이에 부귀영화의 꿈을 꾼 고사에서 유래함. 같은 말: 한단지몽邯鄲之夢, 여옹침呂翁枕)

忱 정성 침, 정성 심

chén

내면 깊은 곳(心)에 빠지다(大, 冘망설일 유)

'忱'은 '진실한 마음'이라는 의미를 낳았고, 적침(赤忱 chìchén, '진심'을 의미하는 중국어), 사침(謝忱 xièchén, '감사하는 마음'을 의미하는 중국어) 등에 쓰인다.

전

• 근침(芹忱): 정성을 다하여 바치는 마음

이웃 국가의 깃발

'중국'이라는 말은 일찍이 《상서》와 《시경》에 등장했다. 《상서》 〈재재(梓材)〉에 "皇天旣付中國民, 越厥疆土於先王(황천기부중국민, 월궐강토어선왕)"이라고 나오는데, "황천 상제는 중국의 땅과 백성을 주나라의 선왕에게 맡겼다"라는 뜻이다. 또 《시경》 〈대아(大雅)〉에는 "중국의 은혜로 사방이 편안하다"라는 글이 있다. 은허의 갑골문에서도 '중상(中商)'이라는 말을 찾아볼 수 있는데, 중상은 상나라가 스스로를 칭했던 이름이다.

中 가운데 중

zhōng

사방이 이웃 국가의 깃발로 둘러싸인 국가, 중간에 위치한 국가, 즉 중국

'中'의 갑골문 및 금문 , 은 위아래에 달린 몇 개의 깃발로 주변의 이웃 국가를 표현했다. 깃발은 국가와 민족을 상징하기 때문에 모든 국가는 대표성이 있는 깃발을 가지고 있는데, 이 깃발들로 둘러싸인 가운데 땅이 '중국'이다. 옛사람들은 소의 꼬리를 장대에 묶어 깃발로 썼기 때문에 갑골문 , , , , 등에는 모두 소꼬리 깃발의 부호가 있다. 후대의 전서 및 예서는 편리함을 위해서 소꼬리로 만든 큰 깃발을 '方(방위 방)'과 '人(사람 인)'으로 구성된 '㫃(나부낄 언)'으로 표현했고, 후대 사람들은 깃발로 이웃 국가의 사람들을 인식했기 때문에 소꼬리 깃발을 '㫃'으로 대체했다.

- 중원(中原): 넓은 들판의 중앙, 혹은 군웅이 할거했던 중국 땅

㫃 나부낄 언

yǎn

펄럭이는 깃발

고대 국가나 민족은 모두 대표성을 가진 깃발이 있었고, 통치자의 성씨, 색깔이나 그림을 상징으로 삼았다. 한자에서 깃발의 의미가 있는 한자는 모두 '㫃'을 포함한다. 예를 들어 '旄(깃대 장식 모)'는 소의 꼬리로 만든 깃발이고, '旌(기 정)'은 깃털로 만든 깃발이며, '旐(기 조)'는 거북이와 뱀의 그림을 그려 넣은 깃발이다. 또한 '旗(기 기)'는 용과 호랑이의 그림을 그려 넣은 깃발이고, '斿(깃발 유)'는 깃발의 술이다.

族 겨레 족

zú

펄럭이는 국기( ) 밑에서 궁수(, 矢화살 시)가 방어하다

선진시대 때 펄럭이는 깃발은 그곳에 어느 민족 집단이 거주하는 것을 뜻했고, 그곳에는 민족을 지키는 궁수들이 있으므로 함부로 침략하지 말라는 경고의 뜻도 되었다. '族'은 함께 생활하는 공동체를 뜻하고, 민족(民族), 종족(宗族) 등에 쓰인다.

갑 금 전

旅 나그네 려

lǚ

한 무리의 사람들이 큰 깃발( )을 따라서( ) 걷다

민족이 이동하거나 군대가 출정할 땐 한 무리의 사람들이 큰 깃발을 따라서 위풍당당하게 걷는다. '旅'에는 '한 무리의 사람들' '멀리 떠나다'의 의미가 있고, 고대에는 500명의 병사들을 1려(旅)라고 불렀다. 군려(軍旅, 전쟁터에 나와 있는 군대), 여행(旅行), 여관(旅館) 등에 쓰인다.

갑 금 전

旋 돌 선

xuán

병사의 발(, 疋짝 필)이 큰 깃발( )을 둘러싸고 대오를 정렬하다

갑골문 및 금문 은 모두 한 쪽 발바닥(, 止그칠 지)과 하나의 큰 깃발로 구성되었고, 군대가 행진하는 광경을 묘사했다. 병사들은 행진할 때 반드시 기수의 명령을 따라야 하는데, 기수가 대오를 변형하는 명령을 내리기 때문에 병사들의 발걸음은 늘 깃발의 뒤를 따른다. 전서 은 를 (疋)로 바꿨다. '旋'은 '돌다'라는 의미를 파생시켰고, 선전(旋轉, 빙빙

갑 금 전

돌아서 굴러가다), 개선(凱旋, 싸움에서 이기고 돌아오다) 등에 쓰인다.

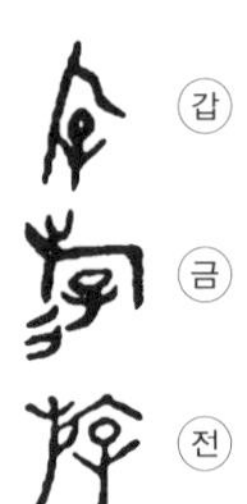

斿 깃발 유

yóu

깃발( ) 가장자리 윗부분의 장식물(, 子아들 자)

갑골문 , 금문 및 전서 , 는 모두 '큰 깃발'과 '한 명의 아이'로 구성된 회의문자이고, '큰 깃발'의 가장자리 윗부분에 매달린 '술'을 나타낸다('子'는 큰 깃발에 매달린 작은 장식물을 상징한다).

遊 놀 유

yóu

물( )에서 취하는 자세가 마치 깃발의 술( ) 같다

물에서 헤엄칠 때 보이는 자세의 변화와 바람에 깃발의 술이 휘날리는 모습은 매우 비슷하다. '遊'는 '물에서 움직이다'라는 뜻이고, 유영(遊泳, 물에서 헤엄치며 놀다) 등에 쓰인다.

- 어유부중(魚遊釜中): 물고기가 솥 안에서 논다는 뜻으로, 지금은 살아 있지만 생명이 얼마 남지 않았음을 이르는 말

旄 깃대 장식 모

máo

털( )이 있는 깃발( ), 소의 꼬리로 만든 깃발

서장 지역에 사는 야크는 '모우(旄牛)'라고도 불렸고 온 몸에 긴 털이 났다. 《산해경》에는 "생긴 것은 소와 같고 네 다리에 털이 난 짐승이 있으니, 이름이 '모우'이다"라는 기록이 있다. 《사기》 〈하본기(夏本紀)〉에 따르면 대우 시절 모우 털과 예쁜 꿩 깃털이 형주에서 배에 실려 와 진상

품으로 왕실에 올라갔다. 옛사람들은 모우 털을 깃대에 묶은 것을 모(旄)라고 불렀다. 사서에는 목야전투 때 주무왕이 흰색의 소꼬리 깃발을 들고 전투를 지휘했다는 기록이 있고, 《사기》에는 "무왕은 왼손에 큰 도끼를 들고 오른손에 흰 모(旄)를 들었다"라고 나온다.

施 베풀·실시할 시

shī

행진하는 깃발(㫃)의 펄럭이는 모습이 마치 뱀(也, 也어조사 야)이 움직이는 것 같다

왕이 내린 명령은 반드시 경성에서 각 지방까지 모두 전해져야 하기 때문에 명령을 전달하는 병사는 마차를 타고 이동했다. 이때 마차의 깃발은 마치 뱀이 움직이는 것처럼 움직였고, 깃발이 도달하는 곳은 곧 행정 명령이 도달하는 곳이었다. 여기에서 '施'는 '일을 추진하다'라는 의미가 생겼다. 관련 단어로는 시공(施工), 실시(實施), 시여(施予shīyǔ, '베풀다'를 의미하는 중국어) 등이 있다.

於 어조사 어

yú, wū

큰 깃발(㫃)을 땅 위(二)에 꽂다

고대에 전승국은 자국의 깃발을 패전국 영토 위에 꽂아 점령한 영토에 대한 통치권을 표시했다. '於'는 '~에' '이르다'라는 의미가 있고, 개어(介於jièyú, '~의 사이에 있다'를 의미하는 중국어), 관어(關於guānyú, '~에 관해서'를 의미하는 중국어) 등에 쓰인다(二은 '上위 상'의 옛 문자이다).

- 어중간(於中間): 거의 중간쯤 되는 데, 또는 그런 상태

旌 기정

jīng

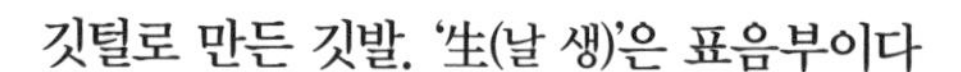

깃털로 만든 깃발. '生(날 생)'은 표음부이다

旗 기기

qí

고대에 비단 등으로 만든 깃발. '其(그 기)'는 표음부이다(용과 호랑이 그림을 그려 넣었다)

가족을 책임지는 민족의 영웅

전설 속의 유명한 인물들은 모두 후대 사람들에게 성씨를 부여받았고, 1대 지도자로서 민족 집단을 강하게 키웠다. 예컨대 밧줄을 잘 만드는 복희씨(伏羲氏)는 민족에게 그물을 짜고 물고기를 잡는 사냥 기술을 가르쳐서 민족을 배부르게 하고 강한 집단으로 키웠다. 오랫동안 고기를 날로 먹어 여러 질병이 발생하자 수인씨(燧人氏)는 민족에게 나무를 문질러 불씨를 얻는 방법을 알려줬다. 불로 식물을 구워 먹은 결과 살균도 되고 음식의 맛도 좋아졌으며 멸족의 위기에서도 벗어났다. 신농씨(神農氏)는 가래, 삽 등의 농기구를 발명하고 농사짓는 기술을 알려줘 민족을 사냥 생활에서 풍요로운 농경 생활로 인도했다.

그럼 민족 영웅의 위대함은 어떤 한자로 묘사할까? 영웅은 민족의 삶의 질이 떨어지지 않게 지탱한다는 개념에서 '氏(성씨 씨)'가 만들어졌다. '氏'의 갑골문 은 떨어진 무거운 물건을 움켜잡는 사람( )을 묘사한 것으로, 온 가족을 책임지는 건장한 청년을 표현했다. 금문 및 전서 는 팔이 튼튼한 남자( )가 열(,) 명의 자손을 낳은 것을 나타냈고, '民(백성 민)'과 한자 구조가 매우 비슷하다.•

• 제4장 '民'편 참고

'姓(성 성)'과 '氏'는 모두 민족을 나타내는 칭호이다. 그럼 '姓'과 '氏'는 어떤 관계가 있을까? '姓'의 금문 및 전서 은 '女'와 '生'으로 구성된 회의문자이고, 여자에게서 태어난 것을 나타낸다. 장자(莊子)는 아득한 먼 옛날, 아직 혼인제도도 제대로 성립되지 않은 신농 시기 때 일부 아이들은 자신의 아버지가 누구인지 몰라도 어머니가 누구인지는 반드시 알았고, 여러 모계 사회가 각각의 모계 사회를 분류하기 위해서 최초의 '성(姓)'을 만들었다고 생각했다. 이렇게 해서 만들어진 姬(여자 희), 姒(손위 동서 사), 姜(성 강), 姚(예쁠 요) 등의 성은 대부분 한자에 '女'가 있다. 《사기》의 저자인 사마천은 황제(黃帝), 요(舜), 우(禹)는 모두 같은 성씨, 같은 민족이지만 후대 사람들이 개개인의 공적을 널리 알리기 위해서 의도적으로 '氏'로 나눴다고 생각했는데, 황제는 유웅씨(有熊氏), 요는 도당씨(陶唐氏), 순은 유우씨(有虞氏), 우는 하후씨(夏后氏) 등으로 불렸다. 따라서 고대 사회에서 '姓'은 민족의 근원을 나타내고, '氏'는 분파를 나타낸다고 할 수 있다.

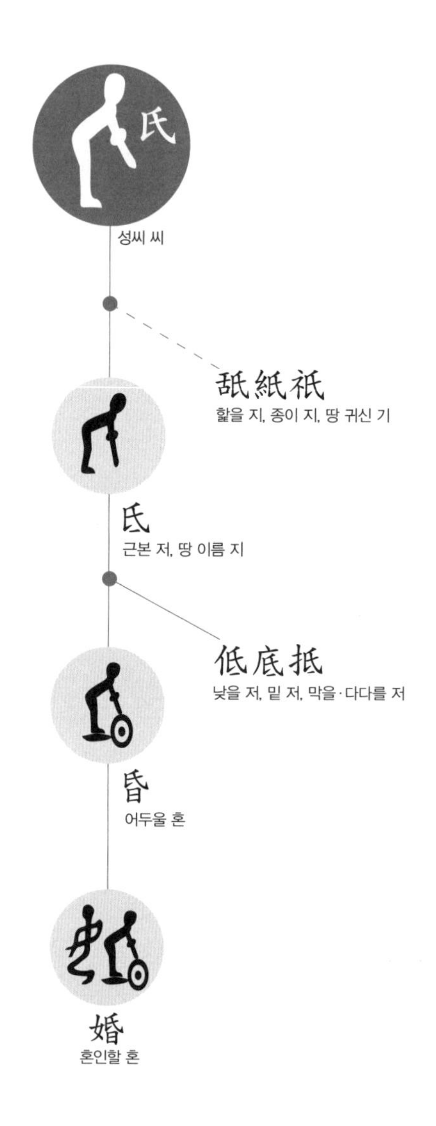
氏
성씨 씨
舐紙祇
핥을 지, 종이 지, 땅 귀신 기
氐
근본 저, 땅 이름 지
低底抵
낮을 저, 밑 저, 막을·다다를 저
昏
어두울 혼
婚
혼인할 혼

氐 근본 저, 땅 이름 지

dī 또는 dǐ

건장한 용사(, 氏성씨 씨)가 목적지()에 도달하다

옛날에 땅은 먹고사는 문제에 있어서 가장 중요한 자원이었기 때문에 각 민족은 서로 땅을 차지하기 위해서 싸웠고, 전쟁에서 승리하거나 성을 공략한 용사는 큰 상을 받았다. 금문 는 근육이 발달한 용사(, 氏성씨 씨)가 손으로 땅(—)을 만지는 것을 묘사했다.

'氐'는 크게 두 가지 뜻이 있다. 하나는 '도달하다'라는 뜻인데, 용사가 손으로 땅을 만지는 것으로 목적지에 도달한 것을 표현했다. 이후에 이 뜻을 가진 '氐'는 '도달하다'의 의미가 있는 '抵(막을·다다를 저, 칠 지)'로 바뀌었다. '氐'의 또 다른 뜻은 '(아래로) 늘어트리다'이다. 용사는 땅을 만지려면 반드시 몸을 낮춰야 한다. 이 뜻을 가진 '氐'는 훗날 '低(낮을 저), 底(밑 저)'로 바뀌었다.

'氐'는 자주 쓰이는 한자는 아니지만 여러 상용한자를 파생시켰다. '氐'의 뜻에서 파생된 한자는 昏(어두울 혼), 低(낮을 저), 底(밑 저), 抵(막을 저), 柢(뿌리 저)가 있고, '氐'의 독음에서 파생된 한자는 牴(부딪힐 저), 砥(숫돌 지), 詆(꾸짖을 저), 胝(굳은살 지)가 있다.

《설문》은 "氐는 도달하는 것이고, '氏' 밑에 '一'이 붙은 것이다. '一'은 땅이다"라고 풀이했고, 《전한(前漢)》 〈지리지(地理志)〉는 "氐는 또한 '低'와 같다"라고 풀이했다.

• 저성기(氐星旗): 대한제국 때 사용한 의장기(儀仗旗)로, 세모 깃발에 저성(氐星, 현재의 천칭자리)을 금박하였다

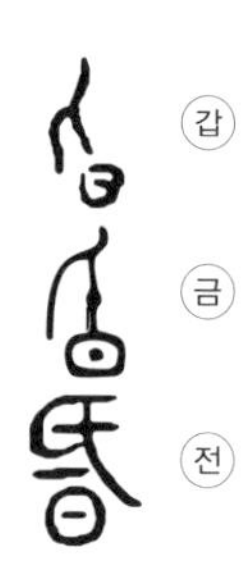

昏 어두울 혼, 힘쓸 민

hūn

해(⊙)가 이미 떨어졌다()

'昏'은 태양이 이미 지평선 밑으로 떨어진 것을 나타낸다. '분명하지 않고 모호하다'라는 의미가 있고, 황혼(黃昏), 혼화〔昏花hūnhuā, '(시력이) 침침하다'를 의미하는 중국어〕 등에 쓰인다. 이 밖에 '昏'은 '婚(혼인할 혼)'의 본자(本字)이기도 하다.

흥미롭게도 한 명의 용사와 태양이 합쳐진 갑골문 은 《산해경》에 나오는 과보가 태양을 쫓는 고사를 연상시킨다. 원고시대 때 자신의 능력을 과대평가한 거인 과보는 태양을 쫓고 또 쫓다가 갈증을 느꼈고, 물을 찾다가 결국은 목이 말라 죽었다. 과보는 비장하지만 얼마나 어리석은가! 뜨거운 태양 앞에선 용맹한 용사라도 정신이 혼미해지고 눈앞이 흐려져 결국은 쓰러져 죽는 것을 그는 왜 몰랐을까.

- 혼수(상태)〔昏睡(狀態)〕: 의식을 잃고 인사불성이 되는 것

婚 혼인할 혼

hūn

황혼() 무렵에 여자()가 시집을 와서 문에 들어가다

옛사람들은 남자는 양(陽)에 속하고 여자는 음(陰)에 속하며, 낮은 양에 속하고 밤은 음에 속한다고 생각했다. 그래서 부인을 맞을 때 반드시 저녁에 문에 들어가게 했다. 《설문》은 "婚은 해질 무렵에 예로써 부인을 맞는 것이다. 부인은 음이다"라고 풀이했다.

- 혼사(婚事): 혼인에 관한 일

사람의 신체

身 몸 신

shēn

사람(亻)의 발 위에 있는 모든 신체 기관(肉)

사람의 완전한 신체를 어떻게 묘사해야 할까? 모든 기관을 포함한 신체는 자세하게 묘사하기가 어려워서 옛사람들은 뜻을 합치는 방법을 썼다. 금문 , 및 전서 , 은 사람(亻, 亻)의 발(—) 위에 있는 모든 신체 기관(D, D)을 나타냈다. D, D은 '肉(고기 육, 月)'의 옛 글자이고, 신체 기관을 뜻하는 한자들은 모두 이 한자를 포함한다. '身'은 원래 신체를 의미하고, '자신' '자칭' 등의 의미를 파생시켰다. '身'의 뜻에서 파생된 회의문자는 躬(몸 궁), 射(쏠 사), 殷(은나라 은) 등이 있고, 형성문자는 躲(비킬 타), 軀(몸 구), 躺(누울 당), 躭(즐길 탐) 등이 있다. 이 한자들은 모두 신체와 관계있다.

躬 몸 궁

gōng

신체(身)를 활(弓)처럼 구부리다

'躬'은 원래 '신체를 구부리다'라는 뜻이다. 국궁(鞠躬, 윗사람이나 위패 앞에서 존경하는 뜻으로 몸을 굽히다), 궁신(躬身gōngshēn, '몸을 굽히다'를 의미하는 중국어) 등에 쓰이고, '직접 일하다'라는 의미를 파생시켰다. 옛 글자에서 '躬'은 '躳(몸 궁)'으로도 쓰였는데, '躳'()은 척추(呂, 몸풍류 려)가 구부러진 신체()를 나타낸다.

- 궁행하다(躬行--): 몸소 실행하다(같은 말: 친행親行하다)

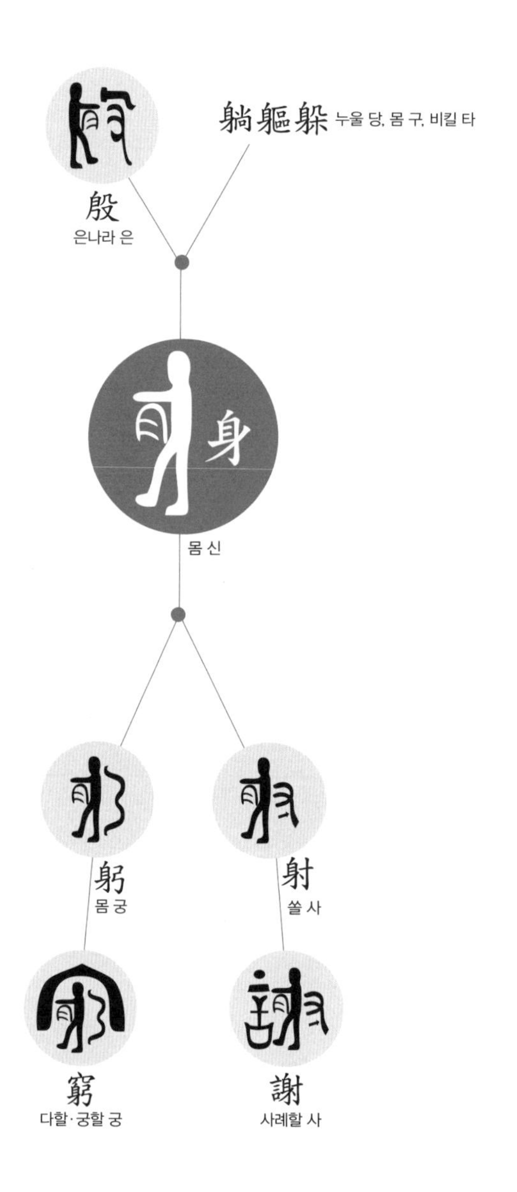
躺軀躱 누울 당, 몸 구, 비킬 타
殷
은나라 은
身
몸 신
躬
몸 궁
射
쏠 사
窮
다할·궁할 궁
謝
사례할 사

窮 다할·궁할 궁

qióng

몸을 구부리고(躬) 좁은 동굴(穴)에 숨은 사람

인구에 회자되는 경극인 '왕보천고수한요십팔재(王寶釧苦守寒窯十八載)'는 왕보천이 서안의 동굴에서 18년 동안 가난하고 고생스럽게 산 내용을 다루고 있다. 1947년에 장제스는 군대를 파견해 공산당을 쫓을 때 공산당의 본거지인 옌안(延安)까지 쫓아가서 공산당을 죽였다. 그러자 전투에서 번번이 진 마오쩌둥은 어쩔 수 없이 옌안의 동굴에 숨어들었다. 이때 후종난은 장제스의 명령을 받고 옌안을 소탕하러 갔지만 중간에 기밀이 새어나가는 바람에 마오쩌둥은 동굴에서 도망칠 수 있었다. 어떤 사람이 몸을 구부리고 동굴에 숨을까? 첫 번째는 왕보천처럼 가난한 사람들이고, 두 번째는 왕년의 마오쩌둥처럼 원한이 있는 사람에게 쫓기는 사람이다. 여기에서 '窮'은 '빈곤하다'와 '추궁하다'의 두 가지 의미가 생겼고, 궁고(窮苦, 더할 나위 없이 괴롭다), 사궁(詞窮cíqióng, '말문이 막히다'를 의미하는 중국어), 무궁(無窮, 공간이나 시간 따위가 끝이 없다) 등에 쓰인다. '窮'의 본자는 '竆(다할 궁)'이지만 예서 때 '窮'으로 바뀌었다. '窮'의 간체자는 '穷'이다.

射 쏠 사

shè

신체(身)를 바르게 하고 활과 화살을 든 손(寸, 寸마디 촌)을 안정적으로 놓으면 표적에 적중할 수 있다

갑골문 (갑)는 활에 화살을 꽂은 것을 나타내고, 금문 (금)는 활시위를 당기는 손을 더해 화살을 쏘려고 자세를 잡는 것을 표현했다. 하지만 전서에 이르러 큰

변화가 생겨 '弓(활 궁)'은 '身(몸 신)'으로 바뀌었다. 전서 는 궁술을 몸과 손이 미묘하게 어울리는 기술로 표현했는데, 몸( )을 바르게 하고 활과 화살을 잡은 손( )을 안정적으로 놓으면 목표물을 적중시킬 수 있다. 전서 때 한자의 형상이 변한 것은 잘못된 해석에 따른 것이 아니라 주나라의 활쏘기 예절의 영향을 받은 것이다.

《예기(禮記)》〈사의(射義)〉에는 활쏘기 요령이 나온다.

"안으로 뜻을 바르게 하고 밖으로 신체를 바르게 한 뒤에 활과 화살을 단단히 잡아야 하고, 활과 화살을 단단히 잡은 뒤에 가히 적중할 수 있다고 말할 수 있으니, 이로써 덕행을 볼 수 있다."

주나라 때 궁술은 천자가 제후를 뽑는 근거이자 남자가 반드시 배워야 하는 육예(六藝, 고대 중국 교육의 여섯 가지 과목. 예禮, 악樂, 사射, 어御, 서書, 수數) 중의 하나였다. 남자는 궁술에 능하고 활과 화살을 잘 만들어야 할 뿐만 아니라 활쏘기 예의도 잘 지켜야 했다. 이 예를 통해 한자가 만들어지는 과정이 시대의 풍속에 따라 변할 수 있다는 것을 알 수 있다.

謝 사례할 사

xiè

말( )로 타인의 선물을 거절하다(, 射쏠 사)

주나라는 예의를 중시해서 손님이 선물을 주면 주인은 먼저 예의상 말로 거절해서 손님의 진심 어린 축하에 고마운 마음을 표현해야 했다. 이 예절은 지금도 중국 사회에 남아 있다.

'謝'는 '거절하다'의 뜻에서 '감사하다'의 뜻을 파생시켰고, 사절(謝

絕, 사양하여 받지 아니하다), 사사(辭謝, 사절하여 물리치다), 사은(謝恩, 받은 은혜에 대하여 감사히 여겨 사례하다) 등에 쓰인다. 《설문》은 "謝는 작별하고 떠나는 것이다"라고 풀이했다.

殷 은나라 은, 성할 은

yīn 또는 yān, yǐn

금 전

성대한 제례에서 춤추는 사람이 손에 붉은색 예기(, 殳몽둥이 수)를 든 채 몸( )을 흔들다

'殷'은 상나라를 가리키는 칭호이고, 원래는 '성대한 제전'이라는 뜻이다. 상나라의 '대호(大濩)'와 주나라의 '대무(大武)'는 모두 웅장한 제례춤이다. 제전에서 제사장은 각종 붉은색 예기(禮器, 제사 때 쓰는 그릇)를 든 채 춤을 추며 하늘에 제사를 지낸다. 은나라 '대호'의 춤의 형식을 설명하는 고전은 모두 소실되었으므로 여기에서는 주나라 '대무'에 대해서 알아보자.

서주《예기》의 기록에 따르면 대규모 제전 때 춤을 추는 사람은 붉은 옷을 입고 붉은색 방망이(주간朱干)와 옥으로 만든 도끼(옥척玉戚)를 든 채 '대무'를 췄다. '대무'는 주무왕이 하늘의 명을 받고 잔혹한 상주왕을 토벌하는 것을 묘사했다. 한동안 북소리가 난 뒤에 춤을 추는 사람들은 붉은색 방망이(무기를 상징한다)를 들고 무대에 등장해 대열을 짓고 무왕이 천명을 받들고 상주왕을 토벌하기로 맹세하는 노래를 부른다. 이후 종과 방울이 일제히 울리면 춤을 추는 사람들은 조를 나눠 몸을 흔들며 공격해 적을 구석으로 몰고 상나라를 멸망시킨다. 그러곤 다시 좌우로 대열을 갖추는데, 이때 무왕을 중심으로 왼쪽 열의 대장은 주공이 맡고, 오른쪽 열의 대장은 소공이 맡는다. 이것은 무왕의 천하 통치를 돕는 두 명의 조력자를 상징한다.

금문 및 전서는 붉은색 방망이(, 殳몽둥이 수)를 들고 몸()을 흔드는 것을 나타낸다. '殳'는 원래 방망이처럼 생긴 무기이지만 제전에서 춤출 땐 예기로 쓰였다. '殷'은 원래 '제례에서 춤을 추다'라는 뜻이고, 여기에서 '풍요롭다' '성대하다' 나아가 '제전이 성대하다'라는 뜻이 생겼다. 관련 단어는 은창(殷昌, 번화하고 풍성하다), 은실(殷實yīnshí, '부유하다'를 의미하는 중국어) 등이 있다. '殷'은 또 붉은색을 의미하기도 하는데, 제사장이 붉은색 옷을 입고 붉은색 예기를 들었기 때문이다. 이와 관련된 단어는 은홍색(殷紅色, 짙은 검붉은 색)•이 있다. 이 밖에 '殷'은 하늘에 제사를 지낼 때의 진실하고 간절한 태도에서 비롯된 '절절하다'의 뜻도 있다. 이땐 은근(殷勤yīnqín, '정성스럽다'를 의미하는 중국어), 은체(殷切yīnqiè, '마음에서 우러나오다'를 의미하는 중국어) 등으로 쓰인다.

• '殷紅色'은 중국어에서도 '검붉은 색'이라는 뜻이며 발음은 [yānhóngsè]이다

《설문》은 "殷은 즐겁고 성대한 것이다"라고 풀이했고, 《주역(周易)》 〈예괘(豫卦)〉는 "先王以作樂崇德, 殷荐之上帝(선왕이작악숭덕, 은천지상제)"라고 했다. 왕필은 이것을 "성대한 음악을 지어 상제께 바쳤다"라고 해석했다. 《예기》 〈제통(祭統)〉에는 "주간, 옥척으로 대무를 췄다"라고 기록되어 있다.

많은 학자들은 '身(몸 신)'을 임신한 사람으로 해석했고, '殷'을 뱃병을 치료하는 것으로 해석했다. 하지만 이 해석에는 몇 가지 일치하지 않는 문제점이 있다. 첫째, 옛 글자 은 확실히 임신한 사람을 닮았지만 , , 은 어떻게 해석할 것인가? 이 한자들은 배가 부른 것

과 전혀 관계가 없어 보인다. 둘째, '身'이 임신한 사람을 상징하면 '射'는 임산부가 화살을 쏘는 것이고, '躬'은 임산부가 허리를 굽히는 것인가? 만약에 임산부가 허리를 무리해서 굽혔다가 유산이 되면 어떡하는가? 셋째, 고서를 검증한 결과 '殷'의 뜻은 '성대하다'이고 제례를 지내는 것과 관계있지만 임신과는 완전히 무관하다. 넷째, 선진시대의 고서에서 '身'은 임신이 아니라 신체를 나타낸다. 또한 옛 한자 중에도 이미 孕(아이 밸 잉), 包(쌀 포), 妊(아이 밸 임) 등의 한자로 임산부를 묘사했는데, 굳이 '身'으로 임산부를 표현할 필요가 있었을까?

몸을 구부린 사람

(勹쌀 포, bāo)는 몸을 구부린 사람이다. 옛사람들은 모내기를 하거나 도기를 만들거나 식물을 절일 때 모두 허리를 굽히고 일했다. 또한 식량이나 물건을 들 때도 허리를 굽혔다. '勹'는 '허리를 굽히다' '덮다'라는 의미가 있다.

匍 길 포

pú

몸을 구부리고(, 勹쌀 포) 모(, 甫클 보)를 심다

'몸을 엎드리다'라는 뜻이고, 포복(匍匐), 포복경(匍匐莖, 기는 줄기) 등에 쓰인다.

금

전

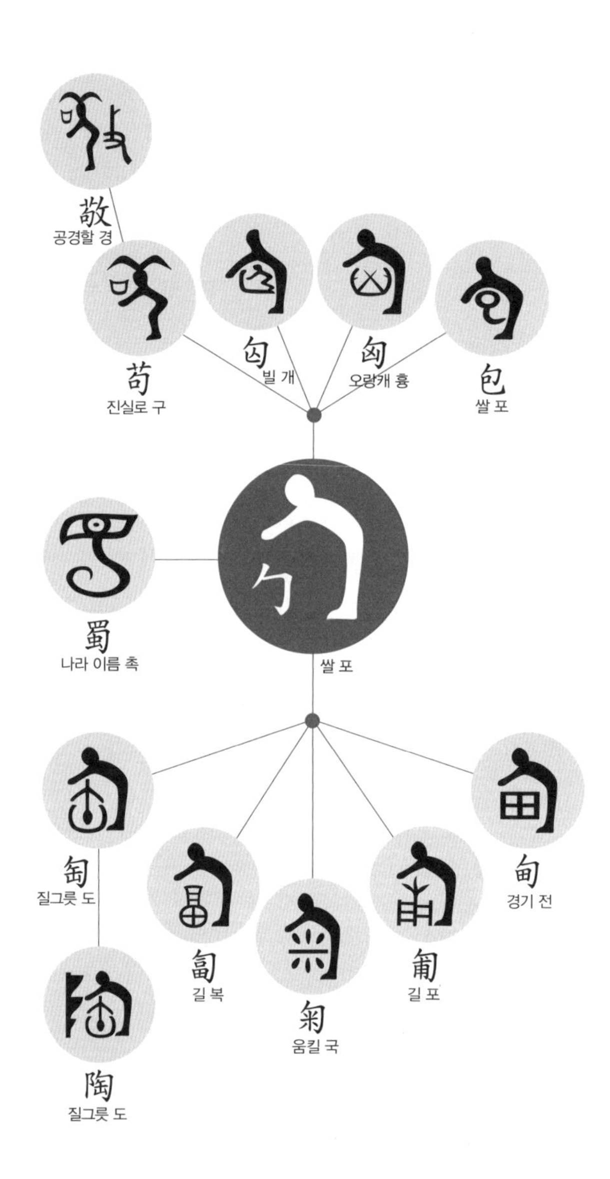
敬
공경할 경
苟
진실로 구
匃
빌 개
匈
오랑캐 흉
包
쌀 포
蜀
나라 이름 촉
勹
쌀 포
匋
질그릇 도
陶
질그릇 도
畐
길 복
匊
움킬 국
匍
길 포
甸
경기 전

匐 길 복

fú

몸을 구부리고( ) 절인 음식을 도기(, 畐가득할 복)에 넣다

'畐'의 금문 은 음식을 담는 항아리를 가리킨다.

• 복보하다(匐步--): 엎드려 기다

匋 질그릇 도, 기와 가마 요

táo

몸을 구부리고( ) 도기를 만들다(, 缶장군• 부)

금

전

'匋(질그릇 도)'는 '陶(질그릇 도)'의 본자이다. 《설문》은 "匋는 질그릇이다"라고 풀이했다. (缶)는 나무공이로 오목한 절구통을 치며 질그릇을 만드는 모습을 표현한 상형문자이다.

옛사람들은 고령토를 절구통에 넣고 각종 질그릇을 만들었다. 이런 연유로 '缶'의 뜻에서 罐(물동이 관), 罄(빌 경, 경쇠 경) 등의 한자가 파생되었고, 모두 질그릇과 관계있다.

• 장군: 물, 술, 간장 등의 액체를 담아서 옮길 때 쓰는 그릇으로 배가 불룩하고 목 좁은 아가리가 있는 질그릇

• 도견와계(陶犬瓦鷄): 흙으로 구워 만든 개와 기와로 만든 닭이라는 뜻으로, 외모만 훌륭하고 실속은 없어 아무 쓸모도 없는 사람을 비웃어 하는 말

匊 움킬 국

jú

몸을 구부리고( ) 쌀( )을 한 줌 쥐다

금

전

'匊'에서 파생된 '掬(움킬 국)'은 손으로 쌀을 한 가득 뜬 것을 의미하고, 이른바 '일국(一掬)'은 두 손으로 뜰 수 있는 수량을 가리킨다.

鞠 공 국, 굽힐 국

jū

가죽()으로 만든 공을 몸을 구부리고 들다()

《사기》의 기록에 따르면 춘추시대 때 제(齊)나라의 임치에선 '척국(踢鞠)'이 유행했다. 척국은 가죽 공을 차는 것으로, 이것은 축구에 관한 전 세계 최초의 기록이다. 척국은 원래 시정의 소인배들이 하는 운동이었지만 한나라 땐 귀족들 사이에도 널리 퍼졌다. 서한(西漢)의 《염철론(鹽鐵論)》에는 "窮巷踢鞠(궁항척국)" 즉 "거리와 골목에서도 축구를 하는 모습을 볼 수 있었다"라는 기록이 있다.

'鞠'은 원래 몸을 구부리고 가죽으로 만든 공을 들어 올리는 것을 뜻한다. '鞠'의 또 다른 두 가지 전서인 (踘 밟을 국), (躹 몸 굽힐 국)이 '革(가죽 혁)'을 '足(발 족)'이나 '身(몸 신)'으로 바꾼 것에서 '鞠'이 몸을 구부리고 축구를 하는 것임을 알 수 있다. '鞠'은 '몸을 구부리다'의 뜻이 있고, 국궁(鞠躬), 국양(鞠養, 양육) 등에 쓰인다. 《설문》은 "鞠은 답국(척국)이다"라고 풀이했다.

- 국희(鞠戲): 공을 발로 차는 놀이. 공놀이

- 경기(京畿): 왕도 주위 500리 이내 지역

甸 경기• 전

diàn

둘러싸인() 왕의 밭()

둘러싸인 왕의 밭은 얼마나 클까? 《상서》는 "五百里甸服(오백리전복)"이라고 했다. 다시 말해서 경성에서 사방 500리의 땅은 모두 왕의 밭에 속한다. 왕의 밭을 일구기 위해서 많은 소작인들이 필요했다.

匈 오랑캐 흉

xiōng

흉()악한 사람()

북방 민족의 침입을 자주 받은 고대 중국인은 북방 민족을 '흉노(匈奴)'라고 불렀다. (凶흉할 흉)은 사람이 험악한 곳에 떨어지거나 빠진 것을 나타내고, 여기에서 '험악하다'의 뜻이 생겼다.

苟 진실로 구, 구차할 구

gǒu

제멋대로 말하는() 강족()

금

전

고대 중원 사람들의 눈에 양을 키우며 먹고사는 강족은 교양이 떨어지는 사람들로 보였다. 강족은 중원에 왔을 때 예절을 지키지 않고 말도 제멋대로 했다. 여기에서 '제멋대로 하다' '탐욕스럽다' '비천하다'의 뜻이 생겼고, 구차(苟且), 구활(苟活, 구차하게 오래 살다), 구구(苟求 gǒuqiú, '제멋대로 원하다'를 의미하는 중국어) 등으로 쓰인다. 하지만 안타깝게도 예서 때 '양의 뿔'이 '艹(풀 초)'로 바뀌고, '人(사람 인)'과 '口(입 구)'가 독음을 나타내는 '句(글귀 구)'로 바뀌어 원래의 뜻이 사라졌다.

敬 공경할 경

jìng

손에 채찍을 들고(, 攴칠 복) 강족(, 羌오랑캐 강)에게 신중하게 말하라고() 경고하다

금

전

금문 , , 및 전서 , 은 모두 '羌' '口' '攴'으로 구성되었다. '敬'은 '바르고 엄숙하다'의 의미가 있고, 공경(恭敬), 존경(尊敬), 경봉(敬奉, 존경하여 받들다) 등에 쓰인다.

蜀 나라 이름 · 나비 애벌레 촉

shǔ

갑 금 전

몸을 구부리고 눈(, 目눈 목)이 큰 털벌레(, 虫벌레 충)

촉(蜀)은 뱀처럼 몸을 꿈틀거리며 이동하는 나비의 유충이다. 사람들은 촉을 보면 머리털이 쭈뼛 서고 온몸에 닭살이 돋는다. 그래서 《한비자(韓非子)》는 "사람은 뱀을 보면 놀라고, 촉을 보면 털이 곤두선다"라고 했고, 《시경》 〈동산(東山)〉은 "구불구불 기는 것은 촉이다"라고 했다.

주목할 점은 '勹'가 항상 사람을 상징하는 것은 아니라는 것이다. 匀(, 고를 균), 旬(, 열흘 순), 芻(, 꼴 추)의 '勹'는 손을 나타내고, 勺(, 구기• 작)은 음식물을 퍼내는 국자를 가리킨다.

• 구기: 술 등을 푸는 자루가 달린 용기

人에서 파생된 다른 한자

企 꾀할 · 바랄 기

qǐ

갑 전

까치발을 하고(, , 止그칠 지) 목을 길게 뺀 채 기대하고 있는 사람()

인기 스타가 무대에 등장하면 현장에 모인 팬들은 까치발을 들고 스타의 모습을 눈에 담는다. '企'는 '바라다'의 의미가 있고, 기도(企圖, 어떤 일을 이루려고 꾀하다), 기망(企望, 어떤 일이 이루어지기를 바라다), 기반(企盼qǐpàn, '바라다'를 의미하는 중국어) 등에 쓰인다. 《설문》은 "企는 발끝을 드는 것이다"라고 풀이했다.

사람(亻)이 손(又)에 잡히다. 따라잡히다

及 미칠 급

jí

'及'은 원래 '따라잡다'의 뜻이고, '도달하다' '추월하다'의 뜻을 파생시켰으며, 급격(及格jígé, '합격하다'를 의미하는 중국어), 급시(及時jíshí, '즉시'를 의미하는 중국어) 등에 쓰인다.

갑 금 전

- 급제하다(及第--): 과거(科擧)에 합격하다, 시험 혹은 검사에 합격하다
- 급기야(及其也): 마침내, 필경에는, 마지막에는

따라잡힌(及, 及미칠 급) 마음(心)

急 급할 급

jí

옛날에 원수나 짐승에게 쫓기는 사람은 분명히 마음이 조급했을 것이다. 따라서 '急'은 '매우 위험하다' '초조하다'의 의미를 낳았고, 긴급(緊急), 급절(急切, 어떤 시기가 눈앞에 닥쳐 사태나 상황 따위가 몹시 다급하다) 등에 쓰인다. 쫓기는 사람의 심정은 어떨까?

전해지는 말에 따르면 대우(大禹)는 치수를 할 때 집 앞을 세 번이나 지나가면서도 집에 들르지 않을 정도로 열심히 일했다. 어느 날 대우는 헌원산을 뚫고 큰물을 흘려보내기 위해서 흑곰으로 변신해 열심히 굴을 팠다. 대우가 한창 힘들게 굴을 팔 때 마침 부인인 도산씨가 점심을 싸서 남편을 보러 왔다가 시커먼 곰을 보고 기겁해서 부리나케 도망쳤다. 대우는 부인을 보고 기뻐서 다시 인간의 모습으로 변신하는 것도 잊은 채 부인을 쫓아갔지만 흑곰에게 따라잡힌 부인은 너무 놀란 나머지 돌덩이로 변하고 말았다.

吸 마실 흡

xī

물체를 입(口)으로 빨아 당기다(及, 及미칠 급)

汲 물 길을 급

jí

물(水)을 용기 안으로 끌어들이다(及)

后 임금 · 뒤 후

hòu

입을 열고(口) 군중에게 명령하는 사람(人)

갑골문 는 두 팔을 뻗은 사람( )이 입을 열고(口) 큰 소리로 명령하는 것을 묘사했고, 금문 및 전서 는 필순이 조금씩 조정되었다. 상고시대 때 군왕은 '后'라고 불렀다. 예컨대 하나라의 군왕은 스스로를 '하후(夏后)'라고 불렀다. 하지만 후대 사람들은 황후처럼 왕의 부인을 '后'라고 불렀다. '后'는 '왕의 뒤에 있다'라는 의미에서 '後(뒤 후)'와도 뜻이 통한다.

군왕은 직접 명령을 내릴 수 있지만 가끔은 명령할 수 있는 권한을 대신에게 넘겨주기도 한다. 예를 들어 주나라는 무왕이 죽은 뒤에 성왕이 왕위를 물려받았다. 성왕은 왕위를 계승하고 얼마 뒤에 무경이 반란을 일으키자 반란군을 토벌하기 위해서 주공을 책임자로 임명했다. 이때 주공은 성왕을 대신해 신하와 백성들에게 반란군을 토벌하라는 명령을 내려 3년 만에 난을 평정했다. 옛사람들은 군왕의 권한을 대행한 대신을 어떻게 묘사했을까? 옛사람들은 '后'의 좌우를 바꿔 '司(맡을 사)'를 만들었다. 갑골문 는 팔을 쭉 뻗은 채 입을 열고 큰 소리로 명령하는 사람을 나타낸다.

현대 한자	갑골문	금문	전서	뜻
后				명령하는 군왕
司				명령하는 대신

'司( )'와 '后( )'의 모양은 좌우 대칭을 이룬다. '后'는 명령하는 사람이 왼쪽에 있고, '司'는 명령하는 사람이 오른쪽에 있는데, '司'는 '后'인 군왕을 대신해서 사람들에게 명령하는 사람이다. '司'는 '높은 관료'라는 뜻 외에 '지배하다'라는 뜻도 있고, 사령(司令, 사령관), 사의(司儀sīyí, '의식을 치를 때의 사회자'를 의미하는 중국어) 등에 쓰인다. '司'의 독음에서 파생된 한자는 伺(엿볼 사), 飼(기를 사), 嗣(이을 사), 笥(상자 사), 詞(말 사), 祠(사당 사)가 있다.

- 황천후토(皇天后土): 하늘의 신과 땅의 신
- 빈계사신(牝鷄司晨): 암탉이 새벽에 우는 일을 맡았다는 뜻으로, 부인이 남편을 젖혀놓고 집안일을 마음대로 처리함을 이르는 말(출처: 《서경》 〈목서牧誓〉)

鷹 매 응

yīng

사람(亻)이 지붕 밑(厂, 厂기슭 엄)에서 길들인 큰 새(隹, 隹새 추)에게 작은 새(鳥)를 잡으라고 명령하다

'鷹'의 금문 ▢은 갑골문 ▢(后임금 후) 및 ▢(司맡을 사)의 개념 구조와 비슷한데, ▢은 사람이 새에게 명령하는 것, 즉 매를 키우는 사람이 사냥매에게 명령하는 것을 나타낸다. 고대에 요나라와 금나라의 유목민족은 '해동청(海東靑)'이라고 불리는 훈련된 사냥매로 기러기를 잡았다. 《후한서》 등의 고서들은 모두 사냥매를 키운 것에 대한 기록을 담고 있는데, 《두예주(杜預注)》에 나오는 "鷹은 새를 숨게 한다"라는 글에서 일찍이 옛사람들에게 매로 작은 새를 사냥하는 풍속이 있었음을 알 수 있다.

戍 지킬 수

shù

사람(亻)이 무기(戈, 戈창 과)를 몸 옆에 놓고 수시로 방어하다

'戍'는 '변경을 방어하다'라는 의미를 낳았고, 수위(戍衛, 국경을 지키는 일), 수루(戍樓, 적의 동정을 살피려고 성 위에 만든 망대) 등에 쓰인다.

伐 칠 벌

fá

무기(戈)로 남(亻)의 목을 베다

'伐'은 '공격하다'의 의미를 낳았고, 공벌(攻伐, 공격하여 정벌하다), 토벌(討伐, 무력으로 쳐 없애다) 등에 쓰인다. '戍(지킬 수)'와 '伐'은 모두 '人(사람 인)'과 '戈(창 과)'로 이루어졌지만 놓인 위치가 달라서 서로 완전히 반대의 뜻이 되었으니, 이것 또한 한자의 재미있는 현상이다.

현대 한자	갑골문	금문	전서	뜻
戍				수비하다
伐				공격하다

幾 몇 기

jī 또는 jǐ

금

전

방어(, 戍지킬 수)가 실()처럼 약해서 곧 무너질 것 같다

'幾'는 방어 전선이 곧 무너질 것 같은 상황을 나타낸다. 여기에서 '거의' '얼마나' '거의 없다' 등의 뜻이 파생되었고, 기호(幾乎jīhū, '거의' '하마터면'을 의미하는 중국어), 기허(幾許jǐxǔ, '얼마'를 의미하는 중국어) 등의 단어에 쓰인다. 《설문》은 "幾는 미약하고 위태로운 것이다"라고 풀이했고, 《이아(爾雅)》 〈석고(釋詁)〉는 "幾는 위험한 것이다"라고 풀이했다.

- 기사지경(幾死之境): 거의 다 죽게 된 지경

年 해 년

nián

갑

금

전

사람()이 볏단()을 이다. 오곡을 수확하고 집에 돌아가 저장하는 계절

북쪽의 황하 유역에 사는 사람들은 일 년에 한 번 수확하고, 사계절 내내 농경 생활을 한다. 먼저 봄에는 밭을 갈고, 여름에는 잡초를 제거하며, 가을에는 수확하고, 겨울에는 저장한다. '年(해 년)'은 겨울이 와서 서둘러 곡물을 저장하고 추운 겨울을 나는 것을 나타내고, 연세(年歲), 연도(年度) 등에 쓰인다.

千 일천 천

qiān

10(丨) 퇴(堆)의 사람(亻)

허신은 천(千)을 열(十) 무리(堆쌓을 퇴)의 사람들이라고 생각했는데, 한 무리가 100명의 사람들로 이루어졌을 때 열 무리이면 총 1000명이 된다. 《설문》은 "천(千)은 백이 열 개인 것이고, 십(十)과 인(人)이 합쳐진 것이다"라고 풀이했다.

介 낄 개

jiè

가슴과 등에 각각 갑옷(( ))을 대고 몸을 보호하는 사람(亻)

갑골문 介는 갑옷을 입은 사람을 표현한 상형문자이다. 고대에 갑옷은 앞뒤로 여러 개의 금속 조각이나 돌 조각을 붙인 전투복이었다. 진시황 시대에 만들어진 병마용에는 갑옷을 입은 병사들이 매우 많은데, 병사들은 가슴과 등에 각각 커다란 돌 조각을 댔다. 사람이 갑옷 사이에 있어서 '介'에서 '둘 사이에 끼다'라는 의미가 생겼고, 개입(介入), 인개(引介yǐnjiè, '추천하고 소개하다'는 뜻의 중국어) 등으로 쓰인다. 중국어로 '개충(介蟲jièchóng)'은 '온몸이 단단한 껍데기로 싸인 곤충'•을 가리키고, '개주무사(介胄武士jièzhòuwǔshì)'는 '철갑을 입은 무사'를 가리킨다.

• 한국어로도 '개충'을 사용한다. 같은 말로는 갑충(甲蟲)이 있다

界 경계 계

jiè

두 밭(田) 사이에 끼다(人)

'界'는 원래 밭과 밭 사이의 경계선을 뜻하고, 여기에서 각종 영역의 경계선이라는 뜻이 생겼다.

永 길 영

yǒng

사람(人)이 끊임없이 흐르는 강물(水)에서 수영하다

갑 금 전

'永'은 원래 '수영하다'라는 뜻인데, 이 뜻을 가진 한자는 훗날 '泳(헤엄칠 영)'으로 바뀌었다. 사람의 양 옆으로 강물이 끊임없이 흐르기 때문에 '永'은 '끊임없이 계속되다' '까마득하다'라는 뜻이 생겼고, 영원(永遠), 영구(永久), 영생(永生), 영수불후(永垂不朽yǒngchuíbùxiǔ, '천추에 길이 빛나다'를 의미하는 중국어) 등에 쓰인다.

昶 해가 길 창

chǎng

물에서 수영(永)하는 사람을 태양(⊙)이 하늘에서 비추다

금 전

고대의 왕은 해가 영원히 안 지고 늘 낮이기를 바랐다. 그래서 중단 없이 계속해서 국가를 건설하고 싶은 염원에서 '永(길 영)'으로 '昶(해가 길 창)'을 만들고 영원히 낮이기를 바라는 마음을 표현했다. '昶'은 원래 영원한 낮이나 기나긴 낮을 뜻하고, '일이 순조롭다'라는 의미를 파생시켰다. 창달(昶達chǎngdá, '막힘없이 잘 통하다'를 의미하는 중국어), 정사통창(政事通昶

zhèngshìtōngchǎng, '정사에 막힘이 없다'를 의미하는 중국어) 등에 쓰인다.

漾 출렁거릴·강이 길 양

yàng

양( )이 물( )에서 헤엄치다( )

'羕(강이 길 양)'은 '漾'의 본자이다. 양은 수영을 못하지만 가라앉지 않고 수면에 떠 있을 수 있다. 때문에 '漾'에서 '떠다니다'라는 뜻이 파생되었고, 탕양(蕩漾, 물결이 넘실거리며 움직이다) 등에 쓰인다.

이 밖에 '永'( )과 '𠂢'( )는 좌우 대칭을 이루는데, '𠂢'(음은 '파'이다)는 '강물이 갈라져 흐르다'라는 의미가 있고, 脈(줄기·혈관 맥)과 派(갈래 파)를 파생시켰다.

현대 한자	갑골문	금문	전서	파생된 뜻
永				끊임없이 계속되다
𠂢				강물이 갈라져 흐르다

脈 줄기·혈관 맥

mài

육( )체에서 끊임없이 갈라져 흘러나가는( ) 물질. 혈액 계통

관련 단어는 혈맥(血脈), 맥박(脈搏), 산맥(山脈) 등이 있다.

派 갈래 파

pài

갈라져 흐르는() 강물(). 하천의 지류

'똑같은 입장, 사상, 신념을 가진 작은 단체'라는 뜻이 파생되었고, 종파(宗派), 학파(學派), 분파(分派) 등으로 쓰인다.

- 파견하다(派遣--): 일정한 임무를 주어 사람을 보내다

從 좇을 종

cóng

따르다. 두 사람이 앞뒤로() 길(, 彳조금 걸을 척)을 걷다(, 止그칠 지)

관련 단어는 수종(隨從, 따라다니며 곁에서 심부름 따위의 시중을 들다), 준종(遵從zūncóng, '따르다'를 의미하는 중국어) 등이 있다. '從'의 간체자는 '从'이다.

금

전

- 종심(從心): 일흔 살을 이르는 말. 《논어》 〈위정(爲政)〉편에서 공자가 일흔이 되어 뜻대로 행하여도(從心) 도에 어긋나지 않았다고 한 데서 나온 말

坐 앉을 좌

zuò

두 사람()이 땅(, 土흙 토)에 앉아 쉬려고 하다

옛사람들은 자리가 깔려 있는 바닥에 앉았기 때문에 앉을 때 무릎으로 먼저 땅을 디딘 뒤에 엉덩이를 발뒤축에 놓았다. 고대에는 무릎을 꿇는 것을 앉은 것이라고 불렀는데, 일본인은 지금도 무릎을 꿇고 앉는 습관이 있다.

- 좌이대사(坐而待死): 앉아서 죽기만을 기다린다는 뜻으로, 아무 대책 없이 운수에 맡기는 것을 이른다

갑
금
전

眾(衆)
무리 중
zhòng

많은 사람들(𠈌)을 보다(罒)

상나라는 평민들을 '중(衆)' 또는 '중인(衆人)'이라고 불렀다. '眾'은 '衆'의 본자이고, '衆'의 간체자는 '众'이다.

갑
금
전

長 길 · 자랄 장, 어른 장
zhǎng 또는 cháng

머리카락이 길게 자란 사람

갑골문 长은 사람(亻)의 머리에 긴 머리카락이 있는 것을 나타냈다. '長'은 두 가지 뜻이 있다. 하나는 서서히 커지는 것으로, 생장(生長, 성장), 증장(增長, 증가) 등으로 쓰인다. 또 다른 뜻은 '양 끝의 거리가 멀다'이고, 장도(長度chángdù, '길이'를 의미하는 중국어), 장수(長壽) 등으로 쓰인다. '長'의 간체자는 '长'이다.

髟 늘어질 표, 처마 삼
biāo

길게 자란(長) 머리카락(彡, 彡터럭 삼)

'彡'은 머리카락이나 머리카락과 같은 장식을 나타낸다. '髟'의 뜻에서 파생된 형성자는 髮(머리털 발), 鬍(수염 호), 鬚(수염 수), 鬢(살쩍 빈), 髯(구레나룻 염), 髭(윗수염 자), 髦(다팔머리 모), 髻(상투 계), 鬆(더벅머리 송), 鬣(갈기 렵), 鬃(상투 종) 등이 있다. 이 한자들은 모두 장발이나 긴 털과 관계있다. 예컨대 '髮(머리털 발)'은 머리에 난 긴 털이고, '鬍(수염 호)'는 입 주변에 난 털이며, '鬚(수염 수)'는 턱에 난 털이고, '髯(구레나

롯 염)'은 양 볼에 난 털이다. 또한 '鬢(살쩍• 빈)'은 귀밑털이고, '髭(윗수염 자)'는 입술 윗부분에 난 짧은 털이며, '髻(상투 계)'는 머리에 튼 머리 묶음이고, '鬆(더벅머리 송)'은 헝클어진 머리카락이다. '髦(다팔머리 모)'는 찰랑거리는 머리털이나, 혹은 머리에서 가장 긴 머리카락이고, '鬣(갈기 렵)'은 동물의 목에 난 털이며, '鬃(상투 종)'은 상투 이외에도 동물의 목이나 등에 난 털을 뜻한다.

• 살쩍: 관자놀이와 귀 사이에 난 머리털(=귀밑털)

張 베풀 장

zhāng

활( )을 끊임없이 길고( ) 크게 하다. 즉 활시위를 당기다

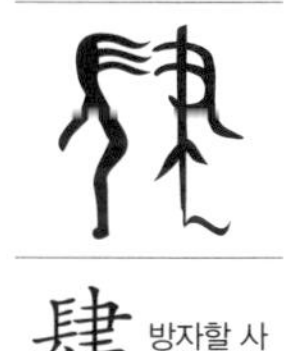

肆 방자할 사

sì

손에 긴( ) 붓(, 聿붓 율)을 들다

긴 붓을 들고 글을 쓰려면 힘을 발휘해야 하기 때문에 '최대한 늘어놓다'라는 의미가 생겼다. 또한 긴 붓은 다루기 어려운지라 '제멋대로 굴다'라는 의미도 생겼다. 관련 단어는 방사(放肆, 제멋대로 행동하며 어려워하는 데가 없다), 사의(肆意sìyì, '마음대로' '제멋대로'를 의미하는 중국어) 등이 있다.

이 밖에 '套(씌울 투, 덮개 투)'는 크고( ) 긴( ) 사물을 나타내고, '다른 사물을 완전히 가리다'라는 의미를 낳았다. 관련 단어는 권투(圈套, '그물을 친 안'이라는 뜻으로 '세력 범위'를 의미한다. 혹은 '올가미'나 '덫'을 의미한다)•, 검투(劍套jiàntào, '칼집'을 의미하는 중국어), 투뢰(套牢tàoláo, '주식 가격의 하락으로 돈이 장기간 묶이는 것'을 의미하는 중국어), 투복(套服tàofú, '정장'을 의미하는 중국어) 등이 있다.

• '圈套'가 중국어로 쓰일 때는 '올가미, 덫'을 의미하며, 발음은 [quāntào]이다

休 쉴 휴

xiū

사람( )이 나무( ) 그늘 밑에 가다

'休'는 '쉬다' '잠시 일을 멈추다'의 의미를 낳았고, 휴식(休息), 휴병(休兵, 군사를 쉬게 하여 사기를 북돋우다), 휴한(休閒, 흙을 개량하기 위하여 어느 기간 동안 작물 재배를 중지하다) 등에 쓰인다.

伏 엎드릴 복

fú

사람( )이 개(, 犬개 견)처럼 기어 다니다

'아래를 향하고 기다' '처벌을 받아들이다'의 뜻을 낳았고, 매복(埋伏, 상대편의 동태를 살피거나 불시에 공격하려고 일정한 곳에 몰래 숨어 있다), 복법(伏法, 형벌을 순순히 받고 죽다) 등에 쓰인다.

亟 빠를 극

jí

황급히 하늘을 받치는 거인

'여와보천(女媧補天)'•은 인구에 회자되는 중국의 신화이다. 이 신화에서 하늘은 몇 개의 큰 나무 기둥으로 받쳐졌는데, 어느 날 공공(共工, 물의 신)이 축융(祝融, 불의 신)과 싸우다가 하늘을 받치는 불주산의

나무 기둥에 처박혔다. 그러자 갑자기 하늘이 무너져 내리더니 하늘에 구멍이 뚫린 것처럼 수십일 동안 폭우가 쏟아져 태양의 종적을 찾아볼 수 없게 되었다. '昔(옛 석)'의 갑골문 은 범람한 홍수에 해가 뒤덮였던 옛 모습을 묘사한 것이다. 파괴적인 대홍수가 일어났을 때 다행히도 여와가 재빨리 기우는 기둥을 받쳤고, 오색 돌을 녹여 하늘을 메우고 최후의 생존자 몇몇을 구했다. 여와의 공을 기리기 위해서 하카(客家)족은 지금도 천천일(天穿日, 보천절補天節이라고도 한다)을 기념하는 풍속을 유지하고, 하늘을 받치는 상징적인 의미로 천천일마다 붉은 실로 전병을 지붕에 매단다. 또한 제품(祭品)을 준비해 여와에게 제사를 올리는데, 공교롭게도 지금까지 천천일은 봄비가 내리는 경우가 많았다. 동진 때 왕가(王嘉)는 《습유기(拾遺記)》에서 "강동 지역은 정월 이십일을 천천일이라고 부르고, 붉은 실로 전병을 지붕에 매달아 뚫린 하늘을 메운다"라고 저술했다. 비슷한 이야기는 서양에도 있다.

고대 그리스 신화에도 하늘을 받치는 신이 있었으니, 바로 아틀라스(Atlas)이다. 아틀라스는 최고의 신인 제우스에게 저항했다가 실패한 뒤에 머리와 손으로 서쪽 하늘을 받치는 벌을 받았다.

'亟(빠를 극)'의 갑골문 은 하늘을 받치고 땅에 서 있는 거인이고, 금문 은 소리를 지르는 '입(口)'과 하늘을 받치는 '손(手)'을 더해 하늘을 받치는 긴급 상황을 생동적으로 묘사했다. 따라서 '亟'은 '급박하다'라는 뜻이 있고, 극욕(亟欲jíyù, '시급히 ~하고 싶어 하다'를 의미하는 중국어), 극반(亟盼jípàn, '간절히 바라다'를 의미하는 중국어)에 쓰인다. 이 밖에 후대 사람들은 여기에 '나무(木)'를 더하고 '極'(지극할 극,)을 만

• 여와보천: 중국의 천지창조 신화에 나오는 여신인 여와가 하늘을 수리하다

들어 하늘을 받치는(工) 나무(木), 즉 하늘과 땅의 양 극단을 떠받치는 '경천주(擎天柱)'•를 표현했다. '極'은 '꼭대기' '끝'이라는 뜻을 낳았고, 극한(極限), 북극(北極) 등에 쓰인다.

• 중국 전설에 나오는 하늘을 떠받치는 곤륜산의 여덟 개의 기둥

서로 사랑하는 두(二) 사람(人)

공자 학설의 중심은 '仁'이다. 공자는 늘 어짊에 대해서 말했지만 제자인 번지(樊遲)는 어짊이라는 추상적인 개념을 이해하지 못하고 고민하다가 어느 날 용기를 내어 공자에게 물었다.

"스승님, 대체 '仁'은 무엇입니까?"

공자의 대답은 뜻밖이었다.

"사람을 사랑하는 것이다."

공자는 어진 사람은 모든 행동이 사랑하는 마음에서 비롯되고, 이를 위해선 먼저 가족을 사랑해야 한다고 생각했다. 또한 부모에게 효도하고 형제들과 우애 있게 지내는 것이 '仁'을 실천하는 첫걸음이고, 자신이 성공하기 전에 남의 성공을 도와주는 것이 좋다고 여겼다. 하지만 '仁'을 극단적으로 추구하면 왕위를 (자신의 아들이 아닌) 다른 사람에게 선양한 요임금과 순임금마저 백성을 충분히 사랑하지 않은 군왕인 셈이 되고, 공자 본인도 모든 면에서 빈틈없이 인(仁)을 실천하지 못하니, 그저 최선을 다해서 추구하라고 말했다. 공자는 "말재간이 화려한 사람은 인애의 마음이 부족하지만 강직하고 말을 신중하게 하는 사람은 사랑하는 마음이 있다"라는 말로 제자들에게 '仁'은 말하는

것보다 실천하는 것이 더 중요함을 일깨웠다. 공자가 말한 '仁'은 예수가 전한 사랑과 거의 일치한다. 심지어 예수는 원수까지 사랑하라고 말했다.

件 조건·물건·단위 건

jiàn

사람( )이 소( )를 해체해서 한 사람씩 나눠 갖다

'件'은 사물을 분배하는 단위이고, 일건(一件, 한 벌, 혹은 한 가지), 영건(零件língjiàn, '부품'을 의미하는 중국어) 등에 쓰인다.

代 대신할 대

dài

사냥하는 사람( )이 화살( )을 바꾸다

'弋(주살 익,)'은 활을 쏴서 기러기를 잡는 것을 표현한 상형문자이다. '代'는 크게 두 가지 의미가 있는데, 하나는 바꾸는 것이다. 기러기가 서식지에서 하나둘 날아오르면 사냥꾼은 재빨리 화살을 넣고 활시위를 당겨야 한다. '代'는 화살을 연이어 교체하는 광경을 묘사했고, 체대(替代, (어떤 일을 서로 번갈아 하며) 대신하다)•, 대리(代理), 대표(代表) 등에 쓰인다. '代'의 또 다른 의미는 '교대 시간'이다. 이땐 세대(世代), 연대(年代), 조대(朝代cháodài, '왕조의 연대'를 의미하는 중국어) 등으로 쓰인다.

• '替代'가 중국어로 쓰일 때는 [tìdài]로 발음하고 '대신하다' '대체하다'를 의미한다

文

黃

大

天

立

제3장

大

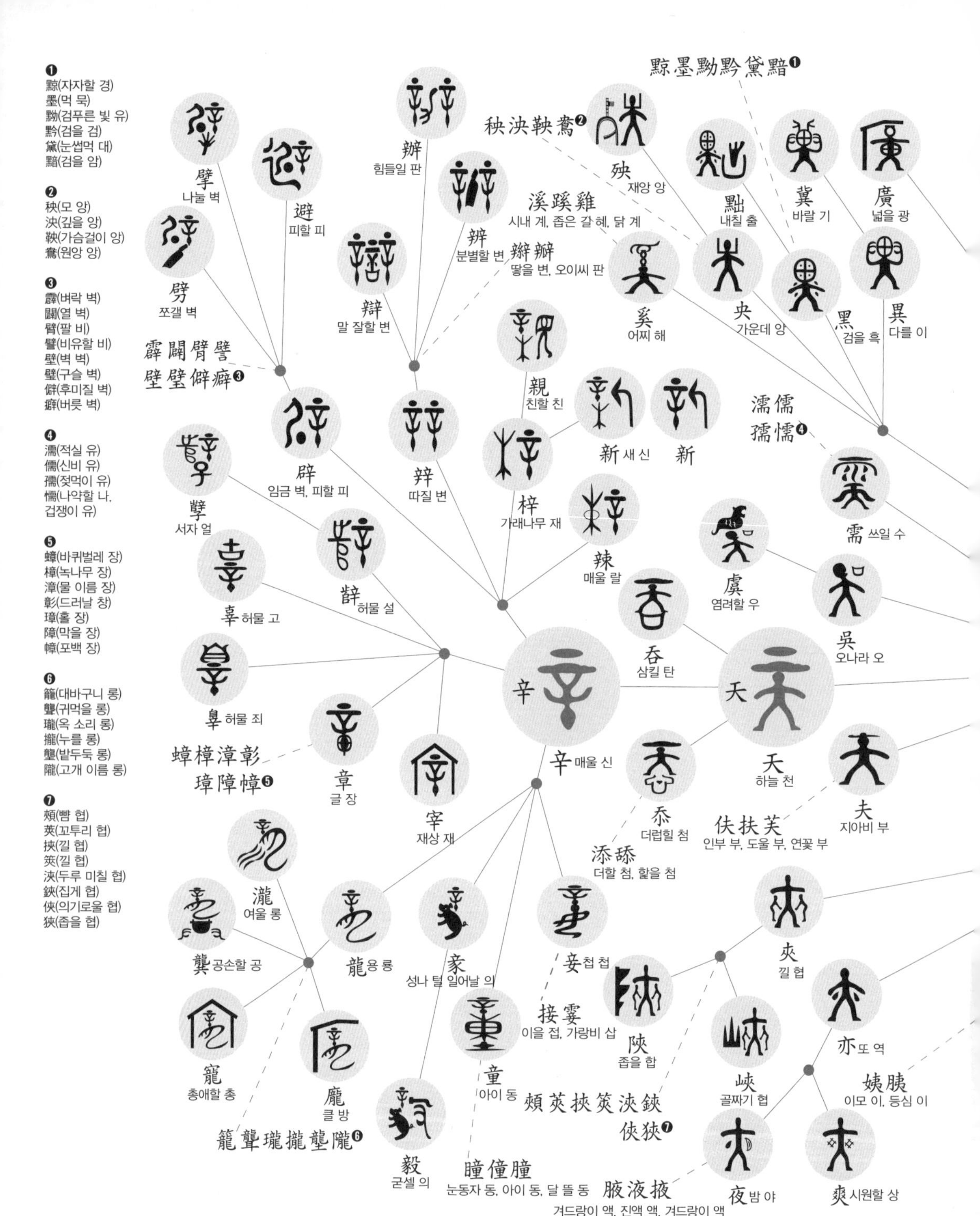

❶
黥(자자할 경)
墨(먹 묵)
黝(검푸른 빛 유)
黔(검을 검)
黛(눈썹먹 대)
黯(검을 암)
❷
秧(모 앙)
泱(깊을 앙)
鞅(가슴걸이 앙)
鴦(원앙 앙)
❸
霹(벼락 벽)
闢(열 벽)
臂(팔 비)
譬(비유할 비)
壁(벽 벽)
璧(구슬 벽)
僻(후미질 벽)
癖(버릇 벽)
❹
濡(적실 유)
儒(선비 유)
孺(젖먹이 유)
懦(나약할 나, 겁쟁이 유)
❺
蟑(바퀴벌레 장)
樟(녹나무 장)
漳(물 이름 장)
彰(드러날 창)
璋(홀 장)
障(막을 장)
幛(포백 장)
❻
籠(대바구니 롱)
聾(귀먹을 롱)
瓏(옥 소리 롱)
攏(누를 롱)
壟(밭두둑 롱)
隴(고개 이름 롱)
❼
頰(뺨 협)
莢(꼬투리 협)
挾(낄 협)
筴(낄 협)
浹(두루 미칠 협)
鋏(집게 협)
俠(의기로울 협)
狹(좁을 협)
黥墨黝黔黛黯❶
秧泱鞅鴦❷
擘 나눌 벽
避 피할 피
辦 힘들일 판
辨 분별할 변
辯 말 잘할 변
劈 쪼갤 벽
辮辧 땋을 변, 오이씨 판
殃 재앙 앙
溪蹊雞 시내 계, 좁은 길 혜, 닭 계
黜 내칠 출
冀 바랄 기
廣 넓을 광
奚 어찌 해
央 가운데 앙
黑 검을 흑
異 다를 이
霹闢臂譬
壁璧僻癖❸
親 친할 친
辟 임금 벽, 피할 피
辡 따질 변
新 새 신
新
濡儒
孺懦❹
孽 서자 얼
梓 가래나무 재
需 쓰일 수
辥 허물 설
辣 매울 랄
辜 허물 고
虞 염려할 우
吴 오나라 오
吞 삼킬 탄
辠 허물 죄
辛
天
辛 매울 신
天 하늘 천
蟑樟漳彰
璋障幛❺
章 글 장
宰 재상 재
忝 더럽힐 첨
夫 지아비 부
伕扶芙 인부 부, 도울 부, 연꽃 부
添舔 더할 첨, 핥을 첨
瀧 여울 롱
龔 공손할 공
龍 용 롱
豙 성나 털 일어날 의
妾 첩 첩
夾 낄 협
接霎 이을 접, 가랑비 삽
陜 좁을 합
寵 총애할 총
龐 클 방
童 아이 동
峽 골짜기 협
亦 또 역
姨胰 이모 이, 등심 이
頰莢挾筴浹鋏
俠狹❼
籠聾瓏攏壟隴❻
毅 굳셀 의
瞳僮曈 눈동자 동, 아이 동, 달 뜰 동
腋液掖 겨드랑이 액, 진액 액, 겨드랑이 액
夜 밤 야
爽 시원할 상

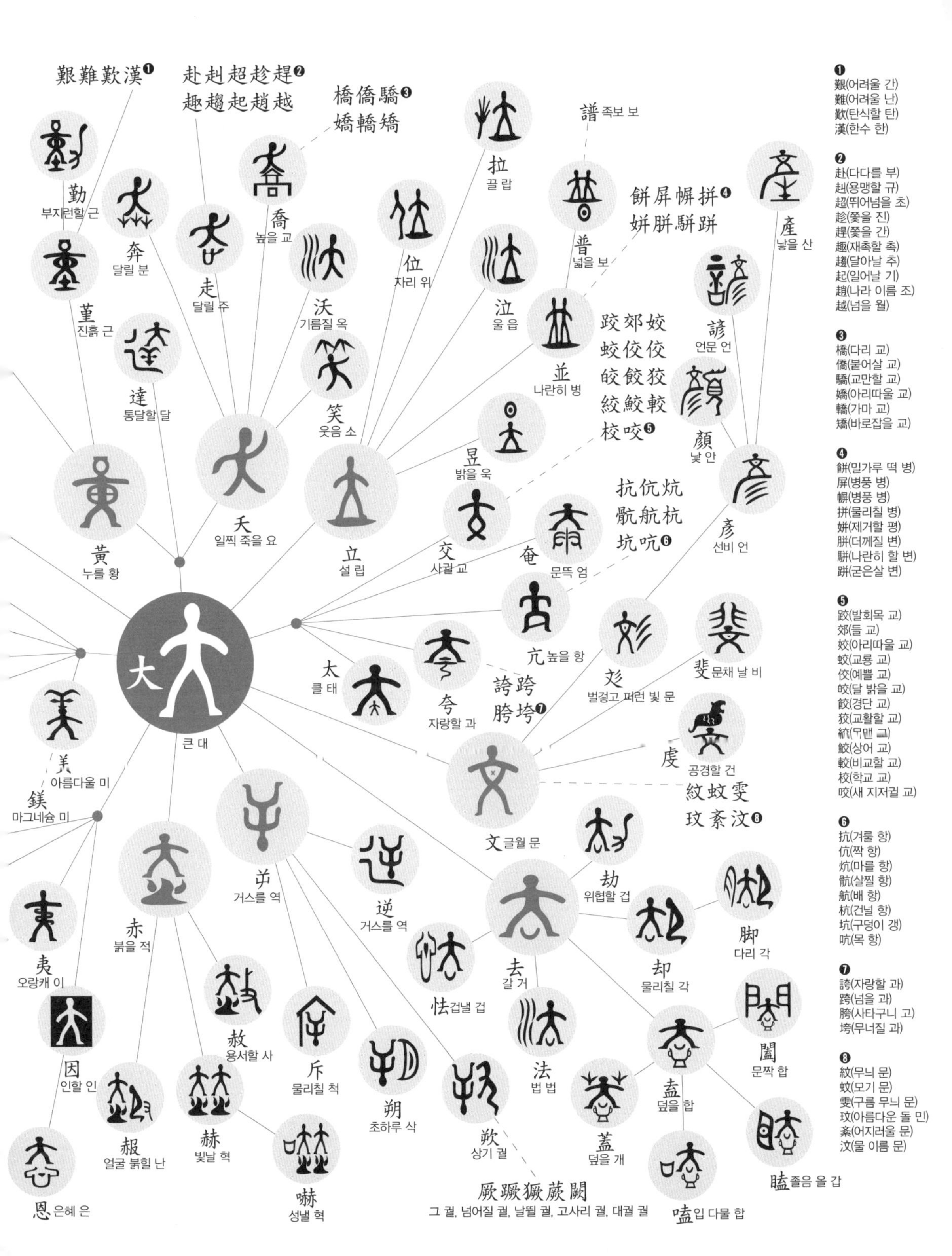

艱難歎漢❶
赴赳超趁趕❷
趣趨起趙越
橋僑驕❸
嬌轎矯
譜 족보 보
勤
부지런할 근
奔
달릴 분
喬
높을 교
走
달릴 주
拉
끌 랍
普
넓을 보
餅屛帲拼❹
姘胼駢跰
産
낳을 산
堇
진흙 근
沃
기름질 옥
位
자리 위
泣
울 읍
並
나란히 병
跤郊姣
蛟佼佼
皎餃狡
絞鮫較
校咬❺
諺
언문 언
達
통달할 달
笑
웃음 소
昱
밝을 욱
顔
낯 안
黄
누를 황
夭
일찍 죽을 요
立
설 립
交
사귈 교
奄
문뜩 엄
抗伉炕
骯航杭
坑吭❻
彦
선비 언
大
큰 대
亢 높을 항
太
클 태
夸
자랑할 과
誇跨
胯垮❼
彣
벌겋고 퍼런 빛 문
斐 문채 날 비
虔
공경할 건
美
아름다울 미
鎂
마그네슘 미
屰
거스를 역
文 글월 문
紋蚊雯
玟紊汶❽
赤
붉을 적
逆
거스를 역
劫
위협할 겁
脚
다리 각
夷
오랑캐 이
去
갈 거
却
물리칠 각
怯 겁낼 겁
因
인할 인
赦
용서할 사
斥
물리칠 척
法
법 법
盍
덮을 합
闔
문짝 합
赧
얼굴 붉힐 난
赫
빛날 혁
朔
초하루 삭
欮
상기 궐
蓋
덮을 개
恩 은혜 은
嚇
성낼 혁
厥蹶獗蕨闕
그 궐, 넘어질 궐, 날뛸 궐, 고사리 궐, 대궐 궐
嗑 입 다물 합
瞌 졸음 올 갑
❶
艱(어려울 간)
難(어려울 난)
歎(탄식할 탄)
漢(한수 한)
❷
赴(다다를 부)
赳(용맹할 규)
超(뛰어넘을 초)
趁(쫓을 진)
趕(쫓을 간)
趣(재촉할 촉)
趨(달아날 추)
起(일어날 기)
趙(나라 이름 조)
越(넘을 월)
❸
橋(다리 교)
僑(붙어살 교)
驕(교만할 교)
嬌(아리따울 교)
轎(가마 교)
矯(바로잡을 교)
❹
餅(밀가루 떡 병)
屛(병풍 병)
帲(병풍 병)
拼(물리칠 병)
姘(제거할 평)
胼(더께질 변)
駢(나란히 할 변)
跰(굳은살 변)
❺
跤(발회목 교)
郊(들 교)
姣(아리따울 교)
蛟(교룡 교)
佼(예쁠 교)
皎(달 밝을 교)
餃(경단 교)
狡(교활할 교)
絞(목맬 교)
鮫(상어 교)
較(비교할 교)
校(학교 교)
咬(새 지저귈 교)
❻
抗(겨룰 항)
伉(짝 항)
炕(마를 항)
骯(살찔 항)
航(배 항)
杭(건널 항)
坑(구덩이 갱)
吭(목 항)
❼
誇(자랑할 과)
跨(넘을 과)
胯(사타구니 고)
垮(무너질 과)
❽
紋(무늬 문)
蚊(모기 문)
雯(구름 무늬 문)
玟(아름다운 돌 민)
紊(어지러울 문)
汶(물 이름 문)

고대 중국인들은 사람의 옆모습을 로 묘사했고, 사람의 정면을 로 묘사했다. 훗날 은 '人'이 되었고, 는 '大(큰 대)'가 되었다. '大'의 갑골문 , 금문 및 전서 는 모두 두 팔과 다리를 벌린 사람이고, 성숙한 어른을 상징한다. 갑골문 및 금문에서 '大'를 포함한 많은 한자들은 모두 사람이나 성인을 나타낸다.

에서 파생된 흥미롭고 뜻이 풍부한 주요 한자는 , , , , , , , , , , , , , , , , , , , 등이다. 과연 이 우아한 한자들은 무엇을 묘사한 것일까?

'大'의 뜻에서 파생된 한자 중에서 立(설 립), 辛(매울 신), 屰(거스를 역), 夭(일찍 죽을 요), 文(글월 문), 黃(누를 황) 등 이 여섯 한자는 또다시 많은 한자들을 파생시킨 기본적인 한자이다. 먼저 여섯 한자에서 파생된 한자들을 차례대로 나누어서 살펴보고, 이어서 나머지 한자들을 알아보도록 하자.

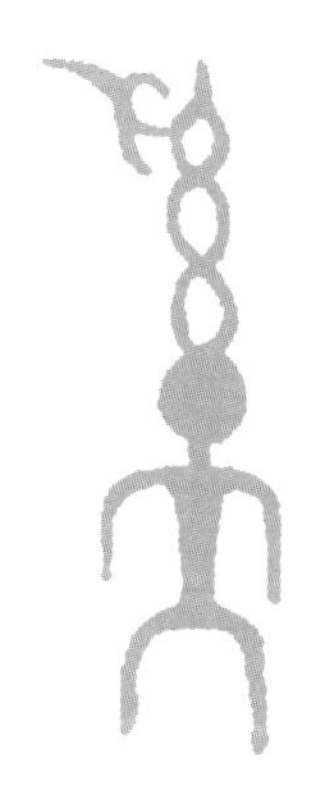

立에서 파생된 한자

立 설립

lì

두 발로 땅 위에 선 사람

갑골문 𠅋 및 금문 𠅋은 모두 땅 위에 서 있는 사람이다. 전서 𠅋은 가슴과 배를 생략했고 특이하게 두 다리를 길게 늘여 서 있는 것을 강조했다. '立'은 창립(創立), 참립(站立zhànlì, '서다'를 의미하는 중국어) 등으로 쓰인다. '立'의 뜻에서 파생된 한자는 並(나란히 병), 位(자리 위), 拉(끌 랍), 泣(울 읍) 등이 있고, '立'의 독음에서 파생된 한자는 粒(쌀알 립), 笠(삿갓 립), 涖(다다를 리)•, 蒞(다다를 리), 翊(도울 익) 등이 있다.

•涖(다다를 리)의 이체자: 莅(다다를 리), 蒞(다다를 리), 逮(임할 리)

• 德建名立(덕건명립): 덕으로 세상일을 행하면 자연스럽게 이름이 서게 된다(출처: 《천자문千字文》)

並• 나란히 병

bìng

두 어깨를 나란히 하고 서 있는 사람(𠅋)

'並'은 '두 물체가 함께 있다' '두 가지 일이 동시에 일어나다'라는 의미를 파생시켰고, 병립(竝立, 나란히 서다), 병존(竝存, 두 가지 이상이 함께 존재하다), 병차(並且bìngqiě, '또한'을 의미하는 중국어) 등에 쓰인다. '並'의 독음에서 파생된 형성문자는 餅(밀가루 떡 병), 屛(병풍 병), 甁(병 병), 摒(제거할 병), 拼(물리칠 병) 등이 있다. 幷(아우를 병), 倂(아우를 병)은 '並'과 통용되는 이체자이다.

•'並'의 본자(本字)는 '竝'이다

• 병거하다(竝擧--): 두 가지 이상의 예를 함께 들다

전

普 넓을·두루 미칠 보

pǔ

두 사람이 나란히 서서(竝) 해(⊙)가 지는 것을 보다

태양은 좋은 사람만 비추는 것이 아니라 나쁜 사람도 골고루 비춘다. '普'는 나란히 선 두 사람이 아침에 해가 떠오르는 것을 보며 함께 햇살을 느끼고, 저녁에 함께 일몰을 감상하는 것을 나타낸다. 관련 단어는 보편(普遍), 보조(普照pǔzhào, '두루 비추다'를 의미하는 중국어) 등이 있다. 《설문》은 "普는 태양에 색이 없는 것이다"라고 풀이했는데, 서개(徐鍇)는 이것을 "태양은 빛이 없어(특정한 색을 띠지 않아) 멀고 가까운 것을 똑같이 비춘다"라고 말했다.

전

位 자리 위

wèi

사람(亻)이 서 있는(立) 곳

옛날에 관리들은 조정에서 직위의 서열에 따라 서 있었는데, 황제에 가까울수록 지위가 높고 멀수록 지위가 낮았다. 따라서 사람이 서 있는 곳을 보면 그 사람의 직위 및 하는 일을 가늠할 수 있었다. '位'의 관련 단어는 위치(位置), 방위(方位), 직위(職位) 등이다.

전

拉 끌·당길 랍

lā

손(手)으로 사람을 일으켜 세우다(立)

고대에는 무릎을 꿇고 앉았기 때문에 오래 앉으면 일어나기가 쉽지 않아서 일으켜 세워줄 사람이 필요했다. 《예기》에는 "노인을 봉양하기 위해서 의자와 지팡이를 줬다"라는 기록이 있는데, 노인은 무릎을 꿇고 오래 앉아 있기가 불편해서 조정에서 의자와 지팡이를 줬다. 이 밖에 다른 사람을 초대할 때 손을 뻗어 다른 사람을 잡아끄는 것에서 '拉'은 '견인하다' '끌어 모으다'의 뜻이 생겼고, 랍발(拉拔lābá, '발탁하다'를 의미하는 중국어), 랍롱(拉攏lālǒng, '이익을 위해서 자기편으로 끌어들이다'를 의미하는 중국어), 랍차(拉扯lāche, '잡아끌다'를 의미하는 중국어) 등의 단어에 쓰인다.

• 납치하다(拉致--): 강제수단을 써서 억지로 데리고 가다

• 피랍되다(被拉--): 납치를 당하다

泣 울 읍

qì

서서 눈물을 흘리는(𝍮) 사람(大)

• 읍소하다(泣訴--): 눈물로 간절히 하소연하다

• 읍참마속(泣斬馬謖): 눈물을 머금고 마속의 목을 벤다는 뜻으로, 사랑하는 신하를 법대로 처단하여 질서를 바로잡음을 이르는 말

전

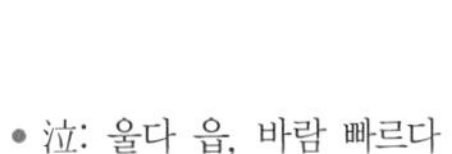
• 泣: 울다 읍, 바람 빠르다 립, 원활하지 않다 삽

昱 밝을 욱

yù

사람이 태양(◎) 아래 서 있다(大)

'昱'은 '밝다'라는 뜻을 파생시켰다.

전

天과 辛에서 파생된 한자

'天'(하늘 천,)은 하늘의 뜻에 순종하는 사람이지만 '辛'(매울 신,)은 하늘을 거스른 죄인이다. '辛'의 본뜻을 이해하려면 반드시 상나라와 주나라 사람들이 하늘과 상제에 대해서 어떻게 생각했는지 이해해야 한다. 당시 문화는 한자의 형성 과정에 많은 영향을 줘 지금까지 전해지는 고서 및 갑골문을 통하면 상제, 하늘, 신에 대해서 알 수 있고, 나아가 하늘의 뜻을 거스른 죄인이 '辛'인 것도 알 수 있다.

황천상제

갑 금 전

天 하늘 천

tiān

사람(大) 위(二)에 있다

'天'의 갑골문 , , 금문 , , 전서 은 모두 사람(大)의 머리 위에 크고 넙죽한 물건이 있는 것을 묘사했다. '天'의 또 다른 갑골문 및 금문 은 사람(大)의 위(二)에 있는 것을 나타냈다. 옛사람들은 '天'에 '하늘'이라는 뜻 외에 또 다른 특별한 뜻을 부여했는데, 사람보다 위에 있는 하느님이나 상제가 그것이다.

상나라 사람들은 최고의 신을 '상제(上帝)' 또는 간단하게 '제(帝)'라고 불렀다. 주나라의 청동 명문(銘文)에서 상제는 '황천상제(黃天上帝)'라고도 불렸고, 때론 간단하게 '天'이라고 불렸다. 옛사람들은 하늘에 대해서 지극한 경의를 가졌고, 하늘을 지상 만물을 관리하는 최고의 주재자라고 생각했다. 또한 황천상제라는 말을 통해서 사람이 하늘

아래 있음을 수시로 기억했다. '天'과 관계있는 단어는 천공(天空, 끝없이 열린 하늘), 천기(天氣, 하늘에 나타난 조짐, 혹은 날씨) 등이다.

고대의 군왕들은 자신들을 천제(天帝)의 아들인 천자(天子)라고 불렀다. 그럼 '帝(임금 제)'는 무엇일까? 베이징에 있는 톈탄(天壇, 명나라와 청나라의 황제들이 풍년을 기원하며 하늘에 제사를 지내던 곳)의 중앙에는 '황천상제'라고 적힌 편액이 걸려 있다. 주나라의 경전에도 '상제'라는 말이 자주 등장하는데, 《상서》에는 무려 32차례 나오고, 《시경》에는 24차례, 《예기》에는 19차례 등장한다. 《사기》는 45차례에 걸쳐 '상제'를 언급했지만 대부분 상제 대신에 '하늘(天)'이라는 말을 썼다. 잠시 한 구절을 예로 들면 "夫天者, 人之始也. 父母者, 人之本也(부천자, 인지시야. 부모자, 인지본야)"는 "하늘은 사람의 기원이고, 부모는 사람의 근본이다"라는 뜻이고, 《예기》의 "萬物本乎天, 人本乎祖, 此所以配上帝也(만물본호천, 인본호조, 차소이배상제야)"는 "하늘은 만물의 기원이고, 조상은 사람의 본원이다. 그래서 옛사람들은 상제께 제사를 드리는 동시에 조상도 모셨다"라는 뜻이다. 그럼 '上(위 상)'과 '帝(임금 제)'는 어떻게 만들어졌을까?

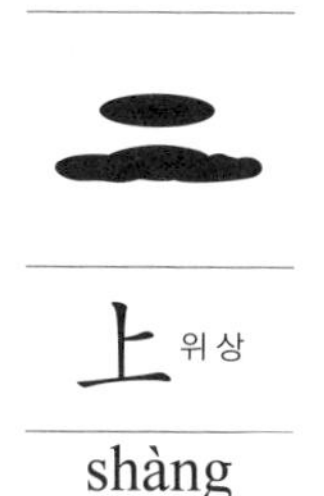

한 물체( )가 또 다른 물체( )의 위에 있다

'上'의 갑골문 , 금문 및 전서 은 모두 한 물체(짧은 가로선으로 표시)가 또 다른 물체(둥글거나 긴 가로선으로 표시) 위에 있는 것을 표현했다. 마찬가지로 '下(아래 하)'의 갑골문 , 금문 는 한 물체

(짧은 가로선으로 표시)가 또 다른 물체(둥글거나 긴 가로선으로 표시) 아래에 있는 것이다. 하지만 이 표시들은 '二(두 이)'와 잘 헷갈린다. 그래서 후대 사람들은 하늘을 가리키는 세로선과 땅을 가리키는 세로선을 더해 전서 上 및 下를 만들었다. '二'의 갑골문 , 금문 및 전서 는 모두 길이가 같은 두 개의 획을 그어 두 개의 물건을 표시했다. 이것은 '上'( ), '下'( )의 한 선은 길고 한 선은 짧은 모양과 차이가 있다.

갑

갑

금

帝 임금 제

dì

사람이 나무를 태우고( ) 하늘( )에 제사를 지내는 대상, 즉 황천상제

《예기》의 기록에 따르면 천자는 사방을 순시할 때 도착하는 곳마다 나무를 태우고 하늘에 제사를 올렸다. 이것을 '시제(柴祭)' 또는 '교제(郊祭)'라고 부른다. 제사를 지내는 사람은 먼저 병들지 않은 소, 양, 돼지 등의 가축을 희생시켜 성의로 상제에게 바쳤다. 이때 잘 잡은 소, 양을 나무에 매달고 불을 붙이면 연기가 하늘로 올라간다고 해서 이 제사를 '연제(煙祭)'라고도 불렀다. '帝'의 고자는 , , 순으로 변했다. 갑골문 는 장작 세 개를 한 다발로 묶은 것이고, 갑골문 및 금문 는 장작에 1획 또는 2획을 더해 하늘을 묘사하고 하늘에 제사를 올리는 것을 나타냈다. 전서 帝는 필순이 조정된 뒤의 모양이다. 帝(임금 제), 天(하늘 천), 示(보일 시), 雲(구름 운), 辛(매울 신), 不(아닐 부) 등은 하나 또는 두 개의 획으로 하늘을 표현했다.

현대 한자	帝	天	示	雲	辛	不
갑골문 Ⅰ						
갑골문 Ⅱ						

《예기》〈대전(大傳)〉에 "牧之野, 武王之大事也, 旣事而退, 柴於上帝(목지야, 무왕지대사야, 기사이퇴, 시어상제)"라고 나온다. 이는 "목야전투는 무왕의 일생에서 매우 큰일이었다. 그래서 전쟁이 끝난 뒤에 무왕은 불을 피우고 상제께 제사를 올렸다"라는 뜻이다. 《예기주소(禮記注疏)》의 "燔柴於泰壇, 祭天也, (…) 積薪於壇上而取玉及牲, 置柴上燔之, 使氣達於天也(번시어태단, 제천야, (…) 적신어단상이취옥급생, 치시상번지, 사기달어천야)"는 "높은 제단에서 나무를 태워 제사를 올리고, (…) 땔감을 단에 쌓고 그 위에 옥과 가축을 놓은 뒤에 태우면 연기가 하늘에 닿았다"라는 뜻이고, 《진서(晉書)》에 기록된 "赫赫上帝, 旣高旣崇 (…) 率土敬職, 萬方來祭(혁혁상제, 기고기숭 (…) 솔토경직, 만방래제)"라는 진무제의 제천 송사는 "빛나는 상제여! 당신은 이렇게 숭고하니 (…) 제가 지상의 만물을 가져와 공경하는 마음으로 당신께 바치고 제사를 올리나이다"라는 뜻이다.

두 개의 매듭을 지은 줄로 묶는 개념을 표현한 한자는 '帝'( ) 외에 帚(비 추), 朿(가시 자), 沈(잠길 침) 등이 있다. 帚( )는 청소할 때 쓰는 한 다발의 식물이고, 朿( )는 날카로운 식물, 즉 가시이고, 沈( )은 묶은 사람을 물에 던지는 고대의 형벌이다.

갑골문 학자인 왕궈웨이(王國維)와 궈모뤄(郭沫若)는 '帝'의 갑골문을 꽃자루 모양으로 보고 '帝'를 만물을 키우는 능력이 있는 꽃자루 중의 꽃자루라고 해석했다. 하지만 고자의 변화 과정에선 꽃자루의 모양을 찾아보기 어렵다.

천상에서 가장 높은 신

示 보일 시

shì

가장 높은( ) 하늘 위( )에 사는 신, 최고의 신

이른바 가장 높은 자, 상제, 신처럼 형체가 없는 추상적인 명사는 어떻게 묘사했을까? 옛사람들은 신이 가장 높은 곳인 하늘 위에 산다고 생각했다. 그래서 갑골문은 , (示)로 가장 높은 자를 묘사했는데, 여기에서 세로선은 높이 치솟은 것을 나타내고 가로선은 하늘을 나타낸다.

또 옛사람들은 신이 하늘에서 복과 화를 내려준다고 믿었다. 그래서 전서에 이르러 분산을 나타내는 (八여덟 팔)이 더해져 , 가 되고 복과 화를 나눠주는 천상의 신을 의미하게 되었다. 세로선( )으로 최고의 개념을 표현한 갑골문은 (示) 외에 (易바꿀 역), , (陽볕 양), (京서울 경) 등이 있다. 갑골문 (易)은 태양( )이 가장 높은 곳( )에 떠오른 것을 나타내고, '陽'의 본자이다. 금문 , (陽)은 태양( )이 산비탈(, 阜언덕 부)을 따라서 가장 높은 곳( )에 떠오른 것을 나타냈다. 갑골문 (京)은 수직으로 우뚝 솟은( ) 높은 건물(, 高높을 고), 즉 왕이 거주하는 높은 건물을 나타낸 것이다.

사서의 기록에 따르면 요, 순 등 상고시대 때의 왕들은 계시를 받기 위해서 상제가 알려주는 각종 이상한 현상에 관심을 가졌다. 그래서 해와 달과 별의 변화를 전문적으로 관찰하는 대신을 임명하고 길흉을 점쳐 정책을 결정하는 기준으로 삼고, 정책을 실시하는 시기를 정했다. '示'는 원래 가장 높은 신을 뜻하기 때문에 神(신 신), 祈(기도할 기), 禱(빌 도), 祝(빌 축), 福(복 복), 祭(제사 제), 祀(제사 사) 등 '示'가 포함된 한자는 모두 지고의 신과 관계있고, 훗날 '示'에 '申(거듭 신)'이 더해져 '神(신 신)'으로 바뀌었다. '示'는 '사람들이 알 수 있게 표현하다'라는 의미를 낳았고, 현시(顯示, 나타내 보이다), 묵시(默示, 은연중에 뜻을 나타내다), 계시(啓示, 신이 진리를 알려주다) 등에 쓰인다. 天, 帝, 神은 모두 '上'(二)을 포함하고, '上'에서 파생되었다. 따라서 天, 帝, 示, 神에는 모두 만물 중에서 가장 높은 자를 묘사하는 개념이 포함되어 있다고 할 수 있다. 이 밖에 '示'에서 파생된 한자들이 모두 신과 관계있는 것을 보면 '示'의 본뜻이 '神'인 것을 알 수 있다.

하늘의 뜻을 거스르는 사람

辛 매울 신

xīn

하늘(二, 上위 상)을 거스르는(丫, 屰거스를 역) 행동을 하는 사람, 즉 죄인

《맹자(孟子)》에 "천리(天理)에 순종하는 자는 생존하고, 천리에 역행하는 자는 망한다"라고 나온다. 《사기》의 기록에 따르면 고대에 요, 순 등의 선왕들은 자신들이 천리에 맞게 사는지 수시로 점검했다. 특히 순임금은 자신

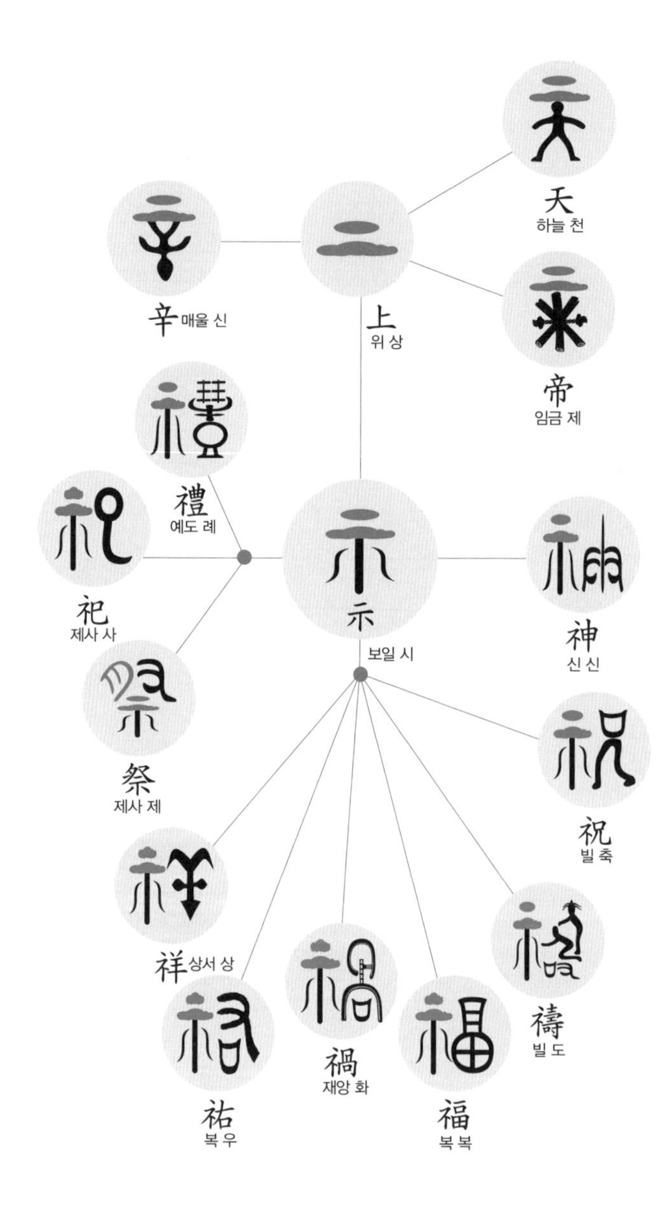
天
하늘 천
辛 매울 신
上
위 상
帝
임금 제
禮
예도 례
祀
제사 사
示
보일 시
神
신 신
祭
제사 제
祝
빌 축
祥 상서 상
禱
빌 도
禍
재앙 화
祐
복 우
福
복 복

이 뽑은 22명의 보좌 대신들에게 항상 조심하고 신중하게 행동하고 하늘이 준 임무를 최선을 다해서 완성하라고 일렀다.

하나라와 상나라가 멸망한 것은 왕인 하걸과 상주가 천리를 거스르는 행동을 해서이다. 때문에 상탕은 하걸을 토벌할 때 "有夏多罪, 天命殛之, (…) 予畏上帝, 不敢不正, (…) 夏德若玆, 令朕必往[유하다죄, 천명극지, (…) 여외상제, 불감부정, (…) 하덕약자, 령짐필왕]" 즉 "하나라는 죄가 커 상제의 위엄이 두려워 감히 그를 공략하지 않을 수가 없구나. 지금 하걸의 죄악이 커 하늘이 내게 그를 멸하라고 명령하는구나"라고 맹세했다. 주무왕은 제후들과 병사들을 불러 모으고 상주왕을 공격하러 갈 때 "今商王受, 弗敬上天, (…) 黃天震怒, 命我文考, 肅將天威, (…) 命予發惟恭行天之罰[금상왕수, 불경상천, (…) 황천진노, 명아문고, 숙장천위, (…) 령여발유공행천지벌]" 즉 "상주는 하늘의 뜻을 역행하고 스스로 천명을 단절했으니 (…) 지금 내가 상제의 징벌을 엄숙하게 집행할 수밖에 없구나"라고 맹세했다. 무왕은 주나라를 세운 뒤에 천명을 거스른 모든 악인들을 소탕했다고 말하며 폭군들을 비난했다.

《좌전(左傳)》에도 "하늘을 거스르는 자에게는 반드시 큰 재앙이 있다"라는 기록이 있고, 공자도 "大罪有五, 而殺人爲下. 逆天地者罪及五世(대죄유오, 이살인위하. 역천지자죄급오세)" 즉 "큰 죄 다섯 가지가 있는데, 그중에 살인죄가 가장 가볍다. 하늘과 땅을 거스르는 죄를 저지르면 그 죄가 5대까지 이어진다"라고 말했다. 상나라, 주나라 사람들은 하늘의 뜻에 역행하는 사람을 죄인 취급하는 사상이 있었고, '辛(매울 신)'으로 이런 죄인을 묘사했다.

'辛'의 갑골문 , 및 금문 , 은 모두 하늘 밑에 거꾸로 서 있는 사람을 묘사했는데, 가장 위에 있는 1획 또는 2획은 하늘(天)을 나타낸다. '辛'은 법도에 어긋나게 행동하는 사람이나 천리에 순종하지 않는 사람, 즉 죄인을 가리키고, '天'과 '辛'의 대조를 통해서 '辛'이 '天'에서 파생된 것을 알 수 있다.

현대 한자	갑골문	금문	그림 문자	뜻
天				하늘 아래 바로 서 있는 사람
辛				하늘 아래 거꾸로 서 있는 사람

궈모뤄는 '辛'을 묵형을 가하는 형구라고 생각했고, 쭈오안민(左安民)은 《세설한자(細說漢字)》에서 '辛'을 끝이 무딘 칼로 풀이했다. 지금은 '辛'을 형벌을 가하는 도구로 풀이하는 것이 주류이지만 자형, 서적을 통한 고증, 파생된 한자들의 풀이에서 모두 일치하는 사항은 '辛'이 천리를 거스른 사람을 나타낸다는 점이다.

이 점은 '辛'에서 파생된 한자들을 통해서도 증명할 수 있다. 선진시대의 서적에서 '辛'은 칼의 뜻이 없을 뿐 아니라, 끝이 무딘 칼로는 죄인의 얼굴에 묵형을 가하거나 목을 베기 어렵다. 외려 형법과 밀접하게 관계있는 刑(형벌 형), 劓(코 벨 의), 刖(발꿈치 벨 월) 등의 한자들이 모두 '刀(칼 도)'를 포함하고 있는 것을 볼 때 형법은 '辛'이 아니라 '刀'로 실행되었음을 알 수 있다.

죄를 지은 사람

辠 허물 죄

zuì

자신(自)이 죄인(辛, 辛매울 신)임을 솔직하게 인정하다. 즉 죄를 인정한 사람

예로부터 사건을 수사할 때 가장 마지막에 하는 일은 죄인이 자신의 죄상이 적힌 문서에 서명하고 자신의 죄를 인정하는 것이다. 금문 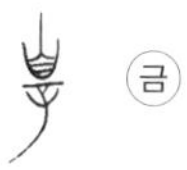 및 전서 는 모두 죄인이 스스로(自) 죄인(辛)임을 인정하는 것을 나타낸다. 진시황은 '辠'를 없애고 새로운 한자인 罪(罪허물 죄)로 옛 한자를 대체했다. 그 이유에 대해서 허신은 辠(辠허물 죄)와 皇(皇임금 황)의 형상이 서로 비슷한 것을 진시황이 싫어했기 때문이라고 생각했다. 하지만 전자는 '스스로(自)가 죄인(辛)임'을 나타내고, 후자는 '스스로(自)가 왕(王)임'을 나타내기 때문에 서로 차이가 있다. 그럼 진짜 이유는 무엇일까? 혹시 진시황이 거만한 마음으로 짓궂은 장난을 친 건 아닐까?

• '辠'는 '罪(허물 죄)'의 옛 글자이다

罪 허물 죄

zuì

사람이 법이 아님(非) 임을 해서 그물(网, 网·網그물 망)에 빠져들다

여기에서 '非(아닐 비, 非)'는 등을 맞대고 있는 두 개의 날개이고, 둘이 서로 어긋났다는 뜻이 있다. '罪'와 똑같은 뜻이 있는 또 다른 한자인 辜(辜허물 고)는 범인들이 "전 무고(無辜)한 사람입니다!"라고 말할 때 자주 쓰인다.

• 죄기죄(罪其罪): 그 죄에 대하여 벌을 줌

• 죄송하다(罪悚--): 죄스러울 정도로 황송하다

갑
금
전

辥(辪)
허물 설
xuē

죄인(, 辛매울 신)을 쫓아가서() 잡다

설(薛)씨의 시조인 해중(奚仲)은 마차를 발명하고 하우(夏禹)에게 '차정(車正)'에 봉해졌다. 또 하나라 말년에는 해중의 12대 자손인 중훼(仲虺)가 상탕을 도와 하걸을 멸하는 공을 세워 재상에 임명되고 설(辥) 땅에 봉해졌다. 지금의 산동(山東)성에 위치했던 설나라는 주은왕 때 멸망했다. 《상서》에 나오는 '중훼지고(仲虺之誥)'는 하걸을 토벌하는 내용이다. '설(辥)' 땅은 개국시조인 중훼가 마차를 타고 죄인인 하걸을 쫓는 역사가 담겼고, '辥'은 훗날 '薛(성씨 설)'로 많이 쓰이게 되었다.

전

孼(孽)
서자 얼
niè

쫓기다가() 잡힌 죄인(, 辛매울 신)의 아들()

'孼'은 '첩의 아들' '지위가 비천하다'의 의미를 파생시켰고, 고신얼자(孤臣孼子, 임금의 신임을 못 받는 신하와 어버이의 사랑을 못 받는 서자를 아울러 이르는 말)에 쓰인다. 중국어에서 작얼(作孽zuòniè)은 '위험하거나 나쁜 짓을 한다'는 뜻이다.

낙인이 찍힌 죄인

상나라 땐 '포락지형'이라는 형벌이 있었고, 낙인, 묵형 등 피부에 흔적을 남기는 비교적 가벼운 형벌도 있었다. 이 형벌을 주는 목적은 노예나 죄인의 몸에 기호를 남겨 죄인과 노예들이 도망치는 것을 막기 위해서이다. 낙인은 사람이나 동물의 몸에 기호를 남기는 것인데, 고대 귀족들은 말, 소, 양 등의 가축을 대량으로 키울 때 동물의 몸에 주인의 이름을 낙인으로 찍어 소유권을 표시했다. 이 방법은 노예나 죄인의 몸에도 똑같이 쓰였다. 印(도장 인)과 章(글 장)에서 이 사실을 엿볼 수 있는데, 낙인을 노예의 몸에 찍는 것이 '印'( )이고, 죄인( )의 몸에 찍는 것이 '章'( )이다.

상주시대 때 형법은 주로 노예에게 적용되었고, 귀족은 죄를 지어도 형법이 적용되지 않고 예(禮)의 속박을 받았다. 이것이 《예기(禮記)》〈곡례(曲禮)〉에 나오는 "예는 서인에게 적용되지 않고, 형벌은 대부 위로 적용되지 않는다"이다. '印'과 '章'의 형상에서 상주시대의 형법은 노예나 죄인을 대상으로 만들어진 것임을 알 수 있다.

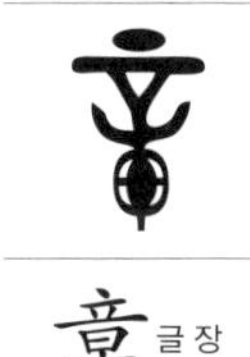

章 글 장

zhāng

죄인(, 辛매울 신)의 몸에 낙인을 찍다( )

'章'의 옛 문자에는 두 가지 부류가 있다. 첫 번째 금문 및 전서 은 죄인(,)의 몸에 낙인을 찍는 것은 나타냈고, 두 번째 금문 은 형구( )로 죄인의 몸에 둥근 도장을 찍는 것을 나타냈다.

'章'의 본뜻은 '(죄인의 신분을) 확실하게 드러내다'이다. 《상서》〈요전(堯典)〉에는 "平章百姓(평장백성. 백성을 고루 밝게 하라)"라는 글이 나오는데, 여기에서 쓰인 뜻의 '章'은 훗날 '彰(드러날 창)'으로 바뀌었다. '章'은 '도장' '법률 규정' '글을 이루는 문자'라는 뜻을 낳았고, 인장(印章, 도장), 장정(章程, 여러 조목으로 나누어 마련한 규정), 문장(文章), 규장(規章guīzhāng, '규칙'을 의미하는 중국어) 등에 쓰인다.

금

전

또 다른 전서 章은 잘못된 해석의 결과로 만들어졌지만 동한의 허신은 이것을 근거로 章을 '音(소리 음, 音)'과 '十(열 십, 十)'이 합해져서 만들어진 한자라고 해석했다. 허신은 '十'이 종결을 의미하므로 '章'은 한 곡의 음악이 끝나는 것이라고 생각했고, 《설문》에서 "음악인 章은 音과 十을 따른다. 十은 숫자의 끝이다"라고 풀이했다. 하지만 허신의 해석으론 '章'의 고자가 가진 '뚜렷하게 드러내다'와 '도장을 찍다'라는 의미를 설명할 수도 없고, 갑골문에서 전서까지 '章'이 합리적으로 변화한 관계에 대해서도 설명할 수 없다.

'章'의 본뜻은 죄인의 몸에 낙인을 찍는 것이지만 훗날 '도장을 찍다'로 변했고, 관청끼리 문서를 주고받을 때 중요한 도구가 되었다. 성지(聖旨)이건 공문이건 편지이건 간에 모두 도장이 찍혀야 공신력이 있었기 때문이다. 도장 문화는 한자 발전에 큰 영향을 줬는데, 한자의 모양을 반듯한 방향으로 발전시킨 것은 물론이고 인쇄술까지 발전시켰다. 도장을 종이 위에 찍는 작업과 조각판으로 인쇄하는 작업의 기본 원리는 같기 때문에 도장의 보편적인 사용은 후대의 인쇄술 발전에 직접적인 밑거름이 되었다.

• 장전(章典): 규칙을 적은 글, 혹은 제도와 문물을 아울러 이르는 말(예: 권리장전)

형벌을 받는 죄인

《상서》에 고요(皋陶)가 하우(夏禹)에게 "天討有罪, 五刑五用哉(천토유죄, 오형오용재)"라고 말하는 내용이 나온다. 풀이하면 "하늘은 묵형(墨刑, 죄인의 이마나 팔뚝에 먹줄로 죄명을 써넣는 형벌), 의형(劓刑, 죄인의 코를 베는 형벌), 월형(刖刑, 죄인의 발꿈치를 베는 형벌), 궁형(宮刑, 죄인의 생식기를 베는 형벌), 대벽(大辟, 죄인의 목을 베는 형벌)의 다섯 가지 형벌로 죄인을 처벌한다"이다. 고요는 중국 제일의 형관이고, 다섯 가지 형벌을 만들어 천리에 역행하는 사람을 처벌했다. 훗날 이 형법제도는 하, 상, 주나라에서 광범위하게 실시되었다. 다섯 가지 형벌 중에서 대벽이 가장 무거운 형벌이다.

辟 임금 벽, 피할 피

bì 또는 pì

죄인(, 辛매울 신)의 머리(●)가 베어져 땅에 떨어지고 가로로 누운 시체(, 尸시체 시)만 남다

갑골문 및 금문 은 辛, 尸, 口(입 구)로 구성된 회의문자이고, 죄인()의 머리(, '口'는 물건의 의미로 자주 쓰인다)가 베어져 땅에 떨어지고 가로로 누운 시체(, 尸)만 남은 것을 나타냈다. 고대에 이른바 '벽형'은 곧 사형이었고, 죄인을 죽이는 권한은 왕에게 있어 '辟'에서 '군왕'이라는 뜻이 생겼다. 예컨대 '복벽(復辟)'은 '다시 왕위에 오르다'라는 뜻이다.

갑 금 전

머리가 베이는 형벌을 받을 땐 누구나 칼을 피하고 싶게 마련이다. 사형을 집행할 때 가장 끔찍한 장면은 판관이 손짓하면 망나니가 날카로운 도끼를 들고 죄인의 목을 내리치는 것이다. 劈(쪼갤 벽), 避(피할 피), 擘(나눌 벽)은 이 광경을 묘사했다.

- 벽좌우(辟左右): 밀담을 하려고 곁에 있는 사람을 물리침
- 벽사(辟邪): 요사스러운 귀신을 물리치는 것, 혹은 사슴과 비슷하게 생긴 상상의 동물(중국에서는 사악함을 물리친다고 하여 인장이나 기에 많이 그려 넣었다)

전

劈 쪼갤 벽

pī

칼()로 죄인의 머리를 베다()

'칼이나 도끼로 물체를 해부하다'라는 의미를 낳았고, 벽개(劈開, 쪼개져서 갈라지다), 벽두(劈頭, 맨 처음, 또는 글의 첫머리) 등에 쓰인다.

- 벽파하다(劈破--): 쪼개어 깨뜨리다, 찢어발기다

전

避 피할 피

bì

머리가 베이는() 악운에서 벗어나다(,)

'각종 재앙에서 벗어나다'라는 의미를 낳았고 면피(免避, 면하여 피하다), 타피(躲避duǒbì, '회피하다'는 뜻의 중국어) 등에 쓰인다. 고문에서 避, 闢(열 벽) 등은 자주 '辟(임금 벽, 피할 피)'로 쓰인다.

- 피란하다(避亂--): 난리를 피하여 옮겨가다

전

擘 나눌 벽, 엄지 손가락 벽

bò

형관이 손()으로 '벽'형()을 지휘하다

'擘'이 묘사한 것은 죄인의 운명을 결정할 수 있는 사람이다. 이 사람이 손을 한번 흔들면 망나니의 칼이 곧바로 죄인의 머리 위에 떨어져 죄인의 머리와 신체가 분리된다. '擘'은 두 가지 의미를 파생시켰는데, 첫 번째는 권세가 있는 사람이다. 그래서 권력이 매우 센 사람을 '거벽(巨擘, 학식이나 어떤 전문적인 분야에서 뛰어난 사람)'•이라고 부른다. 두 번째 의미는 '분리되다'이고, 손으로 파이를 나누는 것을 중국어로 '벽병(擘餅bòbǐng, 천주교에서 미사 시간에 신부님이 성체를 나누어주는 것을 뜻하

• 중국어로 '巨擘'은 [jùbò]로 읽고 뜻은 '엄지손가락', 혹은 '(어떤 분야의) 권위자, 거두, 거장' 등을 뜻한다

기도 한다)'이라고 한다. 관련 단어는 벽개(擘開bòkāi, '손으로 나누다'를 의미하는 중국어), 벽화(擘畵bòhuà, '계획하다'를 의미하는 중국어) 등이 있다.

• 벽지(擘指): 엄지손가락

宰 재상 재

zǎi

죄인(辛, 辛매울 신)이 집안(宀)에 갇혀 형벌을 받다

갑골문 , 금문 및 전서 는 모두 죄인이 집안에 갇힌 것을 나타내고, 또 다른 금문 는 죄인이 집안에 끌려 들어가 형벌을 받는 것처럼 보인다. '宰'는 '사람을 맡아 처리하다'라는 의미를 파생시켰고, 재할(宰割, 일을 주장하여 처리하다), 도재(屠宰, 동물을 잡아 죽이다) 등에 쓰인다. 이 밖에 감옥의 주인은 죄인을 주재(지배)할 수 있는 권한이 있었는데, 여기에서 '통제하다'라는 의미가 생겨났다. 관련 단어는 재상(宰相)이 있다.

허신은 '宰'를 죄인이 집안에서 일을 처리하는 것이라고 생각해 《설문》에서 "宰는 죄인이 집안에서 일하는 것이다"라고 풀이했다. 후대 많은 학자들은 허신의 해석을 토대로 죄인이 재상이 된 것이라는 의견을 내놓았다. 하지만 대다수의 고증을 통해서 알 수 있는 것은 옛사람들은 한자를 만들 때 당대에 보편적으로 존재하는 현상을 이용해서 만들었지 편향된 개념이나 보기 드문 특이한 사례로 만들지는 않았다는 점이다.

• 반식재상(伴食宰相): 곁에서 밥만 축내는 재상이라는 뜻으로, 무위도식하며 자리만 차지하고 있는 무능한 대신을 비꼬아 이르는 말

용의자끼리 서로 대질시키다

어떤 범죄가 발생하면 관리들은 수상한 용의자들을 모조리 관아에 데리고 온 뒤에 용의자들끼리 서로 대질하거나 변론하게 한다. 이때 판관은 용의자들의 말을 자세히 듣고 누구에게 죄가 있고 누구에게 죄가 없는지 판단한다. '辡(따질 변)'에서 파생된 한자들을 통해서 대질 심리가 벌어지는 광경을 되살려보자.

전

辡 따질 변

biàn

두 명의 용의자(, 辛)가 서로 고발하다

《설문》은 "辡은 죄인이 서로 소송하는 것이다"라고 풀이했다. 훗날 두 '辛' 사이에 소송은 물론이고 다른 행위를 나타내는 한자들이 더해져 辯(말 잘할 변, 두루 미칠 편), 辨(분별할 변), 辦(힘들일·주관할 판) 등 많은 한자들이 파생되었고, '辡'도 이 한자들로 대체되었다.

전

辦 힘들일·주관할 판

bàn

권력( )을 이용해서 용의자들( )을 법정에 보내다

'辦'은 원래 법 집행자가 권력이나 무력을 통해서 죄인을 잡아 심판하는 것을 뜻하고, 여기에서 '각종 사물을 처리하다'라는 의미가 생겼다. 단련 단어는 판공(辦公, 공무를 처리하다), 판리(辦理, 일을 판별하여 처리하다) 등이 있다. '辦'의 간체자는 '办'이다.

• 다다익판(多多益辦): 많으면 많을수록 이를 처리하기가 더 쉽다는 의미로, 많을수록 좋다는 '다다익선(多多益善)'과 같은 뜻의 고사성어이다

辨 분별할 변

biàn

두 명의 용의자(𢆉𢆉) 사이에서 누구에게 죄가 있는지 판별하다(, 刀칼 도)

전

전서 辨은 판관이 두 명의 용의자 사이에서 누구에게 죄가 있는지 판별하는 것을 묘사했다. '辨'은 '사물을 분명하게 나누다'라는 의미를 낳았고, 변별(辨別, 사물의 옳고 그름이나 좋고 나쁨을 가리다), 변인(辨認biànrèn, '식별하다'를 의미하는 중국어) 등에 쓰인다. 이 밖에 辮(땋을 변) 및 瓣(오이씨 판)은 辡(따질 변)의 독음에서 파생된 형성문자이다. '辮'은 가느다란 줄〔糸〕을 교차시킨 띠이고, 변발(辮髮) 등에 쓰인다. '瓣'은 과일을 썬 조각을 가리키고, 꽃을 이루는 화판(花瓣, 꽃잎)이라는 뜻도 있다.

辯 말 잘할 변, 두루 미칠 편

biàn

두 명의 용의자(𢆉𢆉)가 말()로 싸우다

전

'辯'은 원래 '두 명의 용의자 사이에서 논쟁이 오가다'라는 뜻이고, 훗날 '두 사람이 논쟁하다'라는 뜻을 낳았다. 변론(辯論), 변호(辯護) 등으로 쓰인다.

죄인이 된 기분

'辛(매울 신)'은 원래 죄인이라는 뜻이다. 하지만 나중에 참기 힘든 매운 맛이라는 뜻이 생겼는데, 그도 그럴 것이 이 맛이 딱 죄인이 형벌을 받는 맛이기 때문이다. 관련 단어는 신고(辛苦, 어려운 일을 당하여 몹시 애쓰다), 신산(辛酸, 맛이 맵고 시다), 신랄(辛辣) 등이 있다.

전

辣 매울 랄

là

매운( ) 맛이 있는 한 묶음( )의 물건

관련 단어는 신랄(辛辣, 분석이 날카롭고 예리하다), 랄초(辣椒làjiāo, '고추'를 의미하는 중국어) 등이 있다. 매운 맛은 죄인이나 노예가 된 것처럼 쓰고 뜨거운 것이 교차하는 강렬한 맛을 가리킨다.

전

梓 가래나무 · 목수 재 (혹은 '자')

zǐ

매운 맛( )이 있는 나무( )

가래나무의 껍데기는 약으로 쓰이고, 수액은 검은색 염료로 쓰이며, 열매는 먹을 수 있다. 나뭇잎도 먹을 수 있지만 쓰고 매운 맛이 있어서 먹기 힘들다. "집에 가래나무가 세 그루 있으면 1년 동안 불 땔 걱정이 없다"라는 말이 민간에 전해질 정도로 가래나무는 빨리 자라고 불에 잘 타서 밥할 때 장작으로 쓰기 좋다. 그래서 옛사람들은 가래나무를 정원에 즐겨 심었는데, 얼마나 좋아했던지 고향마저 '재향(梓鄕)' 또는 '상재(桑梓)'라는 별칭으로 불렀다.

- 자인(梓人): 목수의 우두머리

갑

금

전

新 새 신

xīn

새 도끼(, 斤도끼 근)로 죄인( )을 내리 찍다

新 새 신

xīn

새 도끼( )로 매운( ) 나무( )를 베다

'新'의 갑골문 및 금문 은 방금 전에 날카롭게 간 도끼(, 斤)로 죄인(, 辛)을 내리찍는 것을 나타냈다. 하지만 주나라의 전서에 이르러 문자에 일대 변화가 일어났는데, 이때 '辛'은 '辛木(신목, 매운 나무)'으로 바뀌었다. 아마도 예악을 중시한 주공(周公, 주문왕의 아들)은 '新'의 뜻이 너무 잔인하다고 생각한 것 같다. 매운 나무(또는 가래나무)는 집집마다 땔감으로 쓰기 위해서 심었던 좋은 나무이고, 새로 사온 도끼는 날이 예리해서 장작을 패기에 좋다. '新'은 '첫 번째' '시작하다'라는 의미를 파생시켰고, 신선(新鮮), 신혼(新婚) 등에 쓰인다.

親 친할 친

qīn

매운( ) 나무( )를 보면서( ) 고향에 있는 가족을 생각하다

'親'도 한자가 만들어진 초기에는 '亲(친할 친)'이 아니라 '辛'으로 쓰였다. 금문 은 곧 형이 집행될 죄인( )이 보고( ) 싶어 하는 사람을 나타냈다.

금

전

• 친구(親舊): 오래 두고 가깝게 사귄 벗

어린 죄인과 노예

많은 국가에선 소년범에게 노동을 시키는 처벌을 내린다. 예를 들어 중국의 '소년범 관교소'는 노동으로 소년범들을 교화시키는 기관 중 한 곳이고, 타이완의 청소년 범죄 처리법에는 보호 처분을 받은 소년범에게 노동 복무를 시키는 관련 규정이 있다. '童(아이 동)'과 '妾(첩 첩)'은 이렇게 반드시 노역을 해야 하는 어린 범죄자를 가리킨다. 옛날에 죄인이나 전범은 노예가 되었고, 노예의 아들딸은 대를 이어 노예로 살았다. '孥(자식·처자 노)'는 노예의 자식도 노예가 되는 것을 뜻하는데, 이 방법은 매우 비인도적이다. 그래서 《맹자》 〈양혜왕(梁惠王)〉은 문왕 시기에 실시한 '죄인불노(罪人不孥, 죄인의 처자식을 노예로 삼지 않는 제도)'의 인도적인 사상을 기록하고 있다. '童'이 가리키는 것은 반드시 노역을 해야만 하는 노예의 어린 아들이다.

금

전

童 아이 동

tóng

무거운(, 重무거울 중) 물건을 옮기는 어린 죄인()이나 노예

금문 은 서 있는 사람()이 무거운 물건(, 重무거울 중)을 드는 것을 표현했다. 전서 는 '辛'과 '重'으로 이루어진 회의문자이고, 죄인이나 노예()가 무거운 물건()을 옮기는 것을 나타냈다. 《설문》은 "男有辠曰奴, 奴曰童, 女曰妾(남유죄왈노, 노왈동, 여왈첩)"이라고 했는데, "남자 죄인은 노예로 만들어 노동을 시켰으니, '童(동)'이라고 불렀고, 여자 죄인은 노예로 만들어 '妾(첩)'이라고 불렀다"라는 뜻이다. 춘추전국시대 이후에 노예제도는 서서히 무너졌고, 노예라는 말은 하인으로 대체되었다. 또한 '童'은 어린아이에 대한 칭호로 바뀌었고, 어린 남녀 하인도 '僮(아이 동)'으로 불렸다.

- 삼척동자(三尺童子): 석 자 키의 아이라는 뜻으로 철없는 어린아이를 뜻한다

重 무거울 중

zhòng

사람(亻)이 나무 들것(東)으로 흙(土)을 들어올리다

토목건축을 하려면 흙을 대량으로 운반해야 했는데, 흙을 운반하는 거칠고 힘든 일을 하려면 건장한 남자가 필요했다. 東(東동녘 동)은 무거운 것을 운반하는 도구이다. 무거운 것을 운반하는 의미가 있는 옛 문자인 重, 量(헤아릴 량), 動(움직일 동), 曹(무리 조), 陳(묶을 진) 등은 모두 '東'을 포함한다.

금 전

妾 첩 첩

qiè

젊은 여자(女) 죄인(辛)

전국시대부터 노예제도는 무너지기 시작했고, 이 자리는 죄를 지어 노역을 사는 사람들로 대체되었다. 죄를 지어 노예가 된 여자를 《진률(秦律)》에서는 '예첩(隸妾)'이라고 불렀고, 이들은 반드시 관부에서 강제 노역을 살아야 했다. 훗날 '妾'은 '둘째 부인'의 대명사가 되어 더 이상 노예의 개념으로는 쓰이지 않았지만 신분은 여전히 미천했다.

갑 금 전

천리를 거스른 용

맹자는 "요임금 때 물이 거꾸로 흘러 나라 가운데에 범람했고, 뱀이 땅을 차지해 백성들이 머무를 곳이 없었다. (…) 우는 땅을 파서 물을 바다로 흘려보냈고, 뱀을 습한 곳으로 내쫓았다"라고 말했다. 원고시대 땐 강물이 자주 범람해서 논과 밭, 집을 쑥대밭으로 만들고 많은 인명 피해를 낳았다. 옛사람들은 자연재해를 뱀이 수작을 부린 결과라고 생각했고, 대우(大禹)가 용문을 뚫고 강물을 흐르게 해 뱀을 늪으로 쫓아내자 더 이상 수해가 안 일어났다. 창장싼샤(長江三峽)에 있는 용척석(龍脊石, '용잠석龍潛石'이라고도 불린다)은 수위가 낮을 땐 흰 용이 물속에 있는 것처럼 보이고, 갈수기 땐 완전히 모습을 드러내 많은 여행객들이 여기에 올라가서 시를 짓는다. 용척석에는 하늘의 법도를 어기고 도처에서 말썽을 피우다가 홍수를 일으켜 대우에게 죽임을 당하고 강물에 던져진 용이 그대로 굳어서 돌이 되었다는 전설이 있다.

금 전

禹 하우씨 우

Yǔ

팔을 뻗어(, 九아홉 구) 큰 용(, 虫벌레 충, 벌레 훼)을 잡은 사람

'禹'의 금문 은 작살()을 들고 큰 뱀()에 대항하는 사람을 표현했다. 선진 시기의 고서는 대우를 뱀에 대항하는 영웅으로 묘사했고, 옛사람들은 대우를 그릴 때 항상 큰 작살을 함께 그렸다. 또 다른 금문 및 전서 는 팔을 뻗어 큰 뱀을 잡는 사람을 묘사했는데, 이것은 삼성퇴문화(三星堆文化)의 청동입인(대우의 상)과 매우 비슷하다. '虫'은 '蛇(뱀 사)'의 본자이다. '虫'의 갑골문 , 금문 및 전서 은 모두 사람을 공격하는 뱀을 묘사하고 있다.

쓰촨(사천) 삼성퇴문화에는 하나라의 문명이 잘 보존되어 있다. 이 중에 청동입인상은 두 손이 뭔가를 쥔 듯 큰 원 모양을 하고 있는데, 이것은 팔을 뻗어 큰 뱀을 잡은 것을 표현한 것이다. 또한 귀에 큰 구멍이 난 것은 대우의 독특한 특징이다. 《촉왕본기(蜀王本紀)》 및 《삼국

지(三國志)》〈촉지(蜀志)〉에는 모두 대우가 사천(四川, 쓰촨)의 석뉴(石紐, 옛 지명), 즉 진나라 때의 문산군 또는 지금의 쓰촨 마오원 강족 자치현에서 태어났다고 나온다. 또한《논형(論衡)》의 기록에 따르면 순임금은 눈에 동공이 두 개였고, 대우는 귀에 구멍이 났다. 청동입인상의 귀도 구멍이 났고, 청동기 중에 동공이 두 개인 가면이 있는데, 이를 통해서 청동입인상과 청동기의 주인공이 대우와 대우에게 왕위를 물려준 요임금인 것을 알 수 있다. 이 밖에 5계 10개월이 있는 하나라의 태양력인 청동태양륜, 인면조신(人面鳥身), 양조(陽鳥) 등의 유물은 모두 대우 시기 때의 독특한 문화로, 태양을 국명으로 삼은 하나라 및 뱀을 죽이고 홍수를 다스린 대우가 남긴 문명이다. 선진 시기 때의 많은 서적들은 뱀과 용을 한 몸으로 표현했다. 추거(楚戈, 중국의 현대 작가)는《용사(龍史)》에서 "선사시대 땐 용에 발이 없었다"라고 말했고, 한나라의 유방은 흰 뱀을 죽여 놓고 흰 용을 죽였다고 선전했다.《묵자(墨子)》〈귀의(貴義)〉에도 "황제(黃帝)가 북쪽의 흑룡을 죽이고, (…) 동쪽의 청룡도 죽였으며, (…) 남쪽의 적룡도 죽이고, (…) 서쪽의 백룡도 죽였다"라는 내용이 나온다. 고대의 용은 사실 큰 뱀이었다.

龍 용룡

lóng

하늘을 거스른() 큰 뱀()

중국 전통 문화에서 용은 원래 상제의 하인으로서 비를 관장하지만 늘 천명을 거스르고 홍수를 일으켜 여와가 흑룡을 죽이고, 주처(周處)가 교룡(蛟龍)을 죽이고, 이정(李靖) 부자가 얼룡(孽龍)을 잡고, 위징(魏

갑

금

전

徵)이 동해의 용왕을 참수하는 등 용을 잡은 숱한 영웅을 탄생시켰다.

'龍'의 갑골문 은 큰 입과 뱀의 몸을 가진 생물이고, 또 다른 갑골문 및 금문 , , 은 기존의 큰 입과 뱀의 몸을 그대로 두고 머리에 '辛(매울 신, ,)'을 더해 천리를 거스른 용을 표현했다. 전서 , 은 필순을 조정하고 용의 등에 가시를 더했다.

홍산문화(紅山文化)의 옥룡, 상나라의 옥룡, 전국시대의 옥룡, 한나라의 돌과 비단에 그려진 용 등 최근에 출토된 용에 관한 문물을 보면 '龍'의 자형이 변하는 과정을 알 수 있다. 처음에 용은 머리와 몸만 있었지만 점차 발톱, 뿔, 수염, 비늘이 더해져 구름과 안개를 타고 하늘을 나는 용이 되었다. 순자는 "물이 쌓여 연못이 되면 교룡이 살고, (…) 연못이 마르면 물고기와 용이 떠난다"라고 말하며 용을 물에 사는 영물에 비유했다. 하지만 후대 사람들은 용이 바람과 비를 부를 수 있고, 물에선 교룡이나 용왕이 될 수 있으며, 하늘에선 천룡이 될 수 있다고 끊임없이 미화하고 신격화했다. 옛사람들은 용을 날개는 없지만 구름과 안개를 타고 하늘을 날 수 있는 낭만적이고 아름답고 환상적인 이미지로 그렸다.

옛 문자를 통해 본 '龍'의 본뜻은 아마 많은 이들을 실망시킬지도 모른다. 하지만 고대 사방에서 홍수가 범람했던 역사적 사실로 미루어볼 때 용이 하늘의 뜻을 거슬러서 홍수가 났다고 생각한 옛사람들의 논리도 어느 정도 합리적이지 않은가? 용에 대한 이들의 감정은 매우 모순적인데, 가뭄이 들 땐 용이 냉큼 비를 몰고 오기를 바랐고, 홍수가 났을 땐 하늘의 뜻을 거스른 용이 하루빨리 떠나길 바랐다.

용을 키우는 사람

龐● 클·어지러울 방

páng

지붕 밑(厂, 广집 엄)에서 잡은 거대한 용(龍)

'龐'의 갑골문 은 龍(龍), 廾(두 손) 및 厂(广)으로 이루어졌고, 정원의 지붕 밑에서 잡은 거대한 용을 나타낸다. 전서는 용을 잡은 두 손이 생략된 이다.

● 龐: 크다·어지럽다 방, 충실하다 롱, 성씨 롱

寵 총애할 총

chǒng

집안(宀)에서 용(龍)을 키우다

'寵'의 갑골문 , 금문 , 전서 은 집안(宀)에서 용(龍, 龍)을 키우는 것을 나타냈다. '龐(클 방)'과 '寵'의 뜻은 선진시대의 서적인 《좌전》과 《사기》에서도 찾아볼 수 있다.

《좌전》 및 《사기》에는 모두 용을 키우는 고사가 나온다. 하나라에 공갑(孔甲)이 왕위에 올랐을 때 암컷 용과 수컷 용이 궁전 밖 넓은 뜰에 내려왔다. 대신들은 두 마리의 용을 발견한 뒤에 공갑에게 용을 키우자고 건의했지만 용이 무엇을 먹는지 또 어떤 습성이 있는지에 대해서 아는 사람이 없었다. 그러자 공갑은 용을 키울 줄 아는 사람을 수소문했고, 마침내 환룡씨(豢龍氏, 용을 사육하는 종족)에게 용을 키우는 방법을 배운 적이 있는 유루(劉累)를 찾아 그에게 용을 이고 집에 돌아가 거대한 연못에서 정성껏 돌보게 했다. 유루는 훈련 받은 대로 용을 정성껏 돌봤지만 불행하게도 암컷 용이 죽고 말았다. 그러자 교활한 유루는 흔적을 없애고 왕인 공갑에게 잘 보이기 위해서 죽은 용

을 소금에 절이고 삶은 뒤에 맛있게 요리해서 공갑에게 바쳤다. 그러자 사정을 모르는 공갑은 이를 맛있게 먹고난 뒤 유루를 '어룡씨(御龍氏)'에 봉했다. 자신도 모르는 사이에 용 한 마리를 후딱 해치운 공갑은 그 맛이 또 생각나서 유루를 불렀지만 이미 유루는 사실이 발각될 것이 두려워 밤새 하남으로 도망치고 난 뒤였다.

《좌전》에 따르면 순임금 때 류숙안의 후대인 동보(董父)는 용을 매우 좋아했다. 그는 용의 습성을 잘 알고 용이 좋아하는 먹이만 줘서 모든 용이 다 그의 집에 모였다. 또한 그는 용이 순임금을 도와 일하게 훈련시켜 환룡씨에 봉해지고 동(董)씨 성을 하사받았다. 이후 동씨는 대를 이어 용을 키우는 일을 했는데, 하나라의 왕 공갑을 위해서 용을 키웠던 유루도 동씨 후대에게 용 사육법을 배웠다.

금

전

龔 공손할 공

gōng

두 손으로 솥을 받들고(, 共함께 공) 용() 고기를 웃어른에게 바치다

'龔'의 금문 및 전서 , 은 두 손으로 용을 잡은 것이고, 또 다른 전서 , 은 두 손을 '共'으로 바꿨다. '共'의 금문 및 전서 은 두 손으로 솥을 들고 함께 음식을 먹는 것을 나타냈다. '龔'은 흡사 유루가 두 손으로 솥을 들고 공갑에게 용 고기를 바치는 것처럼 보인다. '龔'은 '공양하다' '공경하다' 등의 의미를 파생시켰고, 供(베풀 공), 恭(공손할 공)의 옛 문자이다. 《옥편(玉篇)》은 "龔은 모시는 것이다. 또한 바치는 것이고, 정성스러운 것이며, '恭'과 같다"라고 해석했다.

瀧 여울● 롱

lóng

용(龍)이 물(水)을 토하다

한자에서 용이 물을 토해내는 것을 가장 잘 표현한 것은 '瀧'이다. '瀧'의 갑골문 은 한 마리의 용이 입을 벌리고 물을 토해내는 것을 표현한 상형문자이고, '큰비가 내리다' '급히 흐르는 하류'라는 뜻을 낳았다. 《집운(集韻)》은 "瀧은 물살이 급한 것이다"라고 풀이했다.

갑

전

● 여울: 강이나 바다의 바닥이 얕거나 폭이 좁아 물살이 세게 흐르는 곳

발광하는 돼지

예나 지금이나 발광하는 멧돼지가 여기저기 돌아다니며 사람을 해하는 사건은 끊이지 않고 일어나고 있다.

豙 성나 털 일어날 의

yì

천리를 거스른(䇂, 辛) 돼지(, 豕돼지 시), 즉 발광하는 돼지

전

毅 굳셀 의

yì

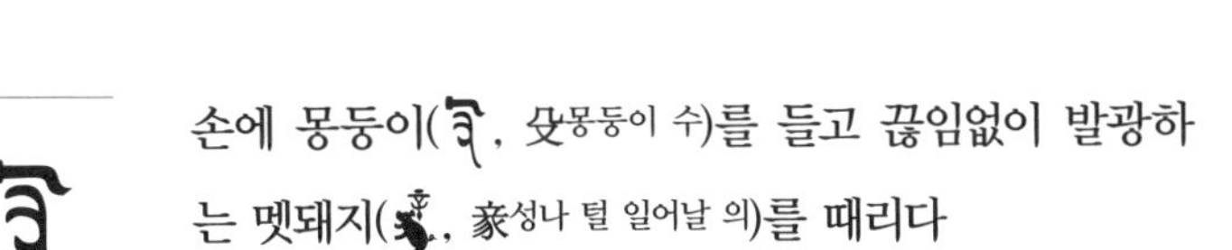

손에 몽둥이(, 殳몽둥이 수)를 들고 끊임없이 발광하는 멧돼지(, 豙성나 털 일어날 의)를 때리다

'결단력 있고 단호하다' '용감하다'의 뜻을 낳았고, 의연(毅然, 의지가 굳세어서 끄떡없다), 견의(堅毅jiānyì, '굳세다'를 의미하는 중국어) 등에 쓰인다.

전

상제는 사람의 마음을 들여다본다

'天(하늘 천)'에서 파생된 한자 辛(매울 신), 忝(더럽힐 첨), 吞(삼킬 탄), 昊(하늘 호) 중에서 가장 중요한 한자는 '辛'이고, 다음으로 중요한 한자는 '忝'과 '吞'이다. '吞'은 입(口)이 하늘(天)처럼 큰 것을 뜻하는 회의문자이다. 그럼 '忝'은 뭘까?

忝 더럽힐·황송할 첨

tiǎn

상제(天)는 사람의 마음(心) 속에 있는 나쁜 생각을 알아차릴 수 있으므로 스스로 자신을 꾸짖어야 한다

'忝'은 몰래 악행을 저지르면 아무도 모르기 때문에 형벌을 피할 수 있을 것이라고 생각하는 사람들에게 경고하는 교화의 뜻이 숨어 있다. 맹자는 상제는 모든 사람의 나쁜 마음을 알아차릴 수 있고, 그래서 모두에게 수치심을 느낄 수 있는 마음을 줬다는 의미에서 "羞惡之心, 人皆有之(수오지심, 인개유지)"라고 말했다. 따라서 사람은 부끄러움을 아는 마음, 즉 양지(良知)로 수시로 자신을 꾸짖어야 한다.

동한의 명사 양진(楊震)이 태수에 임명되었을 때(108년) 현령인 왕밀(王密)이 미리 소식을 듣고 저녁 때 몰래 황금 열 근을 뇌물로 들고 양진을 찾아갔다. 양진은 그 자리에서 왕밀을 추궁하자, 왕밀이 답했다.

"밤이 어두워 아무도 모를 것입니다."

양진은 말했다.

"하늘이 알고 신이 알고 내가 알고 네가 아는데 어찌 아무도 모른다고 하느냐."

이 한마디에 왕밀은 부끄러움을 느끼고 되돌아갔다. 양진의 후손들은 늘 자신의 말과 행동을 경계한 양진을 기리기 위해서 각지에 '사지당(四知堂)'을 세웠다.

'忝'은 '부끄럽고 욕되다'라는 의미를 낳았고, 첨욕(忝辱tiǎnrǔ, '모욕을 당하다'를 의미하는 중국어) 등에 쓰인다. '忝'의 독음에서 파생된 한자는 添(더할 첨), 舔(핥을 첨) 등이 있다.

- 첨도(忝叨): 자격이 없는 사람이 분에 넘치는 벼슬을 받는 것

屰에서 파생된 한자

屰 거스를 역

nì

뒤집힌 사람

갑골문 및 금문 은 거꾸로 서 있는 사람이고, 자형이 '大(큰 대,)'와 정반대이다. 전서 은 획이 조정된 결과이다. '屰'은 '逆(거스를 역)'의 본자이고, '반대 방향으로 가다'라는 뜻을 파생시켰다.

逆 거스를 역

nì

반대 방향(, 屰거스를 역)으로 가다(, 辶쉬엄쉬엄 갈 착)

'逆'은 '반대 방향으로 가다'라는 의미를 낳았고, 강물이 반대 방향으로 흐르는 것을 '역류(逆流)', 방향을 반대로 돌리는 것을 '역전(逆轉)'이라고 한다. '逆'은 역경(逆境), 거역(拒逆) 등에 쓰인다.

𢇍 ㉠

• '斥'의 본자는 '𢇍'이다

斥• 물리칠 척

chì

반대 방향으로 가서(屰) 집 밖의 광장(广, 广집 엄)에 가다. 집 밖으로 쫓겨나다

전서 𢇍은 어떤 사람이 집 밖으로 쫓겨나는 그림이다. 다시 말해서 어떤 사람이 집안에 있는 사람에게 혼나고 배척당하고 문 밖으로 쫓겨나서 더 이상 그 집의 일원이 아니게 된 것을 나타냈다. 관련 단어는 배척(排斥), 척퇴(斥退, 물리쳐 도로 쫓다), 상척(相斥, 서로 배척하다), 척책(斥責chìzé, '질책하다'를 의미하는 중국어) 등이 있다.

'广'(广)은 집 앞의 처마, 반만 개방된 공간을 의미하고, 상방(廂房, 사랑채), 정원(庭院), 광장(廣場) 외에 공공기관이나 공공장소를 나타낼 때도 쓰인다. '庫(곳집 고)'의 금문 庫는 고대에 전차와 무기를 보관하던 막사이고, '府(마을·관청 부, 府)'는 고대에 정부의 재화를 보관하거나 관리하던 곳이며, '廳(관청 청)'은 관청 중에서 사건에 대해서 듣고 묻던 곳이고, '廁(뒷간 측, 廁)'은 몇 집이 함께 쓰던 집 밖의 화장실이나 돼지우리를 뜻한다. '廠(공장 창)'은 여러 사람이 함께 쓰는 작업용 건물이다.

欮 ㉠

• 상기(上氣): 기혈이 머리로 몰리는 병으로 숨이 차고 두통과 기침 증세가 생긴다

欮 상기• 궐

jué

숨을 내쉬기가(欠, '欠하품할 흠'편 참고) 어려워 입안에 든 것을 반대 방향을 향해서 내뿜다(屰, 屰거스를 역). 기운이 위로 뻗치는 것을 나타낸다.

瘚 상기 궐

jué

기운이 위로 뻗치는(, 瘚상기 궐) 병에 걸려 침대(, 疒병들어 기댈 녁, 병들어 기댈 상)에 눕다. 천식을 가리킨다

전

朔 초하루 삭

shuò

보름'달'()의 반대(). 달이 초승달에서 보름달이 되었다가 다시 초승달이 되는 것

• 삭망(朔望): 삭일과 망일, 곧 음력 초하루와 보름

전

夭에서 파생된 한자 

夭 일찍 죽을 요

yāo

질주하는 사람

갑골문 및 금문 는 두 손을 앞뒤로 흔들며 큰 보폭으로 걷는 사람이고, 전서 는 편리함을 위해서 사람의 머리를 옆으로 비스듬하게 기울였다.

'夭'는 다른 한자를 구성할 때 '질주하다' 또는 '흔들흔들하다'라는 의미가 있는데, 走(달릴 주), 奔(달릴 분) 등은 '질주하다'의 의미가 있고, 笑(웃음 소), 喬(높을 교) 및 沃(기름질 옥)은 '몸을 흔

들흔들하다'의 의미가 있다. 하지만 '夭'가 단독으로 쓰일 땐 '일찍 죽은 사람'을 의미하는데, 사람의 머리가 기울어진 전서의 자형 때문에 생긴 뜻 같다. 관련 단어는 요절(夭折), 요수(夭壽, 요절) 등이 있다.

질주하는 사람

走 달릴 주

zǒu

금

전

발(, 止)을 이용해서 내달리다(, 夭일찍 죽을 요)

'走'는 '걷다' '달리다' 등의 의미를 낳았고, 주로(走路zǒulù, '걷다' '떠나다'를 의미하는 중국어), 주미(走味zǒuwèi, '맛이 변하다'를 의미하는 중국어) 등에 쓰인다.

옛 문자의 자형 및 뜻은 '走'가 '夭(일찍 죽을 요)'에서 파생된 사실을 분명하게 알려준다. 하지만 안타깝게도 예서에 이르러 '走'를 구성하는 '夭'가 '土(흙 토)'로 잘못 변해 '走'의 원래 의미가 사라졌다. '走'의 뜻에서 파생된 한자는 赴(다다를 부), 赳(용맹할 규), 超(뛰어넘을 초), 趁(좇을·틈 탈 진), 趕(좇을 간), 趟(건널 당), 趣(재촉할 촉, 뜻 취), 趨(달아날 추), 起(일어날 기), 趙(나라 이름 조), 越(넘을 월) 등이 있고, 이 한자들의 뜻은 모두 걷는 것과 관계있다. 이중에 '赳'는 위엄 있게 걷는 모습이고, '赴'는 '앞으로 가다'라는 뜻이며, '趣'은 '趨'와 같이 '앞을 향해 급하게 가다'라는 뜻이다. 또한 '超'와 '越'은 빠른 속도로 어떤 인물이나 사물 앞에 가는 것을 의미하고, '趕'은 빠른 속도로 따라잡는 것이며, '趁'은 기회를 잡고 간다는 의미가 있다.

• 주구(走狗): 달음질하는 개라는 뜻으로, 사냥개를 이르는 말. 혹은 남의 사주를 받고 끄나풀 노릇을 하는 사람, 즉 앞잡이

奔 달릴 분

bēn

초원(ᗐᗐᗐ)에서 빨리 뛰는 사람(大). 즉 빨리 달리다

관련 단어는 광분(狂奔, 미친 듯이 날뛰다), 분주(奔走)가 있다.

- 자유분방하다(自由奔放--): 격식이나 관습에 얽매이지 않고 자유롭다

금

전

몸이 흔들리는 사람

笑 웃음 소

xiào

쓰러질 듯 웃는 사람(大)의 모습이 바람에 흔들리는 대나무(⺮, 竹대 죽) 같다. 휜 채 흔들거리는 모양

흥미롭게도 대나무는 바람에 흔들릴 때 '큭큭큭' 소리가 나는 것이 꼭 사람의 웃음소리 같다. 이양빙(李陽氷, 중국 당나라의 서예가)은 이를 "竹得風, 其體夭屈如人之笑(죽득풍, 기체요굴여인지소)" 즉 "바람이 불 때 대나무가 휘어져 흔들리는 모습이 꼭 사람이 크게 웃는 것 같다"라고 해석했다. '笑'의 관련 단어는 전소(竊笑, 남몰래 속으로 웃다), 조소(嘲笑, 비웃다), 광소(狂笑kuángxiào, '미친 듯이 웃다'를 의미하는 중국어) 등이 있다.

전

喬 높을 교

qiáo

높고(高) 크지만 걸을 때 비틀거리는 사람(大, 夭)

'喬'는 교목(喬木, 큰키나무), 교재(喬梓, 개오동나무)와 같은 키가 큰 식물처럼 '높고 큰 물체'라는 의미를 파생시켰다. '喬'의 독음에서 파생된 한자는 橋(다리 교), 僑(붙어살 교), 驕(교만할 교), 嬌(아리따울 교), 轎(가마

금

전

● 일곱 번째 할아버지와 여덟 번째 할아버지: 중국의 저승사자인 백무상귀와 흑무상귀를 뜻한다. 백무상귀의 이름은 사필안이고, 흑무상귀의 이름은 범무구이다. 전설에 따르면 사필안과 범무구는 어려서 의형제를 맺고 마음을 나누었다. 어느 날 두 사람이 함께 다리 앞에 다다랐을 때 하늘에서 비가 쏟아지자 키가 큰 사필안이 범무구에게 잠시 기다리라고 말하고 집에 우산을 가지러 갔다. 하지만 사필안이 자리를 뜬 뒤에 빗줄기가 폭우로 변해 강물이 불어났고, 약속에 늦기 싫은 범무구는 왜소한 몸으로 먼저 다리를 건너려다가 물에 잠겨 죽었다. 잠시 뒤에 우산을 가져온 사필안은 범무구가 실종된 것을 알고 슬퍼하다가 자신도 다리 기둥에 목을 매고 죽었다. 그래서 백무상귀(사필안)의 이미지는 붉은 혀를 길게 내밀고 있다.

교), 矯(바로잡을 교) 등이 있다.

타이완의 민간에선 일곱 번째 할아버지와 여덟 번째 할아버지● 분장을 하고 퍼레이드를 자주 하는데, 이 풍속은 당나라 때 사필안(謝必安)이 범무구(范無救)와의 우정을 위해 목숨을 버린 고귀한 정신을 기리기 위해서 생겼다. 대나무처럼 키가 크고 마른 일곱 번째 할아버지 사필안을 분장한 사람은 '喬'를 묘사하는 것처럼 높은 나무다리를 타고 걸어서 사람들 속에서도 눈에 띄고 걸을 때도 비틀거린다. '喬'는 '분장하다'라는 뜻을 파생시켰고, 교장(喬裝qiáozhuāng, '변장하다'를 의미하는 중국어), 교분(喬扮qiáobàn, '변장하다'를 의미하는 중국어) 등에 쓰인다. '喬'의 간체자는 나무다리를 타고 걷는 사람과 닮은 '乔'이고, 초서에서 비롯되었다.

沃 기름질·물댈 옥

wò

물(巛)을 끌어올려서 걸을 때 비틀거리는 사람(夭, 夭)

'沃'은 원래 '물을 대다'라는 뜻이고, 여기에서 '토양이 비옥하다'라는 뜻이 파생되었다. 물을 뿌려주는 곳의 식물이 무성하게 잘 자라서 이런 뜻이 생긴 것 같다. 관련 단어는 비옥(肥沃) 등이 있다. 《설문》은 "沃은 물을 대는 것이다"라고 풀이했다. '夭(일찍 죽을 요)'는 '질주하다'라는 뜻 외에 '도망치다'라는 뜻도 있다. 대표적인 한자가 '幸(다행 행)'이다. '幸'은 자형이 많이 변해서 정확한 기원을 찾기가 어렵지만 '幸'이 포함된 대다수의 한자들은 체포당하지 않으려고 저항하는 죄인들과 관계있다. 하지만 아이러니하게도 '幸'은 행운, 행복의 뜻도 있다. 왜 이

전

런 모순적인 현상이 생겼을까? '幸'에서 파생된 한자들을 자세히 살펴보면 그 속에 숨은 오묘한 비밀을 발견할 수 있다.

액운에서 벗어난 사람

'幸(다행 행)'의 본뜻은 '수갑'이고, '액운에서 벗어나다'라는 의미를 파생시켰다. 원고시대 때 관리들은 나무로 만든 수갑이나 족쇄를 노예나 죄인에게 채웠다. 이 형구를 차는 것은 앞으로 비참한 인생을 살게 될 것을 뜻했지만 소수의 사람들은 운 좋게 수갑을 풀고 액운에서 벗어났다.

幸 다행 행

xìng

죄인을 체포하는 수갑

갑

금

전

幸 다행 행

xìng

도망쳐서(, 夭) 돌아가는(, 屰거스를 역) 사람. 탈출한 것을 나타낸다

'幸'의 갑골문 및 금문 은 나무로 만든 수갑으로, 죄인의 손목을 양쪽 구멍에 각각 넣은 뒤에 밧줄로 꽁꽁 묶었다. 하지만 죄인들이 탈출하는 사건이 많아지자 '幸'의 뜻은 180도 변했다. 전서 은 '夭'()와 '屰'()으로 이루어진 회의문자이고, 반대 방향으로 도망치는 사람을 나타낸다. 이렇

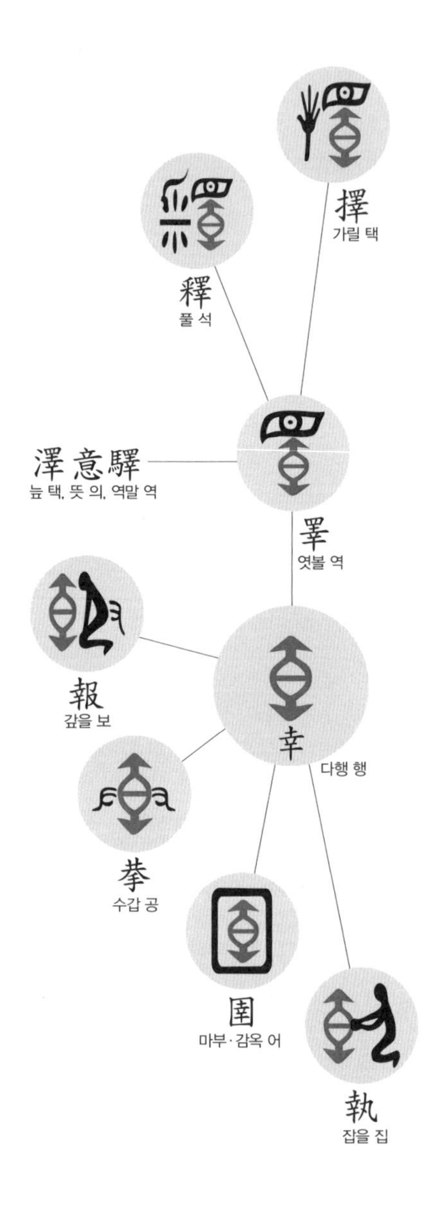
擇
가릴 택
釋
풀 석
澤 意 驛
늪 택, 뜻 의, 역말 역
睪
엿볼 역
報
갚을 보
幸
다행 행
拲
수갑 공
圉
마부·감옥 어
執
잡을 집

게 해서 '幸'은 운이 좋거나 액운에서 벗어난다는 뜻이 생겼고, 행운(幸運), 경행(慶幸, 경사스럽고 다행한 일), 행휴(幸虧xìngkuī, '다행히'를 의미하는 중국어) 등의 단어에 쓰인다.

그렇다면 '幸'은 어떤 한자들을 파생시켰을까? 다음의 두 가지 방면에서 알아보자.

죄인을 감옥에 넣다

報 갚을 보

bào

수배범(, 卩병부 절)을 잡아서(, 又또 우) 형벌(, 幸다행 행)을 받게 하라고 관리에게 통지하다●

금

전

● 제2장 '卩(병부 절)'편 참고

執 잡을 집

zhí

범인( )을 체포하다(, 幸다행 행)

갑골문 은 어떤 사람이 두 손이 나무로 만든 수갑에 채워진 것을 나타냈고, 금문 및 전서 은 두 손을 뻗은 범인이 서서히 '丮(잡을 극, 금문의 , 전서의)'으로 변했으며, 훗날 예서에선 '丮'이 '丸(둥글 환)'으로 잘못 변했다. '執'은 원래 '죄인을 체포하다'라는 뜻이고, '잡다' '관장하다' '실시하다'라는 뜻을 파생시켰다. 관련 단어는 집필(執筆), 집행(執行), 집장(執掌zhízhǎng, '장악하다'를 뜻하는 중국어) 등이 있다. '執'의 간체자는 나무 수갑인 '幸'이 '扌(손 수)'로 바뀐 '执'이다.

갑

금

전

拲 수갑 공

gǒng

두 손( )을 수갑에 채우다( )

'拲'은 상주시대 때의 나무 수갑이다. 전서에 이르러 형성문자로 바뀌었는데, '共(함께 공)'이 표음부이다.

圉 마부 · 감옥 어

yǔ

죄인에게 수갑( )을 채운 뒤에 감옥( )에 넣다

갑골문 은 죄인( )을 수갑에 채운 뒤 감옥( )에 넣는 것을, 또 다른 갑골문 , 금문 및 전서 는 죄인을 생략하고 수갑과 감옥만 표현했다. '圉'는 원래 감옥을 뜻하지만 후대 사람들은 말을 키우는 곳이라는 뜻으로도 사용해 말 기르는 이를 '어인(圉人)'이라고 했다.

용의자를 취조하다

고대에는 범인을 잡을 때 때때로 화가가 범인의 외모와 특징을 그린 그림을 관리들에게 나눠주고 죄인을 잡게 했다.

睪 엿볼 역, 못 택, 고환 고

yì 또는 gāo

수갑( )을 들고 사방을 둘러보며(, 目눈 목) 죄인을 찾다

'睪'의 본뜻은 죄인을 찾아서 체포하는 것이다. 《설문》은 "睪은 둘러보는 것이고, 관리들에게 눈으로 죄인을 잡게 하는 것이다"라고 풀이했다. 후대 사람들은 '둘러보고 죄인을 잡다'의 의미가 있는 '睪'을 '擇(가릴 택)'으로 대체했고, '睪'은 남성의 생식기, 즉 고환을 뜻하게 되었다. '睪'의 독음에서 파생된 한자는 譯(통역할 역), 驛(역말 역), 釋(풀 석) 등이 있다.

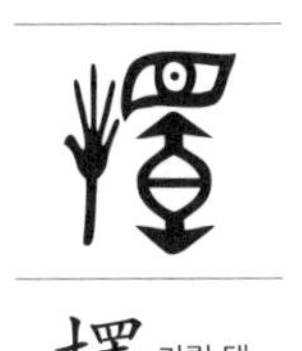

擇 가릴 택

zé

수갑( )을 들고 사방을 둘러보며( ) 수색하다가 손(, 手손 수)으로 용의자를 잡다

'擇'의 본뜻은 '의심스러운 용의자를 고르다'이고, 여기에서 '고르다'의 의미가 파생되었다. 선택(選擇) 등의 단어에 쓰인다. '擇'의 간체자는 '择'이다.

擇 전

- 취사선택(取捨選擇): 여럿 가운데서 쓸 것은 쓰고 버릴 것은 버림
- 기불택식(飢不擇食): 굶주린 사람은 먹을 것을 가리지 않는다는 뜻으로, 빈곤한 사람은 대수롭지 않은 은혜에도 감격한다는 의미

釋 풀 석

shì

용의자를 잡고(, 睪엿볼 역) 분명하게 분별한(, 釆 분별할 변) 뒤에 다시 풀어주다

'釋'은 원래 용의자를 취조한 뒤에 의심스러운 점이 없어서 다시 풀어주는 것을 뜻하고, 여기에서 '석방'이라는 의미가 파생되었다. 관련 단어는 석방(釋放), 석의(釋義, 글의 뜻을 해석하다), 석출(釋出shìchū, '출시하다'를 의미하는 중국어) 등이 있다. (釆, 분별할 변)은 쌀( ) 속의 이물질을 제거하는 것이고, '분별하다'라는 의미를 낳았다.

釋 전

- 석연하다(釋然--): 의혹이나 꺼림칙한 마음이 없이 환하다

文에서 파생된 한자

文 글월 문

wén

사람의 가슴 앞쪽이나 등(文)에 먹물뜨기(x), 즉 문신을 하다

'文'은 '紋(무늬 문)'의 옛 문자이다. 갑골문, 금문, ,,, 등은 사람()의 몸에 X, ⋈, U, ●, +, 등의 부호를 새긴 것이고, 전서, 은 부호를 간단하게 만들었다. '文'은 '언어를 기록하는 부호, 문장, 수식'이라는 의미를 낳았고, 문자(文字), 문장(文章), 문채(文彩, 무늬 혹은 문장의 멋) 등에 쓰인다.

고대에 몸에 각종 모양의 부호를 새긴 주된 목적은 종족이나 신분을 표시하기 위해서이다. 상주시대 때 오월 등의 나라나 오랑캐들은 몸에 문신하는 풍습이 있었다. 예를 들어 《묵자(墨子)》 〈공맹(公孟)〉에는 "월왕 구천은 머리를 깎고 문신을 했다"라고 나오고, 《장자(莊子)》 〈소요유(消遙遊)〉에는 "월나라 사람들은 머리가 짧고 문신을 했다"라고 나온다. 문신 외에 원고시대 땐 죄인의 얼굴에 글자를 새겨 넣는 묵형이 유행했고, 진나라 땐 만리장성을 쌓는 죄인의 얼굴에 '성단(城旦, 성을 쌓는 형벌)'이라고 새겨 도망치는 것을 방지했으며, 송나라 땐 유배형을 받은 죄인의 얼굴에 'XX에 유배되다'라고 새기는 것이 유행했다. 명나라 땐 도적의 양쪽 팔이나 목에 문신을 했는데, 이 형벌은 청나라 때까지 실행되었다. '文'의 본뜻은 무늬와 색채이고, 언어 부호에 대한 총칭이라는 의미를 낳았다.

文은 무늬이다

옛사람들은 색이 있는 선으로 문신을 했다. 때문에 '文(글월 문)'에서 파생된 한자는 대부분 무늬나 색채와 관계있고, '文'은 紋(무늬 문), 彣(벌겋고 퍼런 빛 문)과 같은 뜻이다. '紋'의 본뜻은 견직물(糸)의 색깔 선이고, 색깔이 있는 각종 선이라는 뜻을 파생시켰다. 彣(彣)은 얼룩덜룩한 무늬(彡)인데, 《집운》은 "彣은 옛날에는 '文'과 통했다"라고 풀이했다.

虔 공경할 건

qián

호랑이(虍, 虎범 호) 몸에 있는 무늬(文). 즉 호랑이 무늬. '경외하다'라는 의미를 낳았고, 건성(虔誠, 경건한 정성), 경건(敬虔) 등에 쓰인다

금

전

옛사람들은 호랑이를 얼마나 무서워했는지 호랑이 특유의 줄무늬만 봐도 두려움을 느꼈다. 일찍이 주나라는 호랑이의 이미지를 군대의 표지로 삼았는데, 이것이 호부(虎符)• 이다. 호부는 반으로 나누어서 하나는 황제가 갖고, 나머지 하나는 다른 지역에 주둔하고 있는 장군에게 줬으며, 두 개가 모두 있을 때만 장군이 출병할 수 있었다. 따라서 호부는 최고의 권력을 상징했고, 황제가 군사를 동원할 때 필요한 중요한 증표였다.

• 호부: 구리로 범의 모양을 본떠 만든 군대 동원의 표지

한나라는 호부 외에 오직 장군만 입을 수 있는 호랑이 무늬 옷도 만들었다. 《후한서》의 기록에 따르면 동한 때 원소는 조조를 동군 태수에 임명했다. 하지만 나중에 연주의 자사인 류공산이 황건적에게 살해되자 조조를 연주 자사에 임명한 뒤에 호의(虎衣, 호랑이 무늬 옷)

를 입히고 대군을 맡겼다. 《후한서》는 이 고사를 "被以虎文, 授以編師(피이호문, 수이편사. 호랑이 무늬 옷을 입히고, 군대를 꾸리게 했다)"라고 기록하고 있다.

전

• 문채(文彩): 문장의 멋, 무늬

斐 문채• 날 비

fěi

조류의 날개(, 非아닐 비)에 있는 무늬()

'주목하다' '뚜렷하다'라는 의미를 파생시켰고, 비연(斐然fěirán, '훌륭하다'를 의미하는 중국어) 등에 쓰인다.

• 비비하다(斐斐--): 꾸밈새가 있어 아름답다

전

紊 어지러울 문

wěn

각종 무늬()의 실()이 복잡하게 섞이다

옷을 짤 때 각종 색깔의 실을 아무렇게나 조합하면 색깔이 어지러워서 옷의 아름다움이 떨어진다.

• 문란하다(紊亂--): 도덕, 질서, 규범 등이 어지럽다

전

• '彦'은 '彥'의 속자(俗字)이다

彦(彥)• 선비 언

yàn

낭떠러지()에 있는 화려하고 큰 무늬()

옛사람들은 많은 협곡의 암벽이 아름다운 색을 띄는 것을 발견했다. 예컨대 광동 단샤산(丹霞山) 암벽의 화려한 색채는 마치 아름다운 노을 같고, 허난 윈타이산(雲台山)의 홍석 협곡은 늘 여행객들을 홀려 돌아가는 것을 잊게 만들며, 미국의 그랜드캐니언이나 요르단의 장밋

빛 협곡은 절로 감탄을 자아낸다. '彦'의 본뜻은 암벽의 아름다운 색채이고, '글재주가 있는 사람'이라는 의미를 파생시켰다. '彦'에서 파생된 한자는 顔(낯 안), 諺(언어 언)이다. '顔'( )은 원래 머리(, 頁머리 혈) 색깔( ), 즉 낯빛을 뜻하고, '색채'라는 의미를 파생시켰다. '諺'( )의 본뜻은 지방색( )을 띤 언어( )이고, '각 지방의 민족에게 전해지는 통속어'라는 의미를 낳았으며, 속언(俗諺, 예로부터 전해져 내려오는 말), 고언(古諺, 옛 말) 등에 쓰인다.

• 언사(彦士): 재능과 덕망이 뛰어난 선비(비슷한 말: 언준彦俊)

암벽( )의 무늬( )로 각종 유용한 물건을 만들다(, 生날 생)

옛사람들은 암벽의 화려한 색채에 대해서 호기심을 가졌다가 암석의 종류에 따라 암벽이 색깔이 서로 다르다는 사실을 발견하고 암석을 갈아서 얻은 염료로 염색을 하거나 다른 용도로 썼다. 예를 들어 단사(丹砂)• 종류의 암석에서 얻은 붉은색 염료를 천에 물들이면 옷감이 붉은색이 되기 때문에 일찍이 상주시대부터 단사를 채굴해서 염료로 썼다.

• 단사: 수은으로 이루어진 황화 광물

• 산아(產兒): 아이를 낳음, 혹은 태어난 아이

文은 문체이다

한자에서 '文(글월 문)'은 무늬나 색채 외에 화려한 문체를 나타내기도 한다. '문체'라는 의미에서 吝(인색할 린)과 閔(위문할 민)이 파생되었다.

吝 인색할 · 아낄 린

lìn

입(口)에서 나오는 화려한 말(文)로 거절하고 돈(貝, 貝조개 패)을 베풀지 않다. 즉, 인색하다

2500년 전에 공자는 이미 '吝'에 대해서 가장 뛰어난 해석을 내놓았다. 공자는 말했다.

"巧言令色, 鮮矣仁."(교언령색, 선의인. 말을 교묘하게 하고 얼굴빛을 좋게 꾸미는 사람치고 어진 이는 드물다.)

겉으로는 친절하고 말재간이 뛰어나지만 다른 사람이 도움을 구할 때 이치를 주저리주저리 늘어놓으며 완곡하게 거절하는 사람은 사랑하는 마음이 부족하다. 공자는 또 말했다.

"如有周公之才之美, 使驕且吝, 其餘不足觀也已."(여유주공지재지미, 사교차린, 기여부족관야이.)

풀이하면 "어떤 사람이 주공처럼 훌륭하고 재능이 뛰어나도 거만하고 인색하면 나머지 훌륭한 점에 대해서 관찰하고 평론할 가치가 없다"이다. 공자는 주공의 재능을 높이 평가했지만 공손함과 너그러움을 더 중시했다.

- 개과불린(改過不吝): 잘못을 고치는 데 있어 인색하지 않음을 이르는 말

閔

閔 위문할 민, 성씨 민

mǐn

조문하는 사람이 상갓집 문(門) 앞에서 글(文)을 낭송하며 애도하다

조문하는 사람이 슬퍼하는 것을 표현했고, '憫(민망할 민)'을 파생시켰다. 《설문》은 "閔은 조문하는 사람이 문에 있는 것이다"라고 풀이했다.

黃에서 파생된 한자

黃 누를 황

huáng

사람( ) 몸에 있는 가죽( )

옛사람들은 누런 얼굴빛을 어떻게 묘사했을까? 황인종이라는 말을 들었을 때 가장 직접적으로 연상되는 것은 '사람의 피부'이다. '황제(黃帝)'는 원래 황(黃)씨가 아니라 공손(公孫)씨이다. 중원 지역에 사는 모든 노란 피부를 가진 민족을 통일했기 때문에 황인종의 공동 선조로 모셔졌고, 주천자(周天子)는 그를 황제라고 불렀다. 《춘추번로(春秋繁露)》에는 "주나라 사람들은 신농씨를 구황으로 추대하고 헌원씨를 황제라고 불렀다"라고 나온다.

갑

금

전

현대 한자	그림 문자	갑골문	금문	전서	뜻
皮 가죽 피					손으로 뱀의 가죽을 벗기다
革 가죽 혁					짐승의 가죽
勒 굴레 륵					손으로 짐승의 가죽을 벗기다
黃 누를 황					사람의 가죽

갑골문 , , , 은 사람( )의 피부를 나타냈고, 금문 , , 은 여기에 사람의 머리( )를 더했다. '黃'과 '革(가죽 혁)'의 개

념은 매우 비슷한데, '革'은 짐승의 가죽이고, '黃'은 사람의 피부이며, '黃'과 '革'에 표현된 머리, 사지, 몸의 가죽 등의 형상과 뜻은 서로 완전히 같다.

한자는 ⊖(또는 ⬭)으로 머리, 가면, 수레의 바닥면, 물고기의 몸처럼 큰 조각을 표현한다. 몇 가지 예를 들면 車(수레 차,), 東(동녘 동,), 魚(물고기 어,), 章(글 장,), 異(다를 이,), 鬼(귀신 귀,), 萬(일만 만,), 果(과실 과,), 畀(줄 비,) 등이 있다.

革 가죽 혁

gé

짐승의 가죽

옛사람들은 겨울에 짐승의 가죽으로 옷을 만들어 추위를 피했다. 금문 및 전서 革은 짐승의 머리, 몸, 사지, 꼬리 및 벗겨진 가죽을 표현했다. '革'은 '짐승의 가죽'과 '(짐승의 가죽을) 벗기다'라는 두 가지 의미가 있고, 피혁(皮革), 혁제(革除, 바람직하지 못한 것을 제거하다) 등의 표현에 쓰인다.

금

전 革

勒 굴레 륵

lè

힘()으로 가죽()을 벌리다

'勒'은 '강요하다' '죄다'라는 의미를 파생시켰고, 륵색(勒索lèsuǒ, '협박하여 약탈하다'를 의미하는 중국어), 륵긴(勒緊lèjǐn, '단단히 묶다'를 의미하는 중국어) 등에 쓰인다.

• 함륵(銜勒): 말의 입에 물리는 쇠로 만든 물건. 재갈

• 늑매하다(勒賣––): 억지로 물건을 팔다(같은 말: 강매하다)

皮 가죽 피

pí

손(又)으로 뱀의 가죽을 벗기다(乜)

갑골문 은 뱀의 가죽이고, 금문 는 한 손으로 뱀의 가죽을 벗기는 모습을 표현한 상형문자이다. 자형에서 '口(입 구)'는 뱀의 머리이고, 세로획은 뱀의 몸이며, 삼각형은 벗겨낸 뱀 가죽을 나타낸다. 뱀의 가죽을 벗길 땐 먼저 뱀의 머리를 나무에 걸고 목 부분에 작은 구멍을 낸 뒤에 쫙 찢으면 뱀의 가죽이 머리부터 꼬리까지 벗겨진다(, 는 뱀을 나타내고, '也어조사 야'의 옛 문자이다).

갑 금 전

많은 학자들은 을 사람의 허리에 옥패를 묶은 것이라고 생각했고, 옥패는 황색이기 때문에 이것이 황색을 의미한다고 해석했다. 하지만 옥패가 황색인가? 옥패의 색깔은 다양하다. 고대의 황제들은 모두 백옥을 좋아했고, 창힐은 몸에 검은색 옥규를 지니고 다녔으며, 귀족들은 비취옥을 좋아했다. 고대의 옥그릇에는 창벽(蒼璧), 황종(黃琮), 청규(青圭) 등이 있다. 따라서 옥패에 관한 학자들의 해석은 근거가 부족하다. 다음으로 '黃'에서 파생된 한자들을 알아보자.

堇 진흙 근, 조금 근

jǐn

누런(黃) 흙(土)

금문 , , 및 전서 , 은 모두 '黃'(,)과 '土'(土)로 구성된 회의문자이다. '堇'의 본뜻은 누런 점토이다. 누런 점토는 도기를 만들 때 쓰이고, 누런 점토가 있는 곳은 땅이 비옥하지 않아서 농사를 짓기에 적합하지 않다. 難(어려울 난), 艱(어려울 간), 勤(부지런할 근) 등 '堇'

금 전

에서 파생된 한자들은 모두 '힘들다'의 뜻이 있다. '堇'은 '척박하다' '희소하다'의 뜻을 파생시켰다.

전

勤 부지런할 근

qín

힘( )이 강한 한 손으로 척박한 점토(, 堇진흙 근)에서 열심히 농사를 짓다

관련 단어는 근로(勤勞), 근분(勤奮qínfèn, '열심히 하다'를 의미하는 중국어) 등이 있다.

전

艱 어려울 간

jiān

척박한 점토( )를 고개를 돌려 쳐다보다(, 艮괘 이름 간)

'어려운 환경'이라는 의미를 파생시켰고, 간고(艱苦, 가난하고 고생스럽다), 간곤(艱困, 몹시 가난하고 구차하다) 등에 쓰인다.

금

전

難 어려울 난

nán

누런 점토( )에 떨어진 새(, 隹새 추). 즉, 어려움에 처한 새

새의 깃털에 점토가 끈적끈적하게 달라붙으면 날 수가 없어 어려움에 처한 새가 된다. 고대 중국에선 새의 전신에 황색 점토를 두껍게 바른 뒤에 가마에 굽는 특수한 구이 방식이 유행했다. 구이가 완성된 뒤에 깃털에 발랐던 까맣게 탄 흙을 털어내면 새 털을 제거하는 수고를 하지 않아도 풍미가 좋은 새 고기를 편하게 먹을 수 있고, 이렇게 먹는 방법을 규화자가 발명했다고 해서 '규화계(叫化鷄)'라고 부른다. '難'( ) 밑에 '火(불 화,)'가 더해진 또 다른 전서 은 꼭 어려움에 처한 새가 불에 구워지는 모습처럼 보인다.

攤 펼 탄, 누를 난

tān

어려운 ( ) 환경에서 어쩔 수 없이 두 '손'( )을 쫙 펴다

탄개(攤開tānkai, '펼치다'를 의미하는 중국어), 탄판(攤販tānfàn, '노점상'을 의미하는 중국어) 등에 쓰인다.

歎 탄식할 탄

tàn

척박한 누런 점토( )를 보고 입을 벌린 채 숨을 내뱉다(, 欠하품할 흠)

'歎'은 '嘆(탄식할 탄)'과 뜻이 같다. '嘆( )'도 척박한 점토( )를 보고 입을 벌린 채 숨을 내뱉는( ) 것이다. 관련 단어는 탄식(嘆息), 비탄(悲嘆)• 등이 있다.

• '탄식'과 '비탄'은 '歎息', '悲歎'으로도 쓴다

僅 겨우 근

jǐn

'인'구( )가 '희소'하다( )

척박한 점토에선 당연히 사람이 별로 안 산다. '僅'은 원래 인구가 매우 적다는 뜻이고, 여기에서 '매우 적다'라는 뜻이 파생되었다. 근근(僅僅, 어렵사리 겨우), 근유(僅有jǐnyǒu, '거의 ~없다'는 뜻의 중국어) 등에 쓰인다.

전

전

'언'어( )가 '척박'하다( )

'쉽게 입을 열고 말하지 못하다'라는 의미를 파생시켰고, 근언신행(謹言愼行jǐnyánshènxíng, '말과 행동을 각별히 조심하다'를 의미하는 중국어)으로 쓰인다.

謹 삼갈 근

jǐn

• 근정(謹呈): 물품이나 편지 따위를 삼가 드림

• 근신하다(謹愼--): 과오나 잘못에 대하여 반성하고 들어앉아 말과 행동을 삼가다

전

'식'물( )이 '척박'하다( )

'채소의 수확량이 줄다' 또는 '아직 채소가 덜 자랐다'라는 뜻을 파생시켰고, 기근(饑饉/飢饉, 흉년으로 먹을 음식이 모자라 굶다)에 쓰인다.

饉 흉년들·주릴 근

jǐn

• 흉근(凶饉): 흉작으로 인한 기근

전

드물게( ) 얼굴을 볼( ) 수 있다

주나라 제후들은 가을이 되면 천자를 알현할 수 있었지만 일반 백성들의 경우에는 평생토록 천자를 볼 일이 거의 없었다.

覲 뵐 근

jìn

'覲'은 오직 천자를 알현할 때만 사용했다. 《설문》은 "제후들은 가을에 (천자를) 알현했다"라고 풀이하고 있다.

• 근현하다(覲見--): (찾아가거나 찾아오거나 하여 윗사람을) 만나 뵈다

• 근친하다(覲親--): 시집간 딸이 친정에 가서 부모를 뵈다. 혹은 출가한 승려가 속가(俗家)의 어버이를 뵈다

漢 한수 한

hàn

강물( )에 실려 온 많은 양의 진흙이 쌓여서 황토( ) 평원을 이루다

전

한(漢)나라의 발원지인 한중분지(漢中盆地)는 '척박한 황토'(堇)에 '강물'(水)이 더해져는 토지가 비옥하고 자원이 풍부하기로 유명하다. 한중분지는 친링산맥과 다바산맥 사이에 있고, 한수이(漢水)강의 침전물이 쌓여서 이루어진 것이라서 상층부에 대량의 누런 모래 점토와 자갈이 있다. 진나라는 이곳에 한중군을 세웠고, 진나라 말기에 항우의 신하였던 유방은 이곳에서 한중왕이 되었다. 유방은 수년에 걸쳐 국가를 부유하게 만들고 백성을 강하게 키운 끝에 항우와 싸워서 이기고 천하를 얻었다.

간체자로 쓸 때 '堇(진흙 근)'은 대부분 '又(또 우)'로 쓰인다. 예컨대 艱(어려울 간), 難(어려울 난), 僅(겨우 근), 嘆(탄식할 탄), 漢(한수 한)은 간체자로는 艰, 难, 仅, 叹, 汉이다. 다시 말해서 '척박한 황토'가 '손'으로 바뀌었다. 하지만 모든 '堇'이 다 '又'로 바뀌는 것은 아닌데, 勤(부지런할 근), 謹(삼갈 근), 饉(흉년들 근), 覲(뵐 근)은 간단하게 변하지 않았다. 간체자는 원뜻을 훼손할 뿐만 아니라 그 변화가 체계적이지도 않다.

廣 넓을 광

guǎng

집 앞(厂, 广 집 엄)의 누런( ) 흙으로 뒤덮인 넓은 땅. 즉, 광장(廣場)

금

전

'廣'의 독음에서 파생된 한자는 曠(빌 광), 礦(쇳돌 광), 鄺(성씨 광) 등이 있다. '廣'의 간체자는 '广'이다.

- 광고(廣告): 세상에 널리 알림. 혹은 상업 광고

擴 넓힐 확

kuò

손( )으로 집 앞의 '광'장( )을 넓히다

- 확대(擴大): 모양이나 규모 따위를 더 크게 함
- 확충(擴充): 늘리고 넓혀 충실하게 함
- 확장(擴張): 범위, 규모, 세력 따위를 늘려서 넓힘

去에서 파생된 한자

갑 금 전

去 갈 거

qù

사람( )이 대변( )을 배출하다

갑골문 , , , 및 금문 는 어떤 물건이 사람의 사타구니 밑에서 배출되는 것을 나타냈고, 금문 는 '之(갈 지,)'를 더해 배설물이 앞으로 떠내려가는 것을 나타냈다. 전체적으로 '去'는 사람이 배설물을 제거하는 것을 나타내고, '제거하다' '버리다' '떠나다'의 의미를 파생시켰다. 관련 단어는 제거(除去), 거담(去痰, 가래를 없애다), 리거(離去líqù, '떠나다'를 의미하는 중국어), 거세(去世qùshì, '세상을 뜨다'를 의미하는 중국어) 등이 있다. '去'는 나쁜 것을 없애는 것을 상징하고, '法(법 법)'의 본자이다.

- 거폐생폐(去弊生弊): 묵은 폐해를 없애려다 도리어 새로운 폐해가 생김
- 거자일소(去者日疎): 죽은 사람은 날이 갈수록 잊게 된다는 뜻으로, 서로 멀리 떨어져 있으면 점점 사이가 멀어짐을 이른다

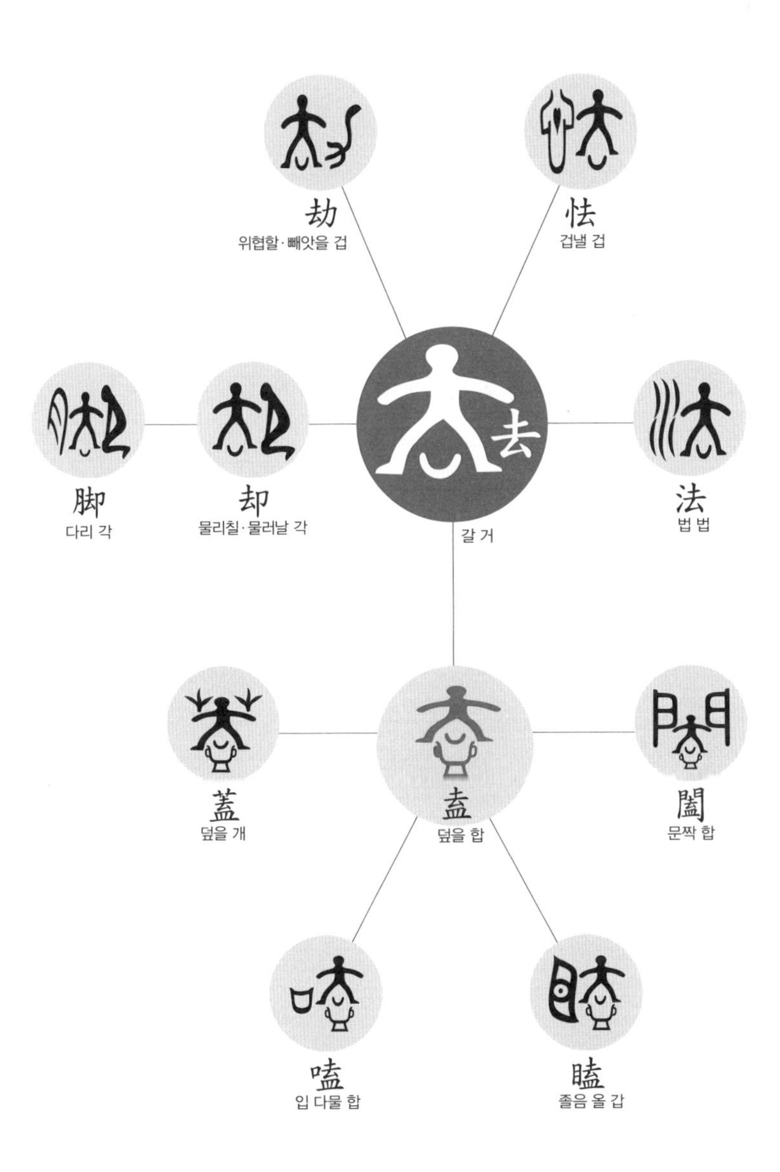

劫
위협할·빼앗을 겁
怯
겁낼 겁
脚
다리 각
却
물리칠·물러날 각
去
갈 거
法
법 법
蓋
덮을 개
盍
덮을 합
闔
문짝 합
嗑
입 다물 합
瞌
졸음 올 갑

灋 전

法 법 법

fǎ

물(氵)로 더러운 물질을 씻어 버리다(去)

옛사람들은 왜 법을 만들었을까? 《예기》에는 “법제도를 만들고, 감옥을 수리하고, 수갑과 차꼬(발목을 넣고 자물쇠로 채우던 나무로 만든 형구)를 갖추고, 교활한 짓을 금지하니 죄를 짓고 사악해지는 것을 삼갔다”라고 나오고, 또 “다섯 가지 가혹한 형벌을 만들고 이것을 법이라고 하니, 백성들에게 악덕을 싫어하는 마음이 생겨 나쁜 일이 끊겼다”라고 나온다. 서한의 양웅(楊雄)은 《설원》에서 법의 목적을 “악을 처벌해 사악한 것을 막는 것이다”라고 말했다. 물은 더러운 것을 깨끗하게 씻어주는 효과가 있어서 옛사람들은 물로 더러운 물질을 씻어버리는 개념으로 ‘法’을 설명했다.

고대의 전설 중에 선악을 분별할 줄 아는 ‘해태(廌해태 치, 해태 태)’라는 일각수가 있다. ‘廌’의 갑골문 , , 및 전서 의 형상은 뿔이 하나만 있는 사슴을 닮았다. 전해지는 바에 따르면 순임금 때의 사법관인 고요(皋陶)에게는 일각수가 한 마리 있었다. 이 일각수는 선한 사람과 악한 사람을 구별하고 뿔로 악인을 찔러서 고요는 늘 결점 없이 정확하게 사건을 처리했다.

‘法’의 또 다른 전서 灋는 ‘法’ 위에 ‘廌’를 더해 ‘廌’에 의지해서 법을 집행하는 것을 나타냈지만 미신적인 요소가 있어서 후대 사람들에게 받아들여지지 않았다.

• 法古創新(법고창신): 옛것을 본받아 새로운 것을 창조한다는 뜻으로, 옛것에 토대를 두되 그것을 변화시킬 줄 알고 새것을 만들어 가되 근본을 잃지 않아야 한다는 말

劫 위협할 · 빼앗을 겁

jié

무'력'( )으로 타인의 물건을 빼앗다( )

또 다른 전서 ( )은 칼로 타인의 물건을 빼앗는 것을 나타냈다. '劫'의 관련 단어는 창겁(搶劫qiǎngjié, '약탈하다'를 의미하는 중국어), 겁기(劫機jiéjī, '비행기를 납치하다'를 의미하는 중국어), 겁비(劫匪jiéfěi, '강도'를 의미하는 중국어) 등이 있다.

전

• 겁박하다(劫迫--): 으르고 협박하다

怯 겁낼 겁

qiè

마음( )으로 두려워해서 도망치다(, 去갈 거)

'베짱이 없어 두려워하다'라는 의미를 낳았고, 담겁(膽怯dǎnqiè, '겁내다'를 의미하는 중국어), 겁장(怯場, qièchǎng, '실전을 겁내다'를 의미하는 중국어) 등에 쓰인다.

전

• 식겁하다(食怯--): 뜻밖에 놀라 겁을 먹다

• 비겁하다(卑怯--): 비열하고 겁이 많다, 정정당당하지 못하고 야비하다

却 물리칠 · 물러날 각

què

무릎을 꿇고 인사한 뒤에( ) 떠나다( )

'물러나다' '되돌아오다'의 의미를 파생시켰다. 고대 중국에서는 주인이 임무를 주면 하인은 무릎을 꿇고 인사한 뒤에 자리를 뜨는 것이 예의였다. 예서는 '却'을 '卻'으로 바꿨다.

• 각보하다(却步--): 어떤 위치 또는 일 등으로부터 뒤나 옆으로 물러서다

• 각하하다(却下--): 원서나 소송 따위를 받지 않고 물리치다

脚 다리 각

jiǎo

떠날 때(, 却물리칠 각) 쓰는 신체 기관(). 예서는 '脚'을 '腳'으로 바꿨다

- 건각(健脚): 잘 걷거나 잘 뛰는 다리. 또는 그런 다리를 가진 사람.
- 행각승(行脚僧): 여러 곳을 돌아다니며 수행하는 승려.

전

盇 덮을 합

hé

사람()이 대변()을 볼 때 다리를 벌리고 변기(, 皿그릇 명) 위에 웅크리고 앉다

한나라 땐 변기의 모양이 웅크리고 있는 호랑이와 비슷하다고 해서 '호자(虎子)'라고 불렀지만 당태종이 할아버지인 이호(李虎)와 이름이 똑같은 것을 꺼려해서 '호자'를 '마자(馬子)'로 바꿨다. 지금 중국은 변기를 마통(馬桶mǎtǒng)이라고 부른다. '盇'은 원래 '변기에 웅크리고 앉다' '사람이 변기를 덮어 가리다'라는 뜻이고, 蓋(덮을 개)의 본자이다. 또 다른 전서 는 '皿'에 가리개를 하나 더해 '덮다'라는 뜻을 표현했다.

변기에 앉는 것은 문명인의 행동이기 때문에 개화가 안 된 초기 인류는 이렇게 하는 것에 답답함을 느끼게 되었고, 여기에서 '의문을 갖다'라는 뜻이 파생되었다. 이는 《맹자》에 나오는 합반기본(盇反其本, 어찌 그 근본으로 돌아갈 수 있겠는가), 《논어》에 나오는 합각언이지(盇各言爾志, 어찌 각자의 포부를 말하지 않는가), 합여(盇如, 어떠한가) 등에서 확인할 수 있다.

瞌 졸음 올 갑

kē

눈(, 目눈 목)이 덮이다()

피곤해서 자신도 모르게 눈꺼풀이 닫히는 상황을 묘사했다. 관련 단어는 타갑수(打瞌睡dǎkēshuì, '졸다'를 의미하는 중국어), 갑수충(瞌睡蟲kēshuìchóng, '잘 조는 사람'을 의미하는 중국어), 릉갑갑(愣瞌瞌lèngkēkē, '멍하니 있거나 어리둥절한 모양' '멍청한 모양'을 의미하는 중국어) 등이 있다.

嗑 입 다물 합, 말이 많을 갑

kè

입(, 口입 구)을 닫다()

전

치아가 위아래로 맞물린 상황을 묘사한 것이고, 합아(嗑牙kèyá, '쓸데없는 말을 많이 하다' 또는 '치아 건강법의 일종으로 이를 위아래 서로 부딪히다'를 의미하는 중국어), 합과자(嗑瓜子kèguāzǐ, '씨를 까먹다'를 의미하는 중국어) 등에 쓰인다.

闔 문짝 합

hé

문짝(門)을 닫다()

전

'닫다' '모든 것'의 의미를 파생시켰다. '닫다'는 의미로는 합폐(闔閉hébì, '폐쇄하다'를 의미하는 중국어), 합관(闔棺héguān, '죽다' '확실하게 결론짓다'를 의미하는 중국어) 등에 쓰이고, '모든 것'의 의미로는 합가(闔家, 한 집안, 온 집안 가족), 합성(闔城héchéng, '온 도시'를 의미하는 중국어) 등에 쓰인다.

- 개합하다(開闔−−): 열고 닫다(같은 말: 개폐하다)

蓋 덮을 개

gài

풀(艸)로 덮다(盍. 盍덮을 합)

• 복개(覆蓋): 덮거나 씌우는 것, 하천에 덮개 구조물을 씌워 겉으로 보이지 않도록 하는 것(또는 그 덮개 구조물)

大에서 파생된 나머지 한자

大에서 파생된 나머지 한자들은 획이 더해진 위치에 따라서 상, 하, 양쪽, 안팎으로 구분했다.

大의 윗부분에 획을 더한 한자

갑 금 전

美 아름다울 미

měi

몸에 양(羊) 가죽으로 만든 큰 옷을 입은 사람(大)

'美'의 갑골문 는 양( )을 걸친 사람( )을 표현했다. '美'는 '치장하다' '예쁘다'의 의미를 낳았고, 미용(美容), 준미(俊美, 준수하다) 등에 쓰인다.

고대에는 양피 외투를 '양구(羊裘)'라고 불렀는데, 양구는 많은 이들이 입은 방한복이었다. 주나라 땐 호구(狐裘)와 표구(豹裘)가 가장 비쌌다. 양구보다 무려 100배나 비싸 왕과 귀족들에게 사랑을 받았지만 제전이나 조정 같은 공식 장소에 나갈 땐 모두 양구를 입어야 했다. 옛사람들은 양구를 몸에 걸쳤을 때 나는 양 냄새를 싫어하지 않고 외려 아름답게 여겼는데, 그래야 자신의 존귀한 기운이 더 세진다고 생각한 걸까? 또한 호구와 표구를 입으면 자신이 더 존귀해진다고 생각한 걸까? 원래 양은 순종적인 동물이라서 주인이 털을 깎아도 반항하지 않고, 죽일 때도 울부짖지 않는다. 양의 순종적인 성질은 모든 동물을 통틀어서도 매우 특별한 편이다. 《춘추번로》는 어린 양을 늘 무릎을 꿇고 어미의 젖을 먹는 착하고 은혜를 아는 동물이라고 칭송했고, 《주례》는 주나라의 왕이 하늘에 제사를 지낼 때 반드시 외투를 입었다고 기록했는데, 그 외투는 검은색 양 가죽 옷이었다. 왕은 검은색 양구를 입음으로써 완전히 순종적인 양이 되어 하늘의 뜻을 따르겠다는 의지를 표현했다. 옛사람들은 하늘의 뜻에 완전히 순복하는 사람을 완벽한 사람이라고 생각했다.

夫 지아비 · 사내 부

fū

머리카락에 동곳•(—)을 한 개 꽂은 남자(夫)

주나라 남자들은 어릴 땐 머리를 풀고 다녔지만 만 15세가 되면 '속발지년(束髮之年)'이라고 해서 상투를 틀고 동곳을 꽂았다. 또한 소학을 떠나고 대학에 진학해 더 수준 높은 학문, 기예, 예절을 배웠다. 이것을 《대대예기(大戴禮記)》는 "상투를 틀고 대학에 가서 큰 기예를 배우고 큰 예절을 따랐다"라고 기록했다. 따라서 '夫'는 성숙한 남자를 찬미하여 부르는 것이고, 관련 단어는 장부(丈夫, 대장부), 부자(夫子, 남편을 높여 부르는 말) 등이 있다. '夫'의 독음에서 파생된 형성자는 伕(인부 부), 扶(도울 부), 芙(연꽃 부), 肤(살갗 부), 麩(밀기울•• 부) 등이 있다.

• 동곳: 상투가 풀어지지 않게 꽂은 물건

•• 밀기울: 빻은 밀을 체로 친 후 체에 남은 찌꺼기

금

전

需 쓰일 수

xū

도롱이를 입고 갈모를 쓴 사람( )이 빗( ) 속을 걷다

'비를 피할 수 있는 도구를 갖고 비 오는 날 외출하다'라는 의미를 파생시켰다. 도롱이와 갈모(비 올 때 갓 위에 쓰던 물건)는 비 오는 날 꼭 챙겨야 하는 도구이다. 일찍이 주나라 때도 관련 기록을 찾아볼 수 있는데, 《국어》에 "譬如蓑笠, 時雨既至必求之(비여사립, 시우기지필구지)", 즉 "이미 우기가 되었으니, 반드시 서둘러 도롱이와 갈모를 준비해야 한다"라고 나온다. 금문 , 는 도롱이를 입고 갈모를 쓴 사람이 빗( )속을 걷는 것이고, 필순이 조정된 전서 , 는 도롱이와 갈모를 챙긴 사람이 '而(말 이을 이)'로 잘못 바뀌었다. '需'는 '필요한 물건'이라는 의미를 파생시켰고, 수요(需要), 수구(需求, 필요하여 찾아 구하다) 등에 쓰인다.

고대의 노동 계급에게는 밖에서 비를 맞으며 일하는 것이 흔한 일이었다. 그럼 누구에게 도롱이와 갈모가 필요했을까? 유생, 어린이 및 소심한 사람이다. 儒(선비 유), 孺(젖먹이 유), 懦(나약할 나, 겁쟁이 유). 이 세 한자를 좀 더 구체적으로 알아보자.

전

儒 선비 유

rú

비 오는 날 외출할 때 도롱이와 갈모의 보호가 필요한( ) 사람( )

공자의 학설은 인애를 근본으로 하고 무력을 추구하지 않아 유학(儒學)이라고 불린다. 한자에서 '儒'는 비바람을 견디지 못하는 선비를 가리키고, '온화하다'

'온종일 책을 보다'라는 의미를 파생시켰다. 《설문》은 "儒는 부드러운 것이다"라고 말했다. 관련 단어는 유아(儒雅●, 풍치가 있고 아담하다), 유생(儒生) 등이 있다.

● 중국어에서 '儒雅'는 '품위(기품)가 있다' '학문이 깊고 태도가 의젓하다'는 뜻이며 [rúyǎ]로 발음한다.

孺 젖먹이 유

rú

비 오는 날 외출할 때 우구(雨具)의 보호가 필요한( ) 어린아이(, 子)

'어리다'라는 의미를 파생시켰고, 유자(孺子, 나이 어린 남자), 부유(婦孺fùrú, '부녀자와 어린이'를 의미하는 중국어) 등에 쓰인다. 《설문》은 "孺는 아기에게 젖을 먹이는 것이다", 《육서고(六書故)》는 "아이는 어리고 약하다"라고 했다.

懦 나약할 나, 겁쟁이 유

nuò

비 오는 날 외출할 때 우구의 보호가 필요한( ) 마음( ) 상태

옛사람들은 우구 없이 감히 외출할 엄두를 못 내는 사람을 겁쟁이라고 생각했다. 관련 단어는 나약(懦弱), 나부(懦夫, 겁이 유난히 많은 사내) 등이 있다.

전

濡 적실 유

rú

빗( )물( )이 갈모와 도롱이( )에 서서히 스며들다

'濡'는 빗물이 스며드는 상황을 묘사한 것이고, 이유목염(耳濡目染ěrrúmùrǎn, '자주 보고 들어서 익숙하고 습관이 되다'는 뜻의 중국어)에 쓰인다. 《관자(管子)》는 "비는 사물을 적시는(濡) 것이다"라고 풀이했다.

전

• 유염되다(濡染--): 젖어서 물이 들게 되다

많은 학자들은 '需(쓰일 수)'가 제때 비가 내려 가뭄을 해결하는 것이라고 생각했다. 하지만 '需'를 구성하는 한자들과 자형 측면에서 생각할 때 이 해석은 조금 억지스럽다. 금문의 자형은 우구를 갖춘 사람과 비슷한데, 마침 가뭄이 들었을 때 내리는 비라면 왜 바짝 바른 논밭이 아니라 사람에게 내리는 것으로 표현했을까? 더욱이 '需'에서 파생된 한자들을 봐도 제때 비가 내리는 것이라는 해석은 합리적이지 않다.

갑 금 전

奚 어찌 해

xī

주인이 쇠사슬(8)에 묶인 사람(大)을 잡다(爪). 즉 노예를 뜻한다

갑골문 은 머리에 쇠사슬이 있고, 두 손이 뒤로 묶인 사람을 표현한 상형문자이다. 금문 는 누군가가 다른 사람의 머리에 묶인 고리가 있는 쇠사슬(8)을 잡고 있는 모습으로, 고대 노예들이 머리에 쇠사슬이나 밧줄을 찬 채 단체로 노동하는 광경을 묘사했다. 상나라 때 포로로 잡혀온 많은 이민족들은 노예가 되었다. 목에 쇠사슬을 거는 것은 이들이 도망가지 못하게 하되 두 손은 자유자재로 움직이며 일을 하게 하기 위해서 고안된 방법이다. '奚'는 원래 노예나 포로를 뜻하고, '비웃음을 당하다' '왜'라는 뜻을 파생시켰으며, 해동(奚僮, 미성년의 남자 노예), 해락(奚落 xīluò, '조롱하다'를 의미하는 중국어) 등에 쓰인다. '奚'의 독음에서 파생된 한자는 溪(시내 계), 蹊(좁은 길 혜), 雞(닭 계) 등이 있다.

목에 쇠사슬을 거는 잔혹한 광경은 왕망(王莽) 때에도 여전히 존재했다. 왕망은 화폐 개혁을 실시하기 위해서 몰래 화폐를 주조하면 좌우에 사는 이웃을 포함해 총 다섯 가구를 관청의 노비로 삼겠다고 발표했고, 압송할 때 성인 남자는 창살이 있는 함거에 태우고, 아들딸은 뒤따라 걷게 했다. 당시에 목에 쇠사슬을 차고 관청에 끌려가 처벌을 받은 사람의 수는 무려 10만이 넘었다. 관청에 도착하면 부부는 강제로 죄수복을 입었고, 이중에 6~7만 명이 노동에 시달리다가 죽었다. 이것이 《한서(漢書)》〈왕망전(王莽傳)〉에 나오는 "民犯鑄錢, 伍人相坐, 沒入爲官奴婢. 其男子檻車, 兒女子步, 以鐵鎖琅當其頸, 傳詣鍾官, 以十萬數. 到者易其夫婦, 愁苦死者什六七(민범주전, 오인상좌, 몰입위관노비. 기남자함거, 아녀자보, 이철쇄랑당기경, 전예종관, 이십만수. 도자역기부부, 수고사자십육칠)"에 대한 내용이다.

- 해필(奚必): 다른 방도를 취하지 아니하고 어찌 꼭(같은 말: 하필何必)
- 소해(小奚): 열네댓 살의 어린 종

央 가운데 앙

yāng

목에 칼(■)을 찬 사람(大)

갑골문 𠀀은 목에 구속하는 형구를 찬 사람을 묘사했고, 두 가지를 의미를 낳았다. 첫 번째는 '중간'을 의미하고, 중앙(中央) 등에 쓰인다. 두 번째는 범인은 칼을 차면 목이 아파서 끊임없이 칼을 풀어달라고 비는데, 여기에서 '간절히 바라다'의 의미가 파생되었다. 이땐 앙구(央求 yāngqiú, '간청하다'를 의미하는 중국어)로 쓰인다. 형구의 중앙에 목을 넣

갑 금 전

은 죄인은 어떻게 될까? 중국에서 칼을 쓴 죄인은 머지않아 비참하게 죽었고, 서양에선 단두대의 중앙에 올라 목이 잘렸다. '殃(재앙 앙)'은 '央'에서 파생되었다.

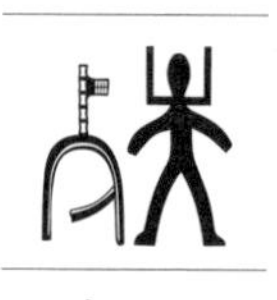

殃 재앙 앙

yāng

죽음(, 歹살 바른 뼈 알)에 이르는 재난()을 당하다. '歹'은 사람이 죽은 뒤에 남은 뼈를 가리킨다

• 앙급지어(殃及池魚): 재앙이 못의 물고기에 미친다는 뜻으로, 제삼자가 엉뚱하게 재난 당함을 이른다(불을 끄려고 못의 물을 전부 퍼오는 바람에 못 속 물고기가 말라 죽었다는 고사에서 유래)

금

전

黑 검을 흑

hēi

얼굴에 글자를 새기고 먹물을 바른() 사람()

묵형 또는 경형(黥刑)은 벌겋게 달군 날카로운 칼로 죄인의 얼굴에 글자를 새기고 그 위에 다시 먹물을 먹이는 형벌이다. 이렇게 하면 누가 봐도 죄목을 알 수 있어 죄인은 평생 씻을 수 없는 수치심을 느끼게 된다. 묵형은 상나라 때부터 청나라 때까지 지속되었다. 왜 묵(墨)형 또는 경(黥)형에는 모두 '黑'이 있을까? '黑'에는 어떤 비밀이 있을까?

'黑'의 금문 은 양쪽 볼에 각각 검은 점이 있는 머리가 큰 사람이고, 또 다른 금문 은 얼굴 네 곳에 모두 검은 점이 있고 신체 주위에도 네 개의 검은 점이 있는데, 사람의 얼굴에 날카로운 칼로 많은 부호를 그리고 먹물을 칠한 뒤에 남은 먹물이 뚝뚝 떨어지는 것을 묘사하고 있다. 전서 및 은 서서히 자형이 변해 두 팔과 다리를 벌리고 있는 사람(亣)이 '土(흙 토)'로 잘못 변했다. '黑'은 墨(먹 묵), 黝(검푸른 빛 유), 黔(검을 검), 黛(눈썹먹• 대), 黯(검을 암) 등 검은색과 관계있는 많은 한자들을 파생시켰다.

• 눈썹먹: 눈썹을 그리는 데 쓰는 눈썹연필

黜 내칠 출

chù

죄를 저질러서 묵형(黑)을 당한 뒤에 파면을 당하고 조정에서 쫓겨나다(出, 出날 출)

'黜'은 '직위가 낮아지다' '파면되다'의 의미를 낳았다.

吳 오나라 오, 큰 소리 칠 화

wú

머리를 기울이고(夨, 夨머리가 기울 녈) 크게 외치는(口, 口) 사람

《사기》의 기록에 따르면 주태왕의 장자 태백은 동생인 계력의 아들 창(昌, 훗날의 주문왕)에게 왕위를 넘겨주기 위해서 남쪽의 황량한 땅으로 도망쳤고,• 머리를 자르고 문신을 새긴 뒤에 스스로 '구오(句吳)'라고 부르고 오나라의 개국 왕이 되었다. 오나라는 지금의 장쑤(江蘇) 일대에 위치했고, 월나라는 저장(浙江) 일대에 위치했는데, 고대에는 모두 미개한 민족으로 여겨졌다. 《사기》도 "진(秦), 초, 오, 월은 오랑캐이다"라고 기록했다. 오, 월 등의 국가는 고대에 백월(百越)이라고 불렸는데, 깊은 산중에 위치한지라 큰 소리로 말하고, 거리가 멀 땐 소리를 지르듯이 말했다. 지금도 백월 지역에서 산가(山歌)••를 부르는 남자들과 채다가(採

• 주태왕에게는 아들이 셋 있었다. 첫째가 태백, 둘째가 중옹, 셋째가 계력이었다. 그런데 계력의 아들 창(昌)이 태어날 때 여러 가지 길조가 나타났고, 또한 똑똑해서 주태왕은 이후 창이 왕위를 물려받을 수 있도록 셋째 아들 계력에게 왕위를 물려주고자 했다. 아버지 주태왕의 뜻을 이해한 첫째 태백은 셋째 계력이 왕위를 이을 수 있게 둘째인 중옹까지 데리고 남쪽 땅으로 도망쳤다.

•• 산가: 산과 들에서 일할 때 부르는 민간 가곡

• '吴'는 '吳'의 속자이면서 동시에 간체자이다

茶歌)를 부르며 찻잎을 따는 여자들의 목소리는 크고 맑다. '吳'•의 금문 [glyph] 및 전서 [glyph]는 모두 머리를 기울이고([glyph], 夨머리가 기울 녈) 크게 발성하는([glyph]) 사람을 묘사했고, 여기에서 '시끌시끌하다'라는 의미가 파생되었다. '夨'의 갑골문 [glyph], 금문 [glyph] 및 전서 [glyph]은 모두 머리를 한쪽으로 기울인 사람을 묘사했다.

오나라 사람들은 동물의 울음소리를 내서 새와 짐승을 잡는, 성대모사를 잘하는 사냥꾼이나 조련사였을 가능성이 높다. 이 점은 '虞(염려할 우)'의 본뜻과 고서에서 그 증거를 찾을 수 있다.

虞 염려할 우

yú

성대모사([glyph], 吳오나라 오)로 호랑이([glyph], 虍호피 무늬 호)를 조련하는 사람

백익(伯益)은 중국 제일의 조련사이자 우관(虞官)이 되어 산속의 날짐승과 길짐승을 다스렸다. 《사기》 〈오제본기(五帝本記)〉의 기록에 따르면 순임금이 대신들에게 산속에 사는 새와 짐승들을 누가 잘 훈련시키느냐고 물었을 때 모두 백익을 추천하자 순임금은 백익을 우관에 임명했다. 《통전(通典)》에도 "순임금은 천하를 얻은 뒤에, (…) 백익은 우관이 되어 초목과 조수를 길렀다"라고 나온다. 백익은 잡아온 짐승들을 잘 훈련시키고 새끼들을 많이 번식시켜 상을 받고 '영(嬴)'씨를 하사받았다. 주나라 땐 백익의 후예인 진비자가 말을 잘 키워서 땅을 하사받았다. 고대에 새와 동물을 사육하던 곳을 '원유(苑囿)'라고 불렀는데, 지금의 동물원과 비슷하다. 《춘추번로》에 "걸주(桀紂)는(…), 궁전이 크고 원유가 넓었다"

라고 나오는 것처럼 하나라의 걸왕과 상나라의 주왕은 많은 새와 동물들을 키웠고, 상주왕은 맨손으로 맹수와 싸우기까지 했다.

'虞'의 갑골문 는 호랑이( )를 쇠고랑에 채운( ) 모습이고, 호랑이를 잘 잡는 사람을 묘사했다. 은 나무로 만든 수갑•이다. 금문 는 나무 수갑이 '吳'(오나라 오,)로 바뀌었다. '吳'는 '虞'의 뜻과 소리에 모두 영향을 줬는데, (虞)는 성대모사( )를 잘하는 사람( )이 동물 소리로 호랑이( )를 유인하는 것을 나타낸다. '虞'의 본뜻은 동물을 조련하는 사람이고, 동물을 조련하는 사람은 각종 기술로 동물을 길들이기 때문에 '속이다'라는 뜻이 파생되었다. 관련 단어는 이우아사(爾虞我詐ěryúwǒzhà, '서로 속고 속이다'는 뜻의 중국어)가 있다. 또한 동물을 조련하는 사람은 언제나 동물의 공격에 대비해야 하기 때문에 '우려하다' '경계하다' 등의 뜻이 파생되었다. 관련 단어는 '불우궤핍(不虞匱乏bùyúkuìfá, '모자란 것을 걱정하지 않다'는 뜻의 중국어)'이 있다. 이 밖에 조련하는 과정을 지켜보는 것이 즐겁다고 해서 '즐겁다'라는 뜻도 파생되었고, 우락(虞樂yúlè, '쉬는 시간을 즐겁게 보내다' '(방송 관련) 예능'을 뜻하는 중국어)으로 쓰인다. '虞'는 '娛(즐거울 오,)'의 옛 문자이다.

• '幸(다행 행)' 편 참고

옛사람들 중에는 동물의 울음소리를 흉내 내는 사람이 많았을 것이고, 상주시대 때도 성대모사를 잘하는 사람이 많았을 테지만 서적에 기록된 내용은 별로 많지 않다. 《사기》 〈맹상군열전(孟嘗君列傳)〉에 따르면 맹상군 수하에는 두 명의 식객이 있었다. 이들은 별다른 재능 없이 닭 울음소리, 개 울음소리를 가르쳐 '계명구도(雞鳴狗盜, 하찮은 재능을 가진 사람)'라고 불리며 사람들에게 무시를 받았지만 나중에 맹상군이 위기에 처했을 때 성대모사로 목숨을 구해줬다. 이 밖에 유종원(柳宗元, 중국 당나라의 시인)은 《비설(羆說)》에서 "초나라의 어떤 사냥꾼은 사슴, 호랑이, 곰 등 각종 동물의 울음소리를 흉내 낼 줄 알았지만 안타깝게도 흉내를 내다가 실수를 해서 곰 발바닥 밑에서 비참한 죽음을 맞았다"라고 기록했다.

• 우범(虞犯): (성격·환경 등에 비추어) 죄를 범할 우려가 있음을 뜻한다

大의 아랫부분에 획을 더한 한자

금

전

亢 높을 항

kàng

발에 족쇄를 찼지만 여전히 선 채로 완강하게 저항하는 사람

금문 , 은 비록 두 발이 쇠사슬에 묶였지만 굴복하지 않고 당당하게 서 있는 모습이 꼭 전쟁에서 진 장군 같고, 전서는 이것을 으로 바꿨다. '亢'은 '거만하다' '지나치다'라는 의미를 파생시켰고, 고항(高亢, 뜻이 높아 남에게 굽실거리지 않다), 항진(亢進, 위세 좋게 뽐내고 나아가다) 등에 쓰인다. 선진 시대의 고전에서 '亢'은 대부분 '抗(항거할 항)'의 의미로 쓰였다. 예컨대 《예기》의 "臣莫敢與君亢禮也(신막감여군항례야. 신은 감히 군과 동등하게 교제하면 안 된다)"에서 '亢禮'는 대등한 예절로 상대를 대하는 것을 의미한다. 또한 《설원》의 "有能亢君之命, 反君之事(유능항군지명, 반군지사. 왕의 명령에 저항하는 것은 왕을 거스르는 일이다)"와 《여씨춘추》의 "江河之水, 不能亢矣(강하지수, 불능항의. 강과 하천의 물은 거슬러 흐르지 않는다)"에서 알 수 있는 것처럼 '亢'은 '抗'의 본자이다.

'亢'의 독음에서 파생된 형성문자는 伉(짝 항), 炕(마를 항), 航(항해할 항), 杭(건널 항), 沆(넓을 항), 骯(살찔 항), 坑(구덩이 갱) 등이 있다. 이중에 '航'()은 또한 회의문자이기도 한데, 두 발로 배 위에 꿋꿋이 서서(, 亢높을 항) 배(, 舟배 주)를 운전하는 사람을 나타낸다. 항해를 하다 보면 각종 악천후를 만나게 마련인데, 거친 풍랑과 폭우에 꿋꿋이 맞설 수 있는 사람만이 배를 안전하게 몰 수 있다.

太 클 태

tài

전

크고 또 크다

'太'의 전서는 몇 가지 종류가 있다. 먼저 는 두 개의 '大'로 이루어진 것으로 '크고 또 크다'를 의미한다. 는 거인의 사타구니 밑에 난쟁이가 서 있는 모습인데, 키가 작은 사람에게 큰 거인은 엄청나게 커 보이는 데 비해 큰 거인에게 키가 작은 사람은 엄청나게 작아 보인다. 후대 사람들은 난쟁이를 하나의 점으로 간단하게 표시해 로 만들었다. '太'와 '泰(클 태)'의 옛 문자는 서로 같다. '太'의 본뜻은 '크다'이고 '극단적이다' '지나치다'의 뜻을 파생시켰다.

交 사귈 교

jiāo

금

전

두 다리를 교차하다

'交'는 '서로 충돌하지 않다' '왕래하는 사이'라는 의미를 낳았고, 교차(交叉, 서로 엇갈리거나 마주치다), 교통(交通), 교왕(交往jiāowǎng, '교제하다'를 뜻하는 중국어) 등에 쓰인다.

금

전

奄 덮을 엄, 문득 엄

yǎn 또는 yān

상제는 세상 모든 곳에 눈과 귀가 있어서 사람(大)의 '신'고(申, 申거듭 신)를 들을 수 있다

금문 은 사람(大)이 하늘을 향해 기도하는() 것이고, 전서 은 뜻을 그대로 살린 채 '申'과 '大'를 위아래로 배치했다. 《시경》〈대아(大雅)〉에는 "皇矣上帝, 臨下有赫, 鑒觀四方, 求民之莫(황의상제, 임하유혁, 감관사방, 구민지막)"이라고 나온다. 대략 풀이하면 "상제는 사방을 살피며 백성의 고충을 찾는다"라는 뜻이다. 옛사람들은 상제는 온 천지에 눈과 귀가 (덮고) 있어서 세상 사람들의 기도를 들을 수 있다고 믿었다. 따라서 '奄'의 본뜻은 '덮다'이고, '掩(가릴 엄)'의 본자이다. 《상서》〈대우모(大禹謨)〉에는 "堯德廣遠, (…) 皇天眷命, 奄有四海爲天下君〔요덕광원, (…) 황천권명, 엄유사해위천하군〕", 즉 "요는 덕행이 널리 펴져서 (…) 황천상제의 보살핌을 받았고, 그의 은택이 사해의 신민을 모두 뒤덮어 천하의 군왕이 되었다"라고 나온다. 또 《춘추번로》에는 "强奄弱, 衆暴寡(강엄약, 중폭과)"라고 나오는데, "강한 사람은 약한 사람을 업신여기고, 사람이 많은 민족은 약세에 처한 민족을 난폭하게 대한다"라는 뜻이다.

'奄'에서 파생된 한자는 淹(담글 엄), 掩(가릴 엄), 醃(절일 엄) 등이 있고, 모두 '뒤덮다'라는 뜻이 있다. 예를 들어 '淹'()은 물로 뒤덮인 것을 나타내고, 엄몰(淹沒, 침몰)에 쓰인다. '掩'()은 손으로 덮는 것을 뜻하고, 엄개(掩蓋, 적탄의 피해를 막기 위해 참호나 방공호 따위의 위를 덮는 물건)에 쓰인다. '醃'은 소금이나 술〔酉〕로 음식물을 덮는〔奄〕 것이고, 엄제(醃製yānzhì, '절이다'를 뜻하는 중국어) 등에 쓰인다. 상제는 어려움에 처한 사람이 도움을 요청하는 미약하고 비통한 목소리를 들을 수 있다는 점에서 '奄'은 '숨이 약하다'라는 의미를 파생시켰고, 엄엄•일식(奄奄一息yǎnyǎnyìxī, '마지막 숨을 모으다' '사경에 이르다'를 의미하는 중국어) 등에 쓰인다.

• 한국어에서도 '엄엄(奄奄)'은 '숨이 곧 끊어지려 하거나 매우 약한 상태에 있음'을 의미한다

夸 자랑할·자만할 과

kuā

두 발을 활짝 벌리고(大) 각지를 왔다 갔다 하다(亐, 亐어조사 우·이지러질 휴). '(지역이나 한계를) 뛰어넘다'라는 의미를 파생시켰다

'과보추일(夸父追日)'은 모두에게 익숙한 전설이다. 과보는 해를 뒤쫓기로 결심한 뒤에 몇 개의 산을 넘어 어렵사리 우산(禺山)에서 해를 따라잡았지만 목이 너무 마른 나머지 물을 마시기 위해서 위하(渭河)에 달려갔다. 그런데 위하의 물을 다 마셔도 갈증이 가시지 않아 다시 대호(大湖)로 향하다가 중간에 목이 말라 쓰러져 죽었다. '夸'는 해를 쫓아 뛴 거인을 매우 생동적으로 묘사했다. '夸'의 금문 (夸)는 두 발을 벌리고 각지를 돌아다니는 사람(大)을 나타냈는데, 이 사람은 마치 기둥과 대들보를 타고 올라가는 연기(亐, 亐어조사 우·이지러질 휴)처럼 거침없이 이곳저곳을 돌아다닌다. '夸'에서 파생된 한자는 跨(넘을 과), 誇(자랑할 과), 胯(사타구니 고), 垮(무너질 과) 등이 있고, 모두 '뛰어넘다'의 의미가 있다. 예컨대 '跨'(跨)는 두 발(足)로 어떤 범위를 뛰어넘는 것(夸, 夸)이고, '誇'(誇)는 말(言, 言)로 기존의 범위를 뛰어넘는 것이다.

• 자아과요(自我夸耀): '자기 자신을 뽐내다'는 의미의 사자성어

갑

금

전

• '亏'가 '어조사 우'일 때는 '于(어조사 우)'의 본자이며 중국어 발음은 [yú]이다. '亏'가 '이지러질 휴'일 때는 虧(이지러질 휴)의 간체자이며 발음은 [kuī]이다.

•• 중국어로도 같은 뜻이며 발음은 [zhīzǐyúguī]이다

亏• 어조사 우, 이지러질 휴

yú 또는 kuī

하늘(二)로 올라가는 연기(ㄣ)

옛사람들은 기둥 밑에서 불을 피우고 식사를 준비했는데, 이때 연기는 기둥과 대들보를 타고 처마 밑으로 흘러갔다가 다시 집 밖으로 나간다. '亏'의 갑골문 및 금문 는 연기가 기둥과 대들보(干)를 타고 천천히 올라가는 모습을 묘사했고, 훗날 자형에 약간의 변화가 생긴 전서 亏는 빙빙 돌며 위(二)로 올라가는 연기를 묘사했다. '亏'의 본뜻은 기둥과 대들보를 타고 위로 올라가는 연기이고, '~을 향해서' '~에 대해서' '~에서'의 의미를 낳았다. 관련 단어는 지자우귀(之子于(亏)歸, 딸이 시집가는 일, 출처는 《시경》이다)••, 치지우지(置之于地zhìzhīyúdì, 사물을 땅에 설치하다) 등이 있다.

갑

금

전

赤 붉을 적

chì

사람(大)이 불(火) 위에서 형벌을 받다

'赤'은 불에 타서 전신이 벌겋게 된 사람을 묘사했고, 여기에서 '붉다'의 의미가 파생되었다. 하지만 안타깝게도 전서 赤은 '人(사람 인)'이 '土(흙 토)'로 잘못 바뀌어서 본래의 뜻이 사라졌다.

사서의 기록에 따르면 상주왕은 애첩인 달기를 기쁘게 해주기 위해서 각종 기발하고 잔인한 형벌을 생각하다가 자신에게 반대하는 신민이나 도망치려는 죄인들에게 낙인보다 더 잔혹한 포락지형을 실시했다. 청동 기둥에 묶이거나 강제로 숯불 위를 걷는 죄인들은 고통에 신음하며 몸부림쳤지만 상주왕은 가혹한 처형 장면을 보고 신나게

웃는 달기를 보며 기뻐했다. 이에 대해서 《상서》는 "지금 상나라의 주(紂)는 하늘을 공경하지 않고 백성에게 재앙을 내리고 있다. (…) 어진 신하를 불태워 죽이고, 임신한 부녀자의 배를 가르고 뼈를 발라 죽였다"라고 기록했고, 《사기》 〈은본기(殷本紀)〉는 "백성들이 원망하고 제후들이 간언하자 주(紂)가 형벌을 개발했으니, 포락지형이 그것이다"라고 기록했다. 공교롭게도 상주왕과 동시대에 산 바빌론의 네브카드네자르(느부갓네살) 왕도 세 명의 신하를 화로에 던졌다. 이 밖에 중세 사회는 이단을 믿는 종교인이나 정치범을 자주 화형에 처했는데, 많은 사람들이 아는 것처럼 잔 다르크도 산 채로 불에 타서 죽었다. 고대 사회에서 화형은 널리 행해지는 형벌이었다.

赫 빛날 · 붉을 혁

hè

많은 사람()이 큰 불() 위에 있다

'불길이 활활 타오르다'라는 의미를 파생시켰고, 현혁(顯赫, 이름이 높이 드러나 빛나다), 혁노(赫怒, 얼굴을 붉히며 벌컥 성을 내다) 등에 쓰인다.

嚇 성낼 · 무서워할 혁 웃음소리 하

xià 또는 hè

많은 사람()이 큰 불() 위에서 두려움에 떨며 소리 지르다()

'두려워하다' '겁먹다'의 의미를 파생시켰고, 경혁(驚嚇 jīngxià, '깜짝 놀라다'를 의미하는 중국어), 협혁(脅嚇, 위협), 공하(恐嚇, 협박)• 등에 쓰인다.

• '恐嚇'는 중국어로는 [kǒnghè]로 발음하고, 뜻은 우리말 '공하'와 같은 '협박하다'이다

赦 용서할 사

shè

죄인이 화형( )을 면제(, 攴칠 복) 받다

'원래 받아야 하는 형벌에서 면제되다'라는 의미를 낳았고, 사면(赦免) 등에 쓰인다.

- 사죄지은(赦罪之恩): (가톨릭에서) 죄를 용서하여 주는 하느님의 은혜

赧 얼굴 붉힐 난

nǎn

죄인이나 노예( )가 붙잡혀( ) 화형( )을 당하다

주나라의 왕은 만물을 소유하고 최고의 권력을 가졌다. 마지막 왕 희연은 100년을 넘게 사는 동안에 60년을 왕으로 지냈지만 우매하고 무능해서 제후들에게 조롱을 당했고, 결국 800년의 역사를 가진 주나라를 무너트렸다. 희연이 죽은 뒤에 후대 사람들은 그에게 '적왕(赧王)'이라는 시호를 줬고, 조상을 뵐 면목도 없는 왕은 마땅히 화형에 처해야 했다고 비꼬았다. '赧'은 '얼굴이 귀밑까지 빨개지다' '부끄러움을 견디기 어렵다'라는 의미를 파생시켰고, 수난(羞赧, 부끄러워 얼굴을 붉히다), 난안(赧顔, 부끄러워 얼굴이 붉어지다, 또는 그런 얼굴) 등에 쓰인다.

達 통달할·도달할 달

dá

갑 금 전

사람( )이 양( )떼를 몰고 목적지를 향해서 가다

(, 辶쉬엄쉬엄 갈 착)

'達'의 갑골문 은 손에 가늘고 긴 나뭇가지( )를 들고 길( )에서 양( )을 모는 것이고, 금문 은 대나무( )를 들고 양을 몰며 길을 가는 것이다. 전

서 達은 사람(大)이 길을 걸으며(辵, 辶) 양(羊)을 모는 것이고, 양떼를 몰고 목적지에 도달했다는 의미에서 '도착하다'의 의미가 파생되었다.

大의 양쪽에 획을 더한 한자

亦 또 역, 겨드랑이 액

yì

양쪽 겨드랑이에 땀이 흐르는( ) 사람(大). 腋(겨드랑이 액), 液(진액 액)의 본자이다

갑골문 亦은 어떤 사람의 겨드랑이에서 땀이 흐르는 것을 묘사했다. '亦'은 원래 '겨드랑이 밑'과 '땀'을 뜻했지만 두 개의 뜻이 헷갈리기 쉬워서 후대 사람들은 '腋'으로 겨드랑이 밑을 표현하고, '液'으로 땀을 표현했다. '亦의 본뜻은 겨드랑이이기도 하고 또 땀이기도 하다'라는 의미에서 '亦'은 '또'라는 의미를 새로 파생시켰다.

갑 금 전

- 역시(亦是): 또한, 생각했던 대로, 예전과 마찬가지로

夜 밤 야, 고을 이름 액

yè

양쪽 겨드랑이에 땀이 흐르던 사람(亦)이 저녁(, 夕저녁 석)이 되자 일을 멈추다. 해가 져서 쉬다

'夜'는 '때가 늦었으니 모두 쉽시다'라는 뜻이고, 오야(午夜, 자정), 야만(夜晚yèwǎn, '저녁, 밤'을 의미하는 중국어) 등에 쓰인다. '夜'의 독음에서 파생된 한자는 腋(겨드랑이 액), 液(진액 액), 掖(겨드랑이 액) 등이 있다. 《설문》은 "夜는 천하가 쉬는 것이다"라고 풀이했다.

금 전

爽 시원할 상

shuǎng

양쪽 겨드랑이에 땀이 흐르는 사람()이 우물()
옆에서 목욕하다. 양쪽 겨드랑이가 시원하다

땀을 많이 흘려서 온몸이 끈적끈적하면 매우 불쾌하다. 그럼 어떻게 하면 쾌적해질까? 금문 , 은 양쪽 겨드랑이에 땀이 흐르는 사람()이 우물() 옆에서 목욕을 하는 모습을 묘사했다. 우물이 있는 곳에서는 물이 많기 때문에 땀과 먼지를 씻어내고 온몸을 상쾌하게 만들 수 있지만 물이 부족한 고원지대의 사람들은 목욕하기가 어렵다. 따라서 '爽'에서 '편안하다' '상쾌하다' '명랑하다' 등의 뜻이 파생되었고, 상쾌(爽快), 호상(豪爽, 호탕하고 시원시원하다), 양상(涼爽liángshuǎng, '시원하고 상쾌하다'를 의미하는 중국어) 등에 쓰인다. 필순이 조정된 전서 은 지금 쓰는 한자와 완전히 일치한다. 일부 학자들은 '爽'을 '땀을 흘리는 사람이 두 팔을 벌리고 바람을 쐬며 땀을 말리다'라고 해석한다.

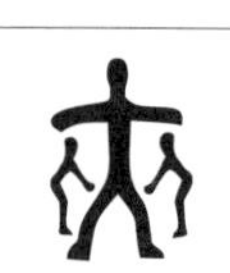

夾 낄 협

jiā

어떤 사람()이 양쪽에 있는 적( )에게 협공을
당하거나 끌려가다

금문 은 어떤 사람이 양쪽에 있는 적에게 협공을 당하는 것을 표현했다. 고대 전쟁터에서는 적에게 협공을 당하는 모습을 흔히 볼 수 있었는데, 중간에 있는 아군 용사를 좀 더 크게 그려 돋보이게 했다. '夾'은 양쪽에 끼인 것이고, 협공(夾攻), 협자(夾子jiāzi, '집게'를 의미하는 중국어) 등에 쓰인다. '夾'의 뜻에서 파생된 한자는 峽(골짜기 협), 陜(좁을 합, 좁을 협), 挾(낄 협), 頰(뺨 협), 狹(좁을·자질구레할 협) 등이 있다. 자세히 살펴보면 (峽)은 양쪽의 높은 산()에 끼인() 땅이고, (陜)은 양쪽의 가파른 언덕()에 끼인() 땅이며, (挾)은 팔()에 힘을 준 채 강제로 어떤 사물이나 사람을 조이는() 것이다. 또 (頰)은 머리(, 頁머리 혈)를 끼고 있는() 두 덩어리의 살이고, ()(狹)은 양쪽의 개(, 犭큰 개 견) 사이에 끼여() 놀림을 당하는 것이다.

허신은 '夾'을 어른의 양쪽 겨드랑이를 두 명의 어린이가 각각 잡은 것으로 해석했다. 하지만 이 해석은 한자를 만들 때 어린아이를 '人(사람 인)'이 아니라 '子(아들 자)'로 표현하는 일치성의 원칙에 어긋난다.

夷 오랑캐 이

yí

야성을 제압하기 위해서 밧줄(, 己몸 기)로 꽁꽁 묶은 사람()

금 전

《좌전》에 "紂有億兆夷人(주유억조이인. 주에게는 억조의 오랑캐가 있다)"이라고 나오는데, 여기에서 '이인(夷人)'은 상주왕이 포로로 잡아서 노예로 쓰는 이민족을 가리킨다. 옛날에 중원 사람들은 서쪽에 사는 사람들을 양과 한패라고 해서 '羌(오랑캐 강)'이라고 부르고, 남쪽에 사는 사람들을 벌레와 한 패라고 해서 '閩(종족 이름 민)'이라고 불렀으며, 북쪽에 사는 이민족을 개와 한패라고 해서 '狄(오랑캐 적)'이라고 부르고, 동쪽에 사는 사람들을 발 없는 벌레와 한패라고 해서 '貉(오랑캐 맥)'이라고 불렀다.• 중원을 중심으로 사방에 있는 이민족을 가리키는 말은 모두 동물 편방이 붙었고, 통틀어 '蠻夷(만이)'라고 했으며, 이들은 교양이 없고 교

• 《설문》의 주석서 《단옥재주(段玉裁註)》에 "남쪽 만민(蠻閩)은 벌레를 따랐고, 북쪽 적(狄)은 개를 따랐으며, 동쪽 맥(貉)은 발 없는 벌레를 따랐고, 서쪽 강(羌)은 양을 따랐다(南方蠻閩從蟲, 北方狄從犬, 東方貉從豸, 西方羌從羊)"라는 내용이 나온다

육과 구속이 필요한 사람들로 여겨졌다. 그럼 어떻게 구속했을까?《한서》에는 "문왕과 무왕의 도로써 오랑캐들을 묶었다"라는 기록이 있다. '夷(오랑캐 이)'는 이민족 외에 '평정하다'라는 의미를 파생시켰고, 이멸(夷滅, 멸하여 없애다), 이위평지(夷爲平地yíwéipíngdì, '건축물을 부수어 땅을 평지로 만들다'를 의미하는 중국어), 화험위이(化險爲夷huàxiǎnwéiyí, '위험한 상태를 평온하게 만들다'를 의미하는 중국어) 등에 쓰인다.

- 소이(燒夷): 불에 태워 없애버림(같은 말: 소각燒却)

大를 둘러싼 한자

갑

금

전

因 인할 인

yīn

사람(大)이 풀을 엮어 만든 자리(■) 위에 누워 있다

'因'의 본뜻은 풀을 엮어 만든 자리이고, '증거' '사건을 추론할 때 근거가 되는 사유'라는 의미를 파생시켰다. 관련 단어는 원인(原因), 인위(因爲yīnwèi, '왜냐하면'을 의미하는 중국어) 등이 있다. 후대 사람들은 풀을 엮어 만든 자리를 나타낼 땐 초두머리(艹)를 더해 茵(자리 인, 茵)'으로 표시했다.

恩 은혜 은

ēn

어떤 연유(因)로 마음(心)에 감동을 받은 사람

사람은 누군가에게 도움을 받으면 고마운 마음을 잊지 않는데, 옛사람들은 '恩'으로 이런 감정을 묘사했다. 관련 단어는 감은(感恩, 은혜를 고맙게 여기다), 은혜(恩惠) 등이 있다.

제3장은 '大(큰 대)'에서 파생된 모든 한자들을 소개했다. 이제 독자들도 '大'가 다른 한자들과 모여 또 다른 한자를 만들 때 '성인'을 의미한다는 것을 알게 되었을 것이다. '大'는 원래 '사람'이라는 뜻이지만 '부피가 크거나 수량이 많다'라는 뜻을 파생시켰다. 하지만 정작 사람들은 '大'에서 파생된 '크다' '많다'를 원래의 뜻으로 알고 이것으로 '大'가 포함된 모든 한자들을 해석한다. 예컨대 '美(아름다울 미)'를 '양이 크고 아름답다'라고 잘못 해석하는가 하면 '夷(오랑캐 이)'를 큰 활을 맨 민족이라고 잘못 해석한다. 이에 비해 '尖(뾰족할 첨)'은 극히 예외적인 한자인데, '尖'은 앞부분은 좁고 작지만 뒷부분은 굵고 큰 물건을 나타낸다. 또한 옛 문자가 없는데, 선진시대의 서적에는 등장하지 않고 한나라 이후의 서적에 등장하는 점으로 미루어 생각할 때 '尖'은 진나라 말기에 만들어진 문자이다.

女
母
毋
每
妻

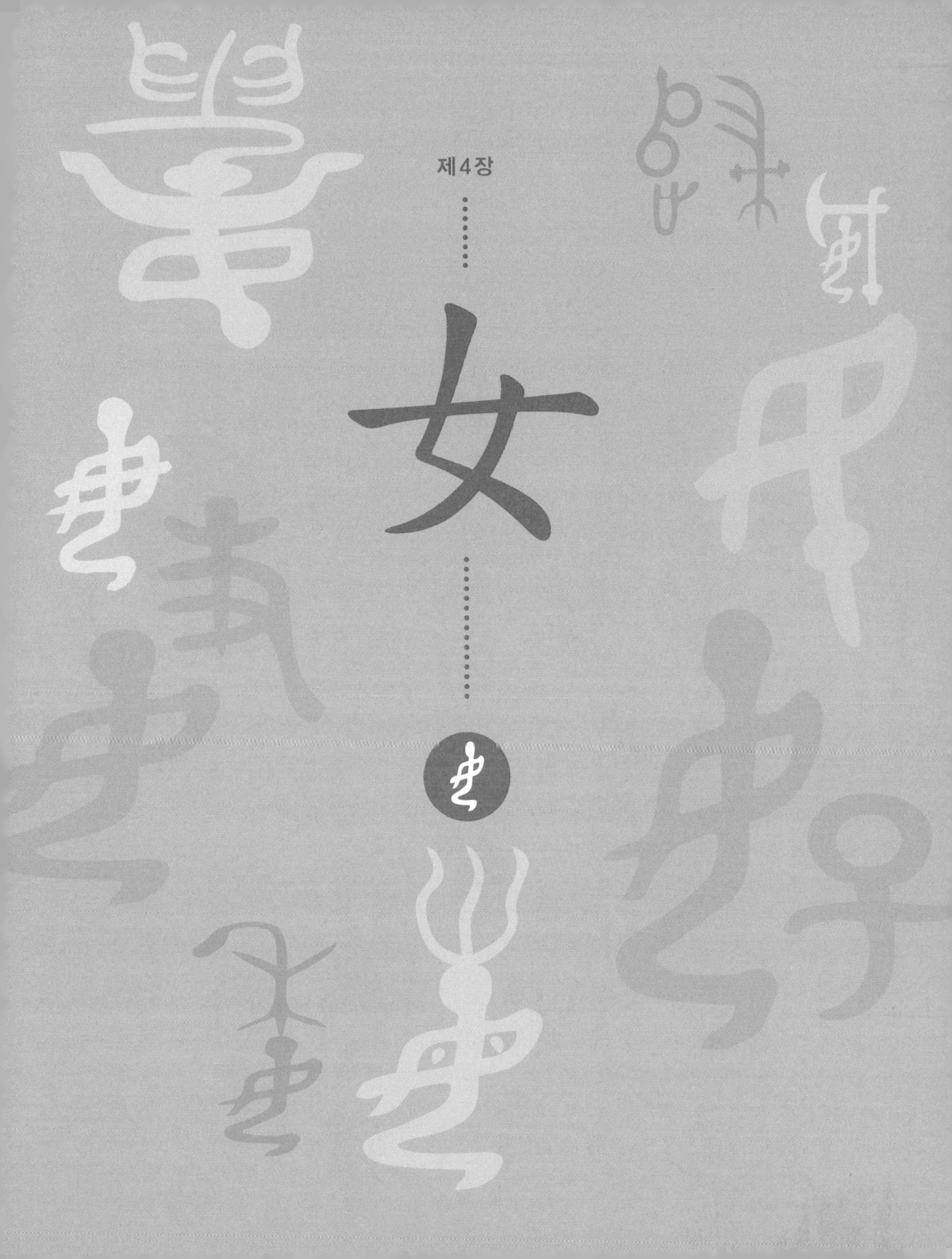

제4장

女

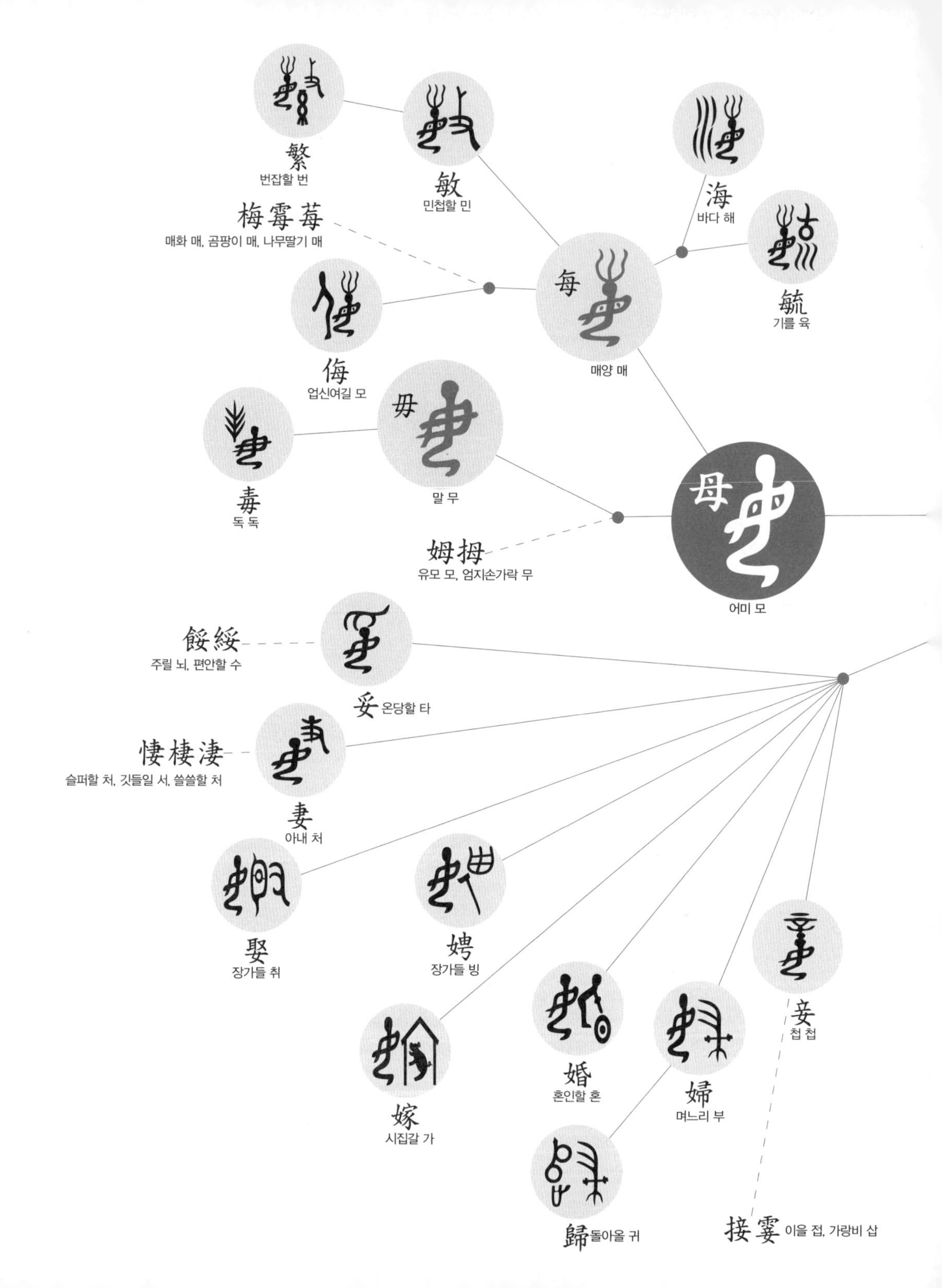

繁
번잡할 번
敏
민첩할 민
梅霉苺
매화 매, 곰팡이 매, 나무딸기 매
海
바다 해
毓
기를 육
每
매양 매
侮
업신여길 모
毋
말 무
毒
독 독
母
어미 모
姆拇
유모 모, 엄지손가락 무
餒綏
주릴 뇌, 편안할 수
妥 온당할 타
悽棲淒
슬퍼할 처, 깃들일 서, 쓸쓸할 처
妻
아내 처
娶
장가들 취
娉
장가들 빙
妾
첩 첩
婚
혼인할 혼
婦
며느리 부
嫁
시집갈 가
歸 돌아올 귀
接霎 이을 접, 가랑비 삽

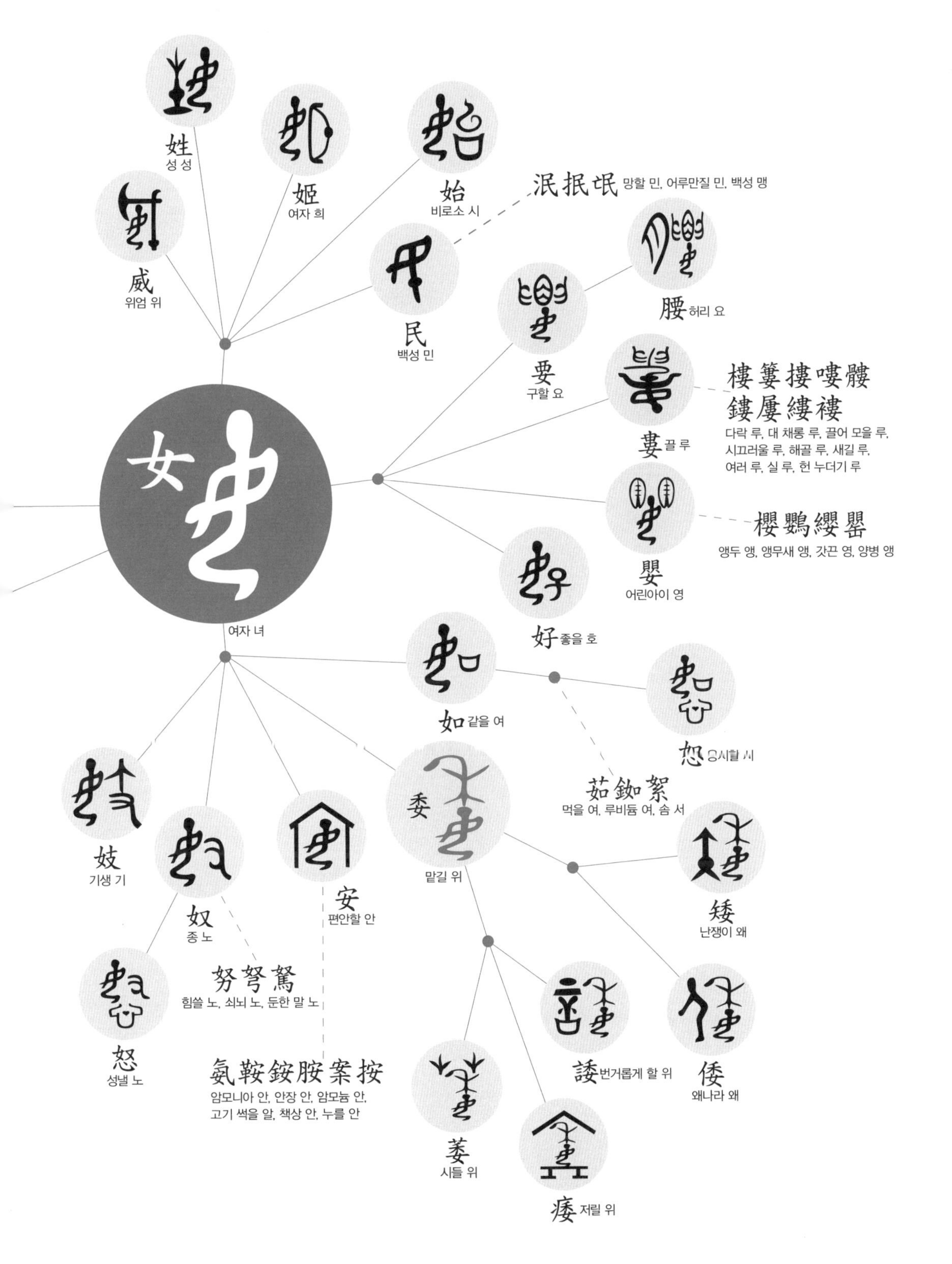

姓
성 성
威
위엄 위
姬
여자 희
始
비로소 시
泯抿岷 망할 민, 어루만질 민, 백성 맹
民
백성 민
腰 허리 요
要
구할 요
樓簍摟嘍髏
鏤屢縷褸
다락 루, 대 채롱 루, 끌어 모을 루,
시끄러울 루, 해골 루, 새길 루,
여러 루, 실 루, 헌 누더기 루
婁 끌 루
櫻鸚纓罌
앵두 앵, 앵무새 앵, 갓끈 영, 양병 앵
嬰
어린아이 영
好 좋을 호
女
여자 녀
如 같을 여
恕 용서할 서
茹鉫絮
먹을 여, 루비듐 여, 솜 서
委
맡길 위
妓
기생 기
奴
종 노
安
편안할 안
矮
난쟁이 왜
怒
성낼 노
努弩駑
힘쓸 노, 쇠뇌 노, 둔한 말 노
諉 번거롭게 할 위
倭
왜나라 왜
氨鞍銨胺案按
암모니아 안, 안장 안, 암모늄 안,
고기 썩을 알, 책상 안, 누를 안
萎
시들 위
痿 저릴 위

갑골문 , , 와 금문 는 모두 무릎을 꿇고 두 손을 모으고 있는 사람을 묘사했다. 이것은 고대 여성의 단정하고 순종적인 이미지가 반영된 것이다. 전서 , 는 점진적으로 필순을 서예에 맞게 조정한 결과이다.

에서 파생된 재미있고 의미가 풍부한 고대 상용자는 , , , , , , , , , , , , , , , , , 등이 있다. 이 한자들은 대체 어떤 의미일까? 모든 글자는 간결한 필치로 묘사된 그림 같다. 또한 표현하고 싶은 점이나 특징이 도드라져서 이 상형문자들을 보면 의미가 자연스럽게 연상된다.

한자는 간단한 것에서 복잡한 것으로, 구체적인 것에서 추상적인 것으로 체계적으로 발전했다. 예를 들어 '繁(번잡할 번)'은 → → → → → 으로 발전했는데, 처음은 성별을 나눌 수 없는 (人사람 인)이었다. 그리고 이 사람이 무릎을 꿇은 채 '맞잡은 두 손을 아래로 늘어뜨린 것'에서 '女'(여자 녀,), 즉 단정하고 현숙한 여자의 의미가 파생되었다. '여자〔女〕'의 가슴에 '두 개의 점'을 더하면 '젖을 먹이는' 능력을 가진 '母'(어미 모,)가 되고, 어머니의 머리 위에 '머리카락 한 올'을 더하면 '每'(매양 매,)가 되어 모든 머리카락, 모든 물방울처럼 많다는 의미를 나타낸다. 또한 '每'의 옆에 '빗을 든 손'을 더하면 '敏'(민첩할 민,)이 되어 손으로 재빨리 헝클어진 머리카락을 정리하는 모습을 묘사하는 한자가 된다. 마지막으로 '敏' 밑에 '땋은 머리'()를 더하면 '繁'(번잡할 번,)이 되고, 머리카락을 땋은 것에서 '복잡하다, 번거롭다' 등의 의미가 파생된다.

의미가 파생되는 관계에서 고대인이 한자를 구성하는 법칙, 즉 간단한 한자에 점차 획을 추가해 복잡한 한자로 만드는 것을 알 수 있다. 또한 人(사람), 女(여자), 母(어머니)와 같은 구체적인 한자도 나중에는 점차 每(모든 것), 敏(민첩하다), 繁(번잡하다)과 같은 추상적인 문자로 발전했다.

많은 한자가 복잡하고 무질서하게 보이지만 고치에서 실을 뽑듯이 한자와 한자 사이의 파생 관계 및 변화 관계를 찾으면 한자 구성의 오묘한 비밀을 이해할 수 있다. 이른바 '파생 관계'는 하나의 한자에서 다른 한자가 생긴 것을 가리키고, '변화 관계'는 하나의 한자가 갑골문, 금문, 전서에서 현대의 한자체까지 변화한 과정을 가리킨다. 따라서 한자의 파생 경로와 변화의 순서에 정통하면 완벽한 한자 시스템을 만들 수 있다.

제4장은 세 부분으로 나눠 '女'에서 파생된 한자를 소개한다. 첫 번째 '母'에서 파생된 한자 파트에선 어머니를 연상시키는 많은 의미 있는 한자들을 소개할 것이고, 두 번째 파트에선 '女'에서 파생된 여러 아이를 낳아 키우는 것과 관계있는 한자들을 알아볼 것이며, 세 번째 파트에선 한자를 구성하는 뜻과 형상 외에 여자의 결혼과 생활환경에 대해서 소개할 것이다.

母에서 파생된 한자

하나의 한자에서 다른 한자들이 파생될 때는 대부분 간단한 것에서 복잡한 것으로 발전하고, 단일한 한자에 획이 더해지면서 만들어진다. '母(어미 모)'에서 파생된 한자도 마찬가지이다. 예를 들어 (母)에서 (每매양 매)가 태어났고, 다시 '每'에서 (毓기를 육)이 태어났다. 이 한자들의 파생 경로는 점차 어머니가 자식을 낳아 기르는 쪽으로 발전했다. 또 다른 파생 경로는 (母)에서 (毋말 무)를 거쳐 (毒독 독)이 된 것인데, 이것은 어머니가 불가침의 영역에 속하는 존재임을 보여준다.

젖을 먹이는 능력이 있는 어머니

갑

금

전

母 어미 모

mǔ

젖을 먹이는 능력이 있는 여인( )

갑골문 와 금문 모두 '女'( )에 두 개의 점을 더해 발육이 성숙한 유방을 표현하면서 젖을 먹이는 능력을 부각시켰다. 또 다른 재미있는 전서 는 여자( )의 가슴에서 젖이 나오는 것을 도드라지게 표현한 것이다. 전서 에서는 거의 현대 한자에 가깝게 필순이 조정되었다.

• 명모(名母): 자식이 어머니의 이름을 직접 부른다는 뜻으로, 배운 것을 잘못 이용하여 경솔하게 행동함을 이르는 말이다

어머니의 긴 머리카락

每 매양 매

měi

어머니( )의 긴 머리카락( )

갑골문 , , , 및 금문 는 모두 머리카락이 긴 여자를 묘사했는데, 훗날 '女'가 '母'로 바뀌었다. 금문 , 및 전서 , 는 머리카락이 길고 아름다운 어머니를 묘사했다. 옛사람들은 어머니의 머리카락 한 올로 모든 줄기, 모든 사람, 모든 것, 모든 물방울 등의 단어를 만들었는가 하면 세 가닥의 머리카락으로 많은 머리카락을 표현했다. 비슷한 이미지의 한자는 (若같을 약), , (妻아내 처) 등이 있다.

갑 금 전

敏 민첩할 민

mǐn

어머니( )가 손에 빗을 들고(, 攴칠 복) 헝클어진 머리카락( )을 빠르게 정리하다

갑골문 은 사람(人,)이 손(手,)으로 헝클어진 머리카락을 정리하는 것을 묘사했고, 또 다른 갑골문 은 여자(女,)가 손으로 헝클어진 머리카락을 정리하는 것을 묘사했다. 이후 금문 에선 어머니(母,)가 손으로 머리카락을 정리하는 것으로 발전했고, 전서 에선 빗을 들고(, 攴) 어머니의 머리카락(, 每)을 빗는 것으로 표현되었다. '敏'은 신속하고 민첩하다는 의미가 있고, 관련 단어로는 민첩(敏捷), 민예(敏銳, 총명하고 예리하다), 영민(靈敏língmǐn, '영민하다', '반응이 빠르다'를 의미하는 중국어)• 등이 있다.

갑 금 전

• 한국어에서 '영민하다'는 한자 '英敏' 혹은 '穎敏'을 쓴다

생각해봐야 할 점은 '敏'의 변천과정에서 '人'이 왜 '女'가 되고 다시 '母'가 되었는가 하는 부분이다. 이렇게 재미있는 변화가 생긴 이유는 주나라 때 아버지가 머리카락을 빗는 모습은 어색했지만 어머니가 머리카락을 빗는 모습은 자연스러웠기 때문이 아닐까?

전

繁 번잡할 · 번성할 번

fán

손에 빗을 들고(, 攴) 어머니의 머리카락(, 每)을 빗은 뒤에 다시 머리카락을 땋다(, 糸)

'繁'의 본래 의미는 '땋은 머리'이지만 '많고 복잡하다'라는 의미를 파생시켰다. 관련 단어로는 번다(繁多, 번거롭게 많다), 번잡(繁雜), 번영(繁榮) 등이 있다.

갑

금

전

毓 기를 육

yù

아기( )가 줄줄이 흘러나오는( ) 것이 마치 어머니의 머리카락( )처럼 많다

갑골문 및 금문 은 아기(, 𠫓)가 여인( )의 몸에서 흘러나오는( ) 것을 표현했고, 또 다른 금문 및 전서 는 여인을 어머니(母,)로 바꿨다. 또 다른 전서 은 '母'에 머리카락을 더해 '每'( )를 만들고, 열심히 아기를 낳아 자손이 어머니의 머리카락처럼 많은 것을 표현했다. '毓'은 번식, 생육, 양육의 뜻이 있다.

'毓'의 변천과정에서 왜 여인이 아기를 낳는 것이 어머니가 아기를 낳는 것으로 바뀌었을까? 분명히 주나라 예절제도의 영향을 받았을 것이다. 서주시대부터 전해지는 삼서육례(三書六禮)•에 따르면 미혼녀

• 삼서육례: 3가지 주요 책력(수시력授時曆, 대통력大統曆, 시헌력時憲曆)과 6가지 큰 의식(관례冠禮, 혼례婚禮, 상례喪禮, 제례祭禮, 향례鄕禮, 상견례相見禮)

가 아기를 낳는 것은 예절에 어긋나는 일이었다.

海 바다 해

hǎi

모든(, 每) 물()이 모이는 곳

옛 속담인 해납백천(海納百川)•에는 바다의 포용력이 반영되어 있다. 《설문》은 "바다는 하늘의 못이고, 백 갈래의(모든) 하천을 받아들인다"라고 설명했다.

금 전

• 바다는 모든 하천을 받아들인다는 뜻으로 '마음이 넓음'을 의미한다

侮 업신여길 모

wǔ

다른 사람()이 내 어머니의 머리카락(, 每)을 잡다

전

어머니가 다른 사람에게 괴롭힘을 당하거나 욕을 듣는 것은 자녀에게 커다란 치욕이다. '侮'는 괴롭히고 무시하는 의미가 있고, 관련 단어로는 모욕(侮辱), 기모(欺侮qīwǔ, '우롱하다'를 의미하는 중국어) 등이 있다.

어머니에게 엉뚱한 마음을 품지 말라

毋 말 무

wú

이미 어머니()가 된 몸이니, 엉뚱한 마음을 품지 말라

전

여자는 남자를 거절할 때 본능적으로 두 손으로 가슴을 보호한다. '毋'는 이런 자연스러운 방어 경향을 표현했다. 옛날에 '毋'는 '母(어미 모)'와 서로 같이 쓰였고, '난 이미 어머니가 된 몸이니, 엉뚱한 마음을 품지 마세요'라는 의

미가 들어 있다. 옛사람들이 선이나 띠로 어머니( )의 두 유방을 가린 것에서 '毋'( )가 만들어졌다. '毋'는 '안 된다'라는 의미를 파생시켰고, 무망(毋忘wúwàng, '잊지 않다'를 의미하는 중국어), 무위(毋違, '어기면 안 된다'는 뜻으로 옛 중국 공문에 쓰였던 상투어) 등에 쓰인다. 《설문》은 "毋는 금지하고, 간음하지 못하게 하는 것이다"라고 풀이했다.

• 무망지복(毋望之福): 뜻하지 않은 복, 즉 우연한 복

전

毒 독 독

dú

사람을 해치는 식물( )을 만지면 안 된다( )

《한서》〈서남이(西南夷)〉의 기록에 따르면 중국 남서쪽에 사는 오랑캐는 한나라를 자주 침략하고 한나라가 사신을 보내 화해를 구해도 무시했다. 오랑캐는 왜 한나라의 대군을 두려워하지 않았을까? 《한서》에 따르면 이들은 '후덥지근한 독초의 땅'에 몸을 숨기고 한나라 군대를 그곳으로 유인했다. 그럼 한나라 군사들은 불구덩이와 깊은 연못에 빠진 것처럼 괴로워하다가 마지막에 오랑캐들의 손에 제거되었다.

만물은 여자에게서 태어난다

사람은 누구나 여자에게서 태어난다. 따라서 '女(여자 녀)'는 만물을 기르는 뜻이 있고, '女'에서 파생된 民(백성 민), 始(비로소 시), 姓(성 성), 母(어미 모), 毓(기를 육) 등의 한자에도 모두 종족을 낳고 키우는 뜻이

있다. 이 밖에 옛사람들은 아이를 낳는 것이 여자의 재능이자 소망이라고 생각해서 好(좋을 호), 嬰(어린아이 영), 要(구할 요), 婁(끌 루, 여러 루) 등의 한자를 만들었다.

民 백성 민

mín

여자에게서 나온 사람

금문 , 및 전서 는 '女'(,) 밑에 '十'(,)을 더해 여자에게서 태어난 10대(代) 자손을 표현했고, 또 다른 두 개의 전서 , 는 필순이 조금씩 조정되었다. 만민은 모두 여자에게서 태어났다는 것과 관계있는 표현은 민중(民衆), 인민(人民) 등이 있다. 10대는 상당히 긴 시간인데, (古옛 고)는 10대에 걸친 역사를 가리킨다.

금

전

'民'은 '氏(성씨 씨)'와 개념이 매우 비슷하지만 '民'은 여자에게서 태어난 후손인 데 비해 '氏'는 남성에게서 태어난 후손이라는 점에서 차이가 있다.•

• 제2장 '氏'편 참고

현대 한자	갑골문	금문	전서	뜻
氏				남자( )에게서 태어난 '10'대( ) 자손
民				여자( )에게서 태어난 '10'대( ) 자손

'民'의 또 다른 금문 은 '目(눈 목)'과 '十(열 십)'으로 이루어졌고, 눈에 보이는 10개 방위에 사는 백성들 또는 10개의 눈에 보이는 백성들

을 나타냈다. 하지만 갑골문 학자인 궈모뤄는 《노예제시대(奴隸制時代)》에서 '十'을 바늘 같은 것으로 오인해 눈이 가시에 찔려 시력을 잃은 상형문자로 해석했고, 이를 토대로 '民'을 가시에 찔려 눈이 먼 노예라고 추론해 많은 학자들의 인정을 받았다. 그런데 선진시대의 서적에서 '民'은 노예가 아니라 평민을 의미하고, 고대의 5대 형벌 중에도 가시로 눈을 찌르는 형벌은 없다. 과연 가시에 눈이 찔린 극소수의 사람들이 많은 수의 백성을 대표할 수 있을까? 아무래도 가시에 눈이 찔렸다는 주장은 증거가 매우 빈약해 보인다.

금

전

姓 성 성

xìng

여자( )에게서 태어나다( )

금문 및 전서 은 모두 '女'와 '生'으로 구성된 회의문자이고, 여자에게서 태어난 것을 나타낸다. 고대 사회는 혼인제도가 정립되지 않아서 아이들이 자신의 아버지가 누구인지 모르는 경우가 많았다. 하지만 자신을 10개월 동안 품고 젖을 먹여 키워준 어머니는 반드시 알았다. 또한 모계사회인 것을 표명하기 위해서 최초의 성(姓)을 만들었는데, 고대의 8대 성씨에는 모두 '여자 녀'방이 있다. 염제(炎帝, 신농씨)의 성은 강(姜)이고, 황제의 성은 희(姬)이며, 순임금의 성은 요(姚)이다.

해마다 봄이 되면 말라 죽었던 풀들이 다시 싹을 틔우고 자라기 시작한다. 대를 이어 쉬지 않고 번식하는 능력은 절로 감탄을 자아낸다. '生'( )은 '土'( )에서 나온 새싹( )을 상징으로 삼았다. 옛사람들은 씨족의 기원을 탐구하다가 고대에 여러 강한 민족들이 모두 여자에게서 시작돼 대를 이어 번영한 사실을 발견했다. 또한 씨족 사회에서 권위가 가장 높은 여자의 이름이 훗날 씨족의 명칭이 된 사실도 발견했다. 따라서 옛사람들의 성씨는 여자(女)에게서 태어났다고(生) 할 수 있다.

始 비로소 시

shǐ

입( )으로 소식(, 厶)을 알려주는 여자( )

'최초로 출현한 여자'라는 뜻이 파생되었다. '始'는 여자가 집안을 책임지는 모계사회를 묘사했다. 갑골문 및 금문 는 '司(맡을 사)'와 '女'로 이루어졌고, 불호령(, , 司)을 내리는 여자를 뜻한다. 훗날 '始'를 구성하는 한자인 '司'는 '台(별 태)'로 바뀌었다. 금문 , 및 전서 는 女, 口, 厶(마늘 모, 나 사)로 구성되었고, 입( )으로 소식( )을 전하는 여자를 나타낸다.

갑

금

전

'始'에는 '최초'라는 뜻이 있다. 그도 그럴 것이 만민은 모두 여자에게서 태어나기 때문이다. 그래서 고대 사회의 가정에선 할머니의 지위가 매우 높았다. 《설문》은 '始'를 '여자의 처음'이라고 해석했는데, 이것은 곧 최초로 출현한 여자, 즉 조상을 뜻한다.

姜(성 강), 姬(여자 희), 姚(예쁠 요), 嬴(찰 영), 姒(손위 동서 사), 妘(성씨 운), 妊(아이 밸 임), 嬀(성씨 규) 등 중국에서 가장 오래된 고대 8대 성씨에는 모두 '여자 녀'방이 있다는 점에서 당시에 모계씨족이 매우 많았음을 알 수 있다. 대체적으로 구석기시대는 모계씨족사회가 주를 이루고 신석기시대는 모계씨족사회와 부계씨족사회가 공존하다가 하우가 황제가 된 뒤부터 부계사회가 본격적으로 시작되었다.

금

전

姬 여자 희

jī

큰 유방( )을 가진 여자( )

'姬'는 중국에서 가장 오래된 성씨이다. 황제(黃帝) 및 주나라의 선조들도 모두 희씨였다. '姬'는 원래 '젖을 먹이는 능력이 매우 강한 여자'를 뜻하고, 고대 사회에서 부녀자에 대한 미칭이었다. 금문 , 및 전서 는 여자( )와 두 개의 큰 유방( )을 묘사했고, 각각의 유방 중앙에 유두를 그렸다. 금문 , 및 전서 에서는 한쪽 유방이 생략되었다.

好 좋을 호

hǎo

아이가 있는 여자는 아름답다(제1장 '子'편 참고)

금

전

嬰 어린아이 영

yīng

여자( )의 목에 걸린 조개껍데기 목걸이(, 賏목치장 영)

여자가 소중히 여기는 '신생아'라는 의미를 파생시켰다. '貝(조개 패)'와 '女(여자 녀)'로 구성된 금문 은 여자가 착용한 조개껍데기 장식품을 나타내고, 전서 은 여자의 목에 걸린 조개껍데기 목걸이( )를 나타낸다. '賏'(목치장 영)은 조개껍데기에 구멍을 뚫어 이은 장식품이다.

'嬰'은 원래 여자가 아끼는 조개껍데기 목걸이, 즉 귀중한 물품이라는 뜻이다. 초나라에 사신으로 간 안영(晏嬰), 진나라 최후의 황제인 자영(子嬰) 등 진한 이전에 '嬰'은 사람의 이름에 자주 쓰였다. '嬰'은 여자가 매우 사랑하는 '신생아'라는 의미를 파생시켰고, '嬰'의 독음에서 파생된 한자는 櫻(앵두 앵), 鸚(앵무새 앵), 纓(갓끈 영), 罌(양병• 앵) 등이 있다.

• 양병(洋甁): 배가 부르고 목이 좁고 짧은 오지병

要 구할 요

yāo 또는 yào

여자가 아기를 낳다

'(여자에게) 절박하게 필요한 것'이라는 의미를 파생시켰다. 고대 사회는 순전히 아기를 낳고 기르는 것에 의존해 종족을 강하고 크게 키웠다. 따라서 생식 능력이 없는 여자는 굉장한 수치심과 스트레스에 시달렸고, 출산은 결혼한 여자에게 절박하게 필요한 것이었다. '要'는 이런 갈망을 표현했다.

고문에서 '要'는 거의 여자가 아기를 낳는 모습을 묘사했다. 금문 및 전서 는 두 손( )으로 여자(,) 몸에서 아기(동그란 물체)를 받는 것을 묘사했다. 또 다른 금문 는 두 손이 드러누운 여자( )의 산도(삼각형 모양의 입구)를 벌리고 있고, 왼쪽 구석에 탯줄(, 糸)에 연결된 아이가 있는 광경을 묘사했다. 또 다른 전서 는 두 손으로 아기의 탯줄을 묶는 것이다. '要'는 두 개의 기본적인 의미를 낳았는데, 첫 번째는 '중대한 일'이고, 두 번째는 '갈구하다'이다. 관련 단어는 요구(要求), 적요(摘要, 요점을 정리한 기록), 요해(要害, 전쟁에서 자기 편에는 꼭 필요하면서도 적에게는 해로운 지점, 혹은 생명과 직접적인 연관을 맺고 있는 몸의 중요한 부분), 상요(想要xiǎngyào, '~하려고 하다'를 의미하는 중국어) 등이 있다.

腰 허리 요

yāo

여자가 아기를 낳는(嬰) 신체 기관(肉)

- 요통(腰痛): 허리와 엉덩이 부위가 아픈 증상

婁 끌 루, 여러 루

lóu 또는 lǚ

연이어 딸을 낳다

공자의 아버지 공흘은 첫 번째 부인에게서 아들을 못 보고 연이어 딸만 아홉 명을 낳았다. 그러자 대를 잇지 못할까 걱정한 공흘은 두 번째 부인과 세 번째 부인을 맞았고, 일흔두 살의 나이에 마침내 공자를 낳아 아들을 낳는 소원을 이뤘다.

'婁'의 전서는 몇 가지 종류가 있다. 囡는 테두리 안에 두 명의 여자가 있는 모습으로 어머니의 자궁(口)에 두 명의 여자(女) 아기가 있는 것을 표현했고, 婁는 여자가 자리에 누워 다리를 벌리자 두 다리 사이에서 분리된 두 개의 탯줄이 나와 두 손(ㅂㅂ)으로 황급히 아기를 받고 탯줄을 처리하는 모습을 묘사했다. 자형이 조금 변한 는 두 손, 탯줄, 벌린 두 다리를 (口)와 (毌꿸 관)로 바꿔 여인의 몸에 있는 벌어진 입구( )에서 연이어( ) 아기가 태어나는 것을 표현했다. '毌'의 갑골문 , 금문 및 전서 은 연속으로 두 개의 물체를 관통하는 것을 표현했는데, '毌'은 '貫(꿸 관)'의 본자이다.

남자를 중시하고 여자를 경시하는 고대 사회에서 여자는 아들을 낳고 싶어 했지만 뜻대로 되지 않고 딸만 줄줄이 낳을 때도 있었다. 여기에서 '婁'는 '끊이지 않고 계속 이어지다'라는 의미를 파생시켰고, 이 뜻을 가진 '婁'는 훗날 '屢(여러 루)'로 바뀌었다. 딸을 낳으면 거짓으로 기쁜 척한다고 해서 '婁'에서 '쓸데없다'라는 뜻도 파생되었다. '婁'의 독음에서 파생된 한자는 屢(여러 루), 縷(실 루), 褸(헌 누더기 루), 樓(다락 루), 簍(대 채롱 루), 摟(끌어 모을 루), 髏(해골 루), 鏤(새길 루) 등이 있다. '婁'의 간체자는 초서(흘림체)가 변한 것인 '娄'이다.

여자의 결혼과 생활환경

보쌈혼은 원시 사회의 풍속이다. 성인 남자는 다른 부족의 부녀자를 납치하는 방식으로 결혼해 자신의 용맹함을 뽐냈다. 약탈혼 풍속은 유목 민족 사이에서 매우 오랫동안 이어졌다. 전해지는 바에 따르면 칭기즈칸의 어머니인 호에른도 칭기즈칸의 아버지가 메르키트족에게서 빼앗아왔다. 이 풍속은 지금까지도 여러 국가에 남아 있는데, 중

앙아시아 국가인 키르기지아에서는 여전히 30퍼센트의 여자들이 남자에게 납치를 당해 원하지 않는 결혼을 한다. 타이완의 부농족도 여전히 약탈혼 풍속이 있지만 상징적인 의식일 뿐 진짜로 여자를 납치해서 결혼하지는 않는다.

갑골문 , , 는 모두 여자를 납치하는 모습과 닮았다. 고대에 부락끼리 서로 땅을 빼앗기 위해서 전쟁을 하거나 다른 부족의 여자를 납치해 부인이나 노예로 삼는 일은 흔하게 일어났다.

하지만 이런 상황은 각 부족의 수령들이 황제(黃帝)를 왕으로 추대한 뒤에 변하기 시작했다. 약탈혼 풍속 때문에 생긴 부족 간의 마찰을 없애기 위해서 황제는 부인을 맞을 때 미모보다 재덕을 중시하는 모범을 보였다. 그의 첫 번째 부인인 누조(嫘祖)는 재능이 뛰어나 양잠을 발명하고 백성들에게 실을 뽑아 옷을 만드는 기술을 가르쳤다. 놀랍게도 황제의 네 번째 부인인 모모(嫫母)는 너무 못생긴 나머지 어려서 부모에게 버림받고 자매들에게도 따돌림을 당했으며, 얼마나 추하게 생겼는지 불량배들도 그녀를 무서워했다. 지금도 어떤 사람들은 귀신을 쫓을 때 모모의 초상화를 이용한다. 하지만 모모는 마음씨가 따뜻하고 관리를 잘해서 궁 안의 일을 일사불란하게 처리했다. 황제가 추녀를 부인으로 맞은 일이 세간에 널리 퍼져 많은 부락의 수령들에게 영향을 주자 약탈혼 풍속도 서서히 사라졌다.

남자가 우두머리인 부계사회에서 여자는 남자에게 협조하고 집안일을 하며 순종하는 역할을 맡았다. 婦(며느리·아내 부), 如(같을 여), 委(맡길 위) 등의 한자에는 부계사회의 역할 분담이 고스란히 반영되어 있다. 이렇게 남자는 바깥일을 하고 여자는 집안일을 하는 사회는 수천 년 동안 지속되었다.

'女'는 결혼과 가정생활에 관한 많은 한자들을 파생시켰다. 그중에 결혼과 관계있는 한자는 妻(아내 처), 妥(온당할 타), 娶(장가들 취), 嫁(시집갈 가), 婚(혼인할 혼), 婦(며느리·아내 부), 歸(돌아갈 귀)가 있고, 남편에게 순종적인 착한 아내와 관계있는 한자는 如(같을 여), 恕(용서할 서), 委(맡길 위), 威(위엄 위)가 있으며, 신체의 안전과 관계있는 한자는 奴(종 노), 安(편안할 안) 등이 있다.

고대 여인의 결혼

妻 아내 처

qī

비녀를 머리에 꽂은 여자

《예기》의 기록에 따르면 주나라의 여자들은 만 15세가 되면 '급계지년(及笄之年)'이라 하여 쪽을 찌고 비녀를 꽂아 시집갈 수 있는 나이인 것을 표시했다. '笄(비녀 계)'는 쪽 찐 머리를 고정시키는 비녀이다. '笄'(笄)는 대나무(竹)로 만든 두 개의 비녀(幵)를 나타낸다. 중국의 고궁 박물관에는 서주시대 때 뼈로 만든 새 머리 비녀가 있는데, 비녀의 주요 부분인 새의 머리 밑 부분은 모양이 '干(방패 간, 干)'과 매우 비슷하다. 여자는 손으로 머리를 틀어 올리고 두 개의 비녀(幵)로 고정시켜 누군가의 부인이 될 수 있다는 성숙한 여자의 분위기를 풍겼다.

'妻'의 금문 은 머리에 세 개의 비녀를 꽂은 어머니와 닮았고, 전서 , 는 여자의 머리에 꽂은 세 개의 가지런한 비녀(, , 齊가

갑

금

전

지런할 제의 옛 문자)가 더 잘 표현되었다. 하지만 갑골문 및 금문 에선 여전히 여자를 납치해 부인으로 삼은 초기의 약탈혼 흔적이 보인다. 주나라 때 '妻'의 의미는 비녀를 꽂은 여자로 바뀌었다.

갑 금 전

妥 온당할 타

tuǒ

붙잡힌(, 爪손톱 조) 여자()가 정착하고 살까?

갑골문 , 금문 및 전서 는 '爪'와 '女'로 이뤄진 회의문자이고, 붙잡혀 온 여자가 정착해 가정을 이루고 사는 것을 표현한 원시 사회의 약탈혼 풍속의 산물이다. '妥'는 '위로하다' '적당하다'의 의미를 낳았고, 타당(妥當), 타선(妥善tuǒshàn, '나무랄 데 없다' '타당하다'를 의미하는 중국어) 등에 쓰인다.

일부 학자들은 '妥'를 남자의 손이 여자를 위로하는 것이라고 해석하지만 또 다른 금문 는 한 손으로 여자를 붙잡아 끌고가는 모습을 생생하게 묘사했다.

• 타결(妥結): 의견이 대립된 양편에서 서로 양보하여 일의 끝을 맺음

전

娉 장가들 빙, 예쁠 병

pīng

큰 예를 올리고(, 甹말이 잴 병) 데리고 올 가치가 있는 여자()

고대의 혼례에서 남자가 좋은 선물을 준비해 여자에게 청혼하는 것을 '娉'이라고 불렀다. '娉'은 '자태가 아름다운 여자'라는 의미를 파생시켰고, 관련 단어는 병정(娉婷pīngtíng, '여자의 자태가 아름답다'를 의미하는 중국어)이 있다.

娶 장가들 취

qǔ

여자( )를 부인으로 맞다(, 取취할 취)

'取'(,)는 손( )으로 귀(,)를 잡는 것을 나타낸다. '取'는 고대에 전쟁에서 적군의 귀를 잘라 전공을 세우는 것을 묘사했다.

- 가취(嫁娶): 시집가고 장가드는 것

금 전

婚 혼인할 혼

hūn

황혼(, 昏어두울 혼) 무렵에 여자( )가 시집을 와서 문에 들어가다(제2장 '昏' 및 '婚' 편 참고)

家 집 가

jiā

아래층에 돼지(, 豕돼지 시)우리가 있는 집( )

갑

금

전

2010년에 허난성 자오쭤(焦作)시에서 서한 시기의 도제 부장품이 대량으로 출토되었다. 이중에는 아래층은 돼지우리이고 위층은 가정집인 복층 구조의 도기도 있었는데, 집안에 화장실이 있어 사람의 배설물이 돼지우리에 직접적으로 배출되었고, 돼지의 배설물과 자연스럽게 섞여 좋은 비료가 되었다. 저장성 위야오현 허무두(河姆渡)유적에선 이보다 더 이른 시기인 신석기시대의 대규모 건축물이 발견되었다. 이 건축물은 먼저 흙속에 나무 말뚝을 세우고 그 위에 가로로 나무판을 대 사람이 거주하는 공간을 만들었다. 이렇게 공중에 거주 공간이 있으면 수해나 짐승의 공격을 피할 수 있고 아래층에서 가축을 키울 수 있다.

옛사람들에게 돼지는 경제 가치가 매우 큰 귀한 재산이었다. 갑골문 와 금문 , 는 돼지와 함께 생활한 옛사람들의 생활 방식을 보여준다.

嫁 시집갈 가

jià

여자( )가 새로운 집( )을 짓기 시작하다

시집을 간다는 것은 여자가 남편과 함께 새로운 가정을 꾸리는 것을 의미한다. 출가(出嫁, 처녀가 시집가다), 가장(嫁妝jiàzhuang, '혼수품'을 의미하는 중국어) 등에 쓰인다.

婦 며느리·아내 부

fù

손에 빗자루( )를 든 여자( )

갑골문 , 금문 및 전서 는 모두 '女'와 '帚(비 추)'로 구성된 회의문자이다. '婦'는 원래 '물청소를 하는 여자'를 뜻하고, '결혼한 여자나 집안일을 하는 사람'이라는 뜻을 파생시켰다. 관련 단어는 주부(主婦), 부인(婦人), 부부(夫婦) 등이 있다.

'帚'의 갑골문 는 위에 나뭇가지와 잎사귀가 있고 밑에 막대기가 있는 바닥을 청소하는 식물이고, 금문 및 전서 는 식물 줄기 중간에 줄로 두 개의 매듭을 묶어 여러 개의 식물을 한 뭉치로 묶은 것을 나타냈다. 옛사람들은 마추(馬帚, 말을 먹이기 위한 풀)로 빗자루를 만들었는데, 《대대예기(大戴禮記)》에 "荓也者, 馬帚也(병야자, 마추야)", 즉 "荓(풀이름 병)은 '마추'이다"라고 나온다. 마추는 말을 씻기고 청소하는 것 외에 약으로도 쓰였다. '婦'의 간체자는 '妇'이다.

歸 돌아갈 귀

guī

여자가 빗자루(帚)를 들고 남편의 발자국(止)을 따라가다(𠂤, 追좇을 추)

고대에 여자들은 시집가기 전까지 부모의 집에 살았지만 부모의 집은 진정한 집이 아니고 결혼한 남편이 진정한 '집'이었다. 따라서 여자가 시집가서 부녀자가 되는 것을 마침내 자신의 집에 돌아왔다는 의미에서 '歸'라고 불렀다.

갑골문, 금문, 는 모두 '追'(, ,)와 '여자 녀'방이 생략된 '婦(며느리·아내 부,)'로 이루어진 회의문자이고, 시집간 부녀자가 남편을 졸졸 쫓아다니는 것을 표현했다.

'歸'는 세 가지 의미를 파생시켰다. 첫 번째는 '자신의 지역으로 돌아오다'이고, 관련 단어는 귀래(歸來, 원래 있던 곳으로 돌아오다)가 있다. 두 번째는 '시집가다'이고, 관련 단어는 우귀(于歸, 전통 혼례에서 대례를 마치고 3일 뒤에 신부가 처음으로 시집에 들어가는 것)가 있다. 세 번째는 '의지하다'인데, 열심히 남편을 뒤따른다는 의미에서 비롯되었다. 이땐 귀부(歸附, 스스로 와서 복종하다), 귀의(歸依, 돌아와서 몸을 의지하다) 등에 쓰인다. '歸'의 간체자는 '追'가 두 개의 삐침으로 간단하게 변한 '归'이다.

• 귀천(歸天): 넋이 하늘로 돌아간다는 뜻으로, 사람의 죽음을 의미한다

갑

금

전

여자는 남편과 시어머니를 보살피고 또한 그들에게 순종해야 한다

如 같을 여

rú

여자( )가 남자의 말( )을 따르다

갑골문 및 전서 는 여자( )가 아버지나 남편의 말( )을 따르는 것을 표현했다. 이른바 '삼종사덕(三從四德)'에서 '삼종'은 여자가 결혼하기 전에는 아버지를 따르고, 결혼한 뒤에는 남편을 따르며, 남편이 죽은 뒤에는 아들을 따르는 것을 가리킨다. 고대 사회는 늘 여자가 남자에게 순종하기를 바랐다. '如'는 '~와 같다'라는 의미를 낳았고, 여동(如同rútóng, '마치 ~와 같다'를 의미하는 중국어), 여금(如今rújīn, '오늘날'을 의미하는 중국어), 여과(如果rúguǒ, '만약에'를 의미하는 중국어) 등에 쓰인다.

• 여삼추(如三秋): 3년과 같이 길게 느껴진다는 뜻으로, 무엇을 애타게 기다리는 것

恕 용서할 서

shù

타인의 마음( )과 같다( ). 타인의 마음을 이해하고 그 입장에서 행동하다

공자는 "내가 하고 싶지 않은 일을 남에게 시키지 말라"라는 말로 타인의 마음을 이해하는 '恕'의 도를 강조했다. '恕'의 본뜻은 '처지를 바꿔 생각하다'이고, '다른 사람을 용서하다'라는 뜻을 파생시켰다. 그의 마음을 이해하면 그를 용서할 수 있기 때문이다. 관련 단어는 충서(忠恕, 충직하고 동정심이 많다), 요서(饒恕ráoshù, '용서하다'를 의미하는 중국어) 등이 있다.

'仁(어질 인)'과 '恕'는 공자 사상의 중심이고, 《논어》에 처음 등장했

다. '恕'는 갑골문과 금문은 없고 전서만 있는 점으로 미루어볼 때 공자 시대에 만들어진 것 같다.

威 위엄 위

wēi

긴 도끼(, 戌개 술)를 든 여자()

금문 및 전서 는 긴 도끼를 든 여자를 나타냈다. '두려워하다' '겁먹게 하다'의 의미를 파생시켰고, 위무(威武, 위세와 무력), 위엄(威嚴) 등에 쓰인다. 연약한 여자라도 도끼를 들면 남자를 두려움에 떨게 할 수 있다. 고대에 부녀자는 남편의 어머니를 '위고(威姑)'라고 불렀다. 집안의 권력을 쥐고 있어 며느리를 두려움에 떨게 했기 때문이다. 상나라 무정왕의 부인인 부호(婦好)가 썼던 청동 도끼가 지금까지 전해진다. 부호는 왕후인 동시에 여장군으로서 군대를 이끌고 동이, 강족 등의 이웃 민족을 토벌하는 전공을 세웠다.

금 전

戌(개 술)•의 갑골문 , 및 금문 은 긴 도끼 모양인데, 상나라 때 청동 도끼는 흔한 무기였다. 또 다른 금문 및 전서 는 필순이 조금씩 변한 결과이다.

• 戌: 열한 번째 지지인 '개'를 뜻하나, 옛날엔 戉(도끼 월)과 같은 글자였다

委 맡길 위

wěi

여자()의 고개가 벼(, 禾벼 화)처럼 숙여지다

사람은 언제 벼처럼 고개를 숙일까? 순종할 때나 억울할 때나 부탁할 때이다. '委'는 '곡절이 많다' '강제로 순종하다' '부탁하다'의 의미를 파생시켰고, 위탁(委託), 위굴(委屈, 몸을 굽혀 남에게 복종하다), 추위(推

전

委, 남에게 책임을 미루다), 위완(委婉wěiwǎn, '완곡하다' '감미롭다'를 의미하는 중국어) 등에 쓰인다.

矮 난쟁이 왜

ǎi

신체가 짧은 화살(, 矢화살 시)처럼 움츠러들다()

전서 는 '身(몸 신)'과 '委(맡길 위)'로 이루어진 회의문자이고, 신체가 움츠러든 사람을 나타낸다. 또 다른 전서 는 '身'이 '矢'로 바뀌었다. 고대에는 활과 화살로 길이를 쟀는데 짧은 길이는 화살로, 긴 길이는 활로 쟀다. '矮'와 관계있는 단어는 왜소(矮小) 등이 있다. 《설문》에는 "矮는 작은 사람이다", "길고 짧은 것은 화살로 잰다"라고 나온다.

倭 왜나라 왜

wō

몸이 작은(, 委맡길 위) 사람()

명나라는 일본의 해적을 몸이 작다고 해서 왜구(倭寇)라고 불렀다.

痿 저릴 위

wěi

신체가 움츠러들어(, 委) 집에 있는 침대(, 疒병들어 기댈 녁)에 눕다. 신체가 위축되는 병

萎 시들 위

wěi

말라서 시든(, 委) 풀()

• 위축되다(萎縮--): 마르거나 시들어서 쭈그러들다. 어떤 힘에 눌려 졸아들고 기를 펴지 못하다

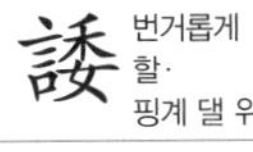

諉 번거롭게 할·핑계 댈 위

wěi

말()로 책임을 미루다(, 委)

• 추위(推諉, 혹은 推委): 스스로 책임지지 않고 남에게 미룸

여자의 신체 안전

奴 종 노

nú

포로로 잡히거나 다른 사람에게 통제() 당하는 여자()

갑골문 , 금문 및 전서 는 모두 '奴'를 통제 받는 여자로 묘사했다. 고대에 두 종족이 싸울 때 진 종족의 남자는 살해되고 여자는 노예로 잡혀갔다. 하지만 하나라 이후 '노예'라는 칭호는 남자에게만 사용되었다.

갑 금 전

하나라가 대규모로 개척한 노예제도는 상나라 때 발전을 거듭해 서주 때 가장 활발하게 실시되었다. 노예들은 대부분 전쟁터에서 잡혀 온 패전국 출신의 포로들이었다. 하지만 전국시대에 이르러 노예제도는 서서히 무너지기 시작했고, 죄인이 노예의 일을 대신했다. 상나라 때 노예의 삶이 가장 비참했고, 서주 때부터 인도적인 규범에 따라서 작위가 있는 사람, 70세 이상의 노인, 이갈이를 하지 않은 유아는 노예로 삼지 않았다. '奴'의 관련 단어는 노예(奴隸), 노비(奴婢), 노재(奴才, 모자란 재주, 혹은 사내종), 흉노(匈奴) 등이 있다.

노예는 힘들게 일하고 주인에게 괴롭힘을 당해 불만이 많았다. 그래서 '奴'에서 '怒(성낼 노)'가 파생되었다. '怒'의 전서 는 노예( )의 마음( ), 노역에 시달리는 마음을 나타내고, '분노와 원망이 가득하다'라는 의미를 파생시켰다. 관련 단어는 분노(憤怒), 노시(怒視, 성난 눈으로 보다) 등이 있다.

• 경당문노(耕當問奴): 농사일은 머슴에게 물어봐야 한다는 뜻으로, 모르는 일은 전문가와 상의하여 행해야 함을 이르는 말이다

安 편안할 안

ān

집안( )에 숨은 여자( )

갑골문 은 놀란 여자가 집안에 숨은 모습과 비슷하다. 금문 및 전서 은 집안에 있는 여자를 나타내고, '태평하다' '조용하다'라는 의미를 파생시켰으며, 안전(安全), 평안(平安), 안위(安慰) 등에 쓰인다.

고대에 여자는 운이 없으면 약탈혼을 당하거나 노예로 잡혀가서 외출하는 것이 매우 위험했지만 집에 있으면 상대적으로 안전했다.

• 고침안면(高枕安眠): 베개를 높이 하여 편안히 잔다는 뜻으로, 근심 없이 편안히 지내는 것을 이르는 말(간략히 '고침高枕'이라고도 한다)

妓 기생 기

jì

긴 나뭇가지(, 支가지 지)를 손에 들고 악기를 두드리며 노래하는 여자()

전

전국연악어렵공전문동호(戰國宴樂漁獵攻戰紋銅壺)에는 경쇠(옥이나 돌로 만든 악기의 한 종류)를 두드리는 여악(女樂)의 유연하고 아름다운 자태가 매우 생동적으로 조각되어 있다. 《정운(正韻)》에는 "妓는 여악이다"라고 나온다.

문자는 이미 주나라 이전에 발명되었지만 이 시기의 문헌은 거의 찾아볼 수가 없다. 심지어 주나라 사람이 쓴 최초의 사서인 《상서》도 없어진 부분이 많다. 따라서 고문화를 이해하는 데 있어 문헌의 도움은 받을 수 없으므로 문자로 추측하는 수밖에 없다.

始(비로소 시), 姓(성 성), 民(백성 민). 이 한자들은 모계사회에서 가졌던 여자의 지위를 보여준다. 하지만 몸이 약하고 전쟁에 약한 여자들이 남자들이 이끄는 종족에 밀려 서서히 부계사회로 변했다. 부계사회에서의 여자들의 삶은 옛 한자들의 뜻을 통해서 희미하게나마 알 수 있다. 갑골문 (奴)가 무력의 통제를 받는 여자를 묘사한 점에서 고대에 여자 노예들이 많았음을 알 수 있다. 비인도적인 괴롭힘을 당한 여자들은 마음에 분노가 많다고 해서 '奴(종 노)'에서 '怒'(성낼 노,)가 파생되었다. 고대 사회는 무력으로 여자를 납치해 강제로 부인(妻아내 처,)으로 삼는(娶장가들 취,) 야만적인 풍속이 있어서 여자들은 늘 안전의 위협을 받았고, 반드시 집안에 있어야 안전했다(, 安). 하지만 반드시 집안에 있는 남자에게 순종해야 했는데, 여자의 입은 남자의 말에 순종하고(, 如), 남자의 마음을 이해하고 너그럽게 용서해야(恕) 했다. 시어머니 앞에선 억울하고(委맡길 위) 몸이 시들어(萎시들 위) 벼처럼 고개를 숙여야 했고, 몸이 난쟁이(矮난쟁이 왜)처럼 움츠러들어도 무조건 참아야 했다. 물론 며느리도 시어머니가 되면 위엄(威위엄 위)이 생겼고, 이것이 고대 여인들의 삶이었다.

이 밖에 한나라 사람들은 가족의 윤리를 매우 중시했다. 영어권 사회는 일률적으로 형제를 'brother', 자매를 'sister', 큰아버지, 작은아버지, 외삼촌을 'uncle', 큰어머니, 작은어머니, 외숙모를 'aunt'라고 부르지만 한나라 사람들은 친족에 대한 명칭을 매우 자세하게 분리했다.

친족 명칭에 관해서 남자 친족 명칭에는 '男(사내 남)'이 없다. 하지만 여자 친족 명칭에는 媽(어머니 마), 娘(아가씨·각시 낭), 姆(유모·맏동서 모), 婆(할머니 파), 姐(누이 저), 妹(누이 매), 嬸(숙모 심), 姨(이모 이), 姑(시어머니 고), 嫂(형수 수), 姪(조카·조카 딸 질), 婿(사위 서), 媳(며느리 식) 등 대부분 '女(여자 녀)'가 있고, 이 한자들은 모두 '女'에서 파생되었다.

【 감사의 글 】

고대 인류는 간단한 그림 부호로 소통했다. 이것은 상형문자의 기초가 되었고, 이 상형문자들이 다시 합쳐져 회의문자와 형성문자 등을 만들었다. 한자는 전 세계에서 가장 완벽한 그림 문자이다. 난 이 책 《한자나무》를 통해서 독자들이 한자를 표현된 그림으로 새롭게 봐주길 바란다.

《한자나무》를 출간한 뒤에 많은 사람들에게 연락을 받았다. 대부분 놀라움과 기쁨을 표현했고, 어떤 사람은 호기심이 동해 내게 왜 문자학의 길을 걷게 되었는지 물었다. 중학교 시절부터 난 한자의 기원에 대해서 호기심이 많았지만 학업이 바빠 많은 궁금증을 마음 한쪽에 미뤄 놓아야 했다. 그러다가 공부를 마치고 교수가 된 뒤에 갑골문과 금문을 접할 기회가 생기자 다시 지난 시절의 열정이 되살아났고, 세월이 쌓여 마침내 열매를 수확했다. 영감이 떠올랐을 때 마치 알 수 없는 힘이 내게 이 사명을 완성하라고 호소하는 것 같았다. 하나의 한자 부호를 위해서 난 갑골문과 금문을 모두 뒤져 그 부호가 포함된 옛 문자들을 찾았고, 부지런히 분석해 그 부호를 가장 잘 설명해 줄 수 있는 합리적인 해석과 증거를 찾았다. 그리고 나이가 들어서도 몇 년 동안 부지런히 공부한 결과 마침내 체계적인 책으로 출간할 수 있게 되었다. 고대 선조들이 존경하고 숭배했던 상제의 인도에 감사드린다. 그 덕에 난 선조들이 한자를 만들었던 비밀을 알 수 있었다. 또한 과거에 문자학 영역에 공헌한 선배들에게도 감사드린다. 그들은 내게 연구 문헌을 제공했다.

이 책의 초고를 완성한 뒤에 교열해주신 국학대사(國學大師, 중국학에 뛰어난 학자를 높여 부르는 말) 라이꾸산(賴貴三) 교수께도 감사드린다. 라이 교수는 학문을 신중하게 연구하여 국가에서 주는 갑종(甲種) 연구상을 받았다. 또한 해외에서 객좌 교수로 활동하며 한문의 영향력 확대에 공헌하면서도 항상 겸손함을 잃지 않고 후진 양성에 힘써 절로 우러러볼 수밖에 없다. 때문에 이 책을 완성한 뒤에 중국 훈고학 비서장을 맡았던 라이 교수가 바로 생각났고, 바쁜 와중에도 내게 많은 격려와 가르침을 준 점에 대해서 이루 말로 표현할 수 없을 정도로 감사하게 생각한다. 이 밖에도 집필 과정에서 내게 응원과 가르침을 준 고문학 전서가 까오다펑(高大鵬) 교수께도 감사드리고, 이 책의 완성에 적극적인 도움을 준 위엔류 출판사의 우자헝(吳家恆) 선생께도 감사드린다.

마지막으로 내가 가장 사랑하는, 부인 쑤펀(素芬)과 딸 친이(勤宜),

씬이(欣宜), 그리고 한자를 사랑하는 모든 독자들께 이 책을 바친다.

2013년 4월 25일

랴오원하오(廖文豪)

※ 한자 해석에 대한 다른 견해, 깊이 있는 사고가 부족하거나 내용이 잘못된 곳이 있으면 주저 말고 가르쳐주시기 바란다.

이메일 주소: liao@mail.ntcb.edu.tw

【색인】

가

바

사

아

자

차

지은이 **랴오원하오**廖文豪

현 국립 타이베이상업기술학원 부교수 겸 도서관장. 옛 한자 연구에 푹 빠져 십여 년 동안 갑골문을 연구했고, 〈한자 용(龍)은 원래 하늘의 이치를 거스른 용이었다〉 〈문신 풍속이 한자에 미친 영향〉 〈한자를 통해서 만난 하느님〉 〈한자 속의 술 향기에 취하다〉 등의 글을 발표했다. 저서로는 《한자나무》(전5권) 등이 있다.

옮긴이 **김락준**

중국어 전문 번역가로 충북대학교 중어중문학과를 졸업하고, 베이징공업대학과 상하이재경대학에서 수학했다. 현재 출판 번역 에이전시 베네트랜스에서 전속 번역가로 활동중이다. 옮긴 책으로 《아이의 마음을 읽는 연습 관계편》《아이의 마음을 읽는 연습 학습편》《온라인, 다음 혁명》《돈은 잠들지 않는다》《탐정 혹은 살인자》《완벽하지 않은 것이 더 아름답다》《여행이 나에게 가르쳐준 것들》《하버드 말하기 수업》《화폐경제》(전2권) 등이 있다.

한자나무 1

2판 1쇄 발행 2021년 9월 3일
2판 2쇄 발행 2024년 10월 25일

지은이 랴오원하오 | 옮긴이 김락준

기획 편집 김성수 | 디자인 엄자영 백주영 | 마케팅 김선진 김다정
브랜딩 함유지 함근아 박민재 김희숙 이송이 박다솔 조다현 정승민 배진성
저작권 박지영 형소진 최은진 오서영
제작 강신은 김동욱 이순호 | 제작처 영신사

펴낸곳 (주)교유당 | 펴낸이 신정민
출판등록 2019년 5월 24일 제406-2019-000052호

주소 10881 경기도 파주시 회동길 210
전화 031-955-8891(마케팅) | 031-955-2692(편집) | 031-955-8855(팩스)
전자우편 gyoyudang@munhak.com

인스타그램 @gyoyu_books | 트위터 @gyoyu_books | 페이스북 @gyoyubooks

ISBN 979-11-91278-64-4 04700
979-11-91278-63-7 (세트)

• 교유서가는 (주)교유당의 인문 브랜드입니다.